왕초보 포켓 영어단어장

 왕초보 포켓 영어단어장

 왕초보 포켓 영어단어장

 왕초보 포켓 영어단어장

주머니에 쏙! 머리에 쏙!

왕초보 포켓
영어단어장

예스북

들어가면서

영어가 스트레스가 되지 않으려면 영어를 하는 목표가 분명해야 한다. 자신에게 필요한 공부가 무엇인지 살펴보고, 상황에 맞게 공부를 하는 것이 필요하다.

당신이 영어를 공부하는 목적이 인터넷에서 정보를 취득하는 것이든, 미국 드라마를 자막없이 보는 것이든, 애인 앞에서 영어신문을 들고 자랑하는 것이든(이왕이면 소설책이 더 좋다), 단어의 정확한 발음과 뜻을 숙지하는 것은 기본이다.

그런 의미에서 많이 사용되는 단어와 그 발음, 뜻, 그리고 용례를 정리한 이 단어장이 많은 도움이 되리라 믿는다. 마치 휴대폰처럼 늘 가지고 다니며 함께 지내는 친구로 삼아 보기를 바란다.

권인택

알아두기

🎵 f 와 p 발음을 구분하기 위해 다음과 같이 표기해요.

　　after 애 f프터r ('f프'는 f 발음)
　　affair 어f페어r ('f페'는 f 발음)

🎵 th 발음은 그 앞에 th를 표기하여 알아볼 수 있어요.

　　throw th쓰로우 ('th쓰'는 th 발음)
　　together 터게 th더r ('th더'는 th 발음)

🎵 b 와 v 발음을 구분하기 위해 다음과 같이 표기해요.

　　behave 비헤이v브 ('v브'는 v 발음)
　　video v뷔디오우 ('v뷔'는 v 발음)

🎵 r 과 l 발음을 구분하기 위해 다음과 같이 표기해요.

　　race 레이쓰 (첫 음에 r이 오는 경우는 그대로 표기)
　　credit 크뤠딜 ('뤠'는 r 발음)
　　love 러브 (L은 한글로 표기하자면 'ㄹㄹ'에 해당해요.
　　　　　따라서 러브는 '을러브'라고 발음해요.)

C·O·N·T·E·N·T·S

Alphabet

A • 12	**N** • 300
B • 45	**O** • 311
C • 69	**P** • 323
D • 121	**Q** • 367
E • 151	**R** • 369
F • 176	**S** • 401
G • 199	**T** • 457
H • 213	**U** • 477
I • 228	**V** • 486
J • 249	**W** • 491
K • 254	**Y** • 503
L • 258	**Z** • 504
M • 276	

영어의 발음기호

단모음과 장모음

철자	발음	소리
a	[æ]	애
a	[ɔː]	오
a	[aː]	아
a	[ə]	어
e	[e]	에
e	[i]	이
ea	[e]	에
ee	[iː]	이-
ea	[iː]	이-
i	[i]/[iː]	이/이-
o	[a]	아
o	[u]/[ʌ]	우-/어
oo	[u]/[uː]	우/우-
u	[ju]/[ʌ]	유/어

이중모음

철자	발음	소리
a	[ei]	에이
ai	[ei]	에이
ay	[ei]	에이
ea	[iə]	이어
i	[ai]	아이
o	[ou]	오우
oa	[ou]	오우
ie	[ai]	아이
ou	[oi]	오이
ow	[ou]	오우
oi	[oi]	오이
oy	[oi]	오이

자음

영어의 모음은 모두 성대가 울리는 유성음이고, 자음은 성대가 울리는 유성자음과 성대가 울리지 않는 무성자음으로 나뉘어져요. 유성음은 폐에서 공기가 성문을 통과할 때 성대를 진동시켜서 만들어지는 소리인데요. 성대의 진동 유무는 손을 목에 대어 보면 진동 여부를 확인할 수 있어요.

유성자음

철자	발음	소리	철자	발음	소리
b	[b]	브	ng	[ŋ]	응
d	[d]	드	j	[ʒ]	지
g	[g]	그	r	[r]	우(러)
g	[dʒ]	쥐	h	[h]	흐
v	[v]	브	th	[ð]	드
l	[l]	르	w	[w]	우워
m	[m]	므	y	[i]	이
n	[n]	느	z	[z]	즈

무성자음

철자	발음	소리	철자	발음	소리
f	[f]	프	t	[t]	트
k	[k]	크	sh	[ʃ]	쉬
p	[p]	프	ch	[tʃ]	취
s	[s]	스/쓰	th	[θ]	쓰/뜨

abandon 0001
[əbǽndən] 어밴든

동 버리다, 그만두다, 명도하다

참고 abandon nuclear weapons development 핵무기 개발을 포기하다

abandoned 0002
[əbǽndənd] 어밴든드

형 버려진, 버림받은

참고 an abandoned child 버려진 아이

abbey 0003
[ǽbi] 애비

명 대수도원, 대성당

참고 abbot 대수도원장

ability 0004
[əbíləti] 어빌러디

명 할 수 있음, 능력, 솜씨, 재능

참고 to the best of one's ability 힘자라는 데까지
English-speaking ability 영어 구사능력

able 0005
[éibəl] 에이블

형 할 수 있는, 능력 있는, 훌륭한

참고 be able to ~할 수 있다

abroad 0006
[əbrɔ́ːd] 어브로―드

부 해외로, 해외에, 널리, 여기저기에

참고 at home and abroad 국내외에서
go abroad 해외로 가다, 외출하다

absence 0007
[ǽbsəns] 앱쓴스

명 결석, 부재, 없음, 방심

참고 in the absence of ~이 없을 경우에, ~이 없어서

A

■0008
absent
[ǽbsənt] 앱슨트

- 형 결석의, 부재의, 없는, 방심한
- 참고 absent-minded 방심한, 얼빠진

■0009
absolute
[ǽbsəlùːt] 앱썰루트

- 형 절대적인, 확실한, 무조건의, 순수한
- 참고 absolutely 절대적으로, 정말로

■0010
absorb
[əbsɔ́ːrb] 어브조-r브

- 동 흡수하다, 병합하다, 열중하게하다
- 참고 be absorbed in ~에 열중하다

■0011
abstract
[ǽbstrækt] 앱스트 랙트 명
[æbstrǽkt] 앱스트 랙트 동

- 명 추상, 요약
- 동 추상하다, 발췌하다, 제거하다
- 형 추상적인, 이론적인, 추상파의
- 참고 in the abstract 추상적인으로

■0012
abuse
[əbjúːz] 어뷰-즈 동
[əbjúːs] 어뷰-스 명

- 동 남용하다, 학대하다
- 명 남용, 악용, 학대, 욕설
- 참고 child abuse 어린이 학대

■0013
academic
[ækədémik] 애커데믹

- 형 대학의, 학구적인, 학회의
- 참고 an academic degree 학위
  academic community 학계

■0014
accent
[ǽksent] 액센트

- 명 악센트, 강세, 강조, 어투, 사투리
- 참고 speak with an accent 사투리로 말하다

0015
accept
[æksépt] 액쎕트

동 받아들이다, ~에 응하다, 인정하다
참고 acceptable 받아들일 수 있는, 마음에 드는

0016
access
[ǽkses] 액쎄스

명 접근(방법), 출입
참고 give access to ~에게 접근을 허락하다
have access to ~에게 접근할 수 있다

0017
accident
[ǽksədənt] 액써던트

명 사고, 재해, 우연, 뜻밖의 일
참고 by accident 우연히

0018
accidental
[æ̀ksidéntl] 액서덴틀

형 우연한, 뜻밖의, 부수적인
참고 accidentally 우연히

0019
accommodate
[əkámədèit] 어카머데이트

동 숙박시키다, 수용하다, (설비를)공급해주다
참고 accommodation
숙박시설, 수용시설, 좌석, 편의 시설

0020
accompany
[əkʌ́mpəni] 어컴퍼니

동 같이 가다, 동행하다, 동시에 일어나다
참고 be accompanied by a friend 친구를 동반하다
be accompanied with (사물)
~이 수반하여 일어나다

0021
accord
[əkɔ́ːrd] 어코-r드

동 일치(조화)하다, 일치(조화)시키다
명 일치, 조화, 합의, 협정
참고 with one accord 만장일치로, 이구동성으로

A

action ■0035
[ǽkʃən] 액션

명 행동, 활동, 동작, 작용, 효과

참고 bring(come)into action 활동하다(시키다), 실행하다
take action 조치를 취하다, 착수하다

active ■0036
[ǽktiv] 액티브

형 활동적인, 활발한, 적극적인

참고 actively 활발하게, 적극적으로

activity ■0037
[æktívəti] 액티**뷔**디

명 활동, 행동, 활기

참고 with activity 활발히

actor ■0038
[ǽktər] 액터r

명 (남자)배우, 관계자

참고 actress 여배우

actual ■0039
[ǽktʃuəl] 액츄얼

형 현실의, 사실상의, 현재의

참고 actually 현실로, 실지로, 현재로, 사실은

acute ■0040
[əkjúːt] 어큐-트

형 예리한, 격렬한, 민감한

참고 acute hearing 예민한 청각

adapt ■0041
[ədǽpt] 어댑트

동 적응시키다, 적응하다, 개조하다, 개작하다

참고 adapt to Korean society 한국사회에 적응하다

17

0042
add [æd] 애드
- 동 더하다, 추가하다, 합치다, 덧붙여 말하다
- 참고 add to 증가시키다

0043
addition [ədíʃən] 어디션
- 명 더하기, 부가(물), 추가 사항
- 참고 in addition (to) ~에 더하여, ~외에 또

0044
additional [ədíʃənəl] 어디셔널
- 형 부가의, 추가의, 보충의
- 참고 an additional charge 할증 요금

0045
address [ədrés] 어드뤠스
- 명 주소, 인사말, 연설
- 동 연설하다, 말을 걸다, 주소를 쓰다
- 참고 an opening(a closing) address 개회(폐회)사

0046
adequate [ǽdikwit] 애디퀼
- 형 어울리는, 충분한, 알맞은
- 참고 adequately 충분하게

0047
adjust [ədʒʌ́st] 어져스트
- 동 조절하다, 맞추다, (기계를)조정하다
- 참고 adjustment 조절, 조정

0048
administer [ædmínəstər] 애드미니스터r
- 동 관리하다, 운영하다, 다스리다, 집행하다
- 참고 administer the affairs of state 국무를 집행하다

A

administration ■0049
[ædmìnəstréiʃən]
애드미니스츄레이션

명 관리, 경영, 행정(기관), 통치, 집행

참고 administrative 관리의, 경영의, 행정의

administrator ■0050
[ædmínəstrèitər]
애드미너스츄레이터r

명 관리자, 행정관, 장관, 국장

참고 a veteran administrator
베테랑 행정관료

admire ■0051
[ædmáiər] 애드마이어r

동 감탄하다, 칭찬하다

참고 admiration 감탄, 찬탄, 칭찬

admission ■0052
[ædmíʃən] 애드미션

명 입학, 입장, 승인

참고 a new college admission system 새로운 대입제도

admit ■0053
[ædmít] 애드밑

동 (단체, 학교, 나라 등에) 들어오게 허락하다, 승인하다

참고 be admitted to the bar 변호사의 자격을 얻다

adopt ■0054
[ədápt] 어닾트

동 채택하다, 받아들이다, 양자(양녀)로 삼다

참고 adopt the five-day workweek system 주 5일제를 채택하다

adult ■0055
[ədʎlt] 어덜트

형 성인의, 성숙한 명 성인, 어른

참고 Adults only 미성년자 사절

advance　■0056
[ədvǽns] 어드밴스
명 나아가다, 승진시키다, 제출하다
동 나아감, 진보, 진출, 승진

참고 in advance 미리 앞당겨, 전방에, 선금으로

advanced　■0057
[ədvǽnst] 어드밴스트
형 진보한, 진보적인, 고급의, 앞에 놓인

참고 an advanced country 선진국

advantage　■0058
[ədvǽntidʒ] 어드밴티쥐
명 유리, 이익, 이점, 강점, 장점

참고 take advantage of ~을 이용하다

adventure　■0059
[ədvéntʃər] 어드벤춰r
명 모험, 모험심, 희한한 사건이나 경험

참고 a story of adventure 모험 소설

advertise　■0060
[ǽdvərtàiz] 애드붜r타이즈
동 광고하다, 선전하다, 알리다

참고 advertise oneself as ~라고 자기선전을 하다

advertisement　■0061
[ædvərtáizmənt]
애드붜r타이즈먼트
명 광고, 선전

참고 = ad
take advantage of ~을 이용하다

advertising　■0062
[ǽdvərtàiziŋ] 애드붜r타이징
명 광고, 광고업

참고 the search advertisement market 검색광고 시장

A

advice
[ədváis] 어드바이스 ■0063

명 충고, 권고, 통지

참고 ask advice of ~의 조언을 구하다

advise
[ədváiz] 어드바이즈 ■0064

동 충고하다, 조언하다, 통지하다

참고 adviser 충고자, 고문, 지도교수
a legal adviser 법률 고문

advocate
[ǽdvəkit] 애드붜킷 명
[ǽdvəkèit] 애드붜케이트 동 ■0065

명 주창자, 지지자, 변호사
동 주장하다, 옹호하다

참고 advocate democracy 민주주의를 옹호하다

affair
[əfɛ́ər] 어풰어r ■0066

명 사건, 일, 용건, 관심사

참고 the affairs of state 나랏일, 국사

affect
[əfékt] 어풱트 ■0067

동 영향을 끼치다, (병에)걸리다, 감동시키다

참고 be affected by heat 더위를 먹다

affection
[əfékʃən] 어풱션 ■0068

명 애정, 감동, 영향

참고 affectionate 애정이 깊은, 다정한

afford
[əfɔ́:rd] 어포-드 ■0069

동 ~할 여유가 있다. ~할 수 있다, 제공하다

참고 trend that we can not afford to ignore 거역할 수 없는 흐름

21

afraid
[əfréid] 어프뤠이드

형 두려워하는, 걱정하는, 불안한

참고 be afraid of + 명사
= be afraid to + 동사 ~을 두려워하다

African
[ǽfrikən] 애f프뤼컨

형 아프리카의, 아프리카 사람의
명 아프리카 사람

참고 Africa 아프리카

afternoon
[ǽftərnú:n] 애f프터r눈-

명 오후

참고 in the afternoon 오후에

afterwards
[ǽftərwərd] 애f프터r워r드

부 나중에

참고 = afterward
shortly afterward 곧이어, 얼마안가

again
[əgén] 어겐
[əgéin] 어게인

부 다시, 원래 있던 곳으로, 게다가

참고 again and again 몇 번이고, 되풀이하여

age
[eidʒ] 에이쥐

명 나이, 성년, 시기, 시대

참고 ten years of age 열 살
in all ages 어느 시대에나

aged
[éidʒd] 에이쥐드

형 ~살의, 늙은, 오래된

참고 aged six or older 6살 이상
problems of the aged 노인문제

agency
[éidʒənsi] 에이젼시
■0077

명 대리(점), 중개, 작용, 힘

참고 a general agency 총대리점
intelligence agency 정보기관

agenda
[ədʒéndə] 어젠더
■0078

명 안건, 의제, 의사일정

참고 formal agenda for discussion
논의를 위한 공식의제

agent
[éidʒənt] 에이젼트
■0079

명 대리인, 행위자, 정부관리,
(어떤 변화를 일으키는)사람이나 힘

참고 intelligence agent 정보기관원

aggressive
[əgrésiv] 어그뤠씨브
■0080

형 공격적인, 적극적인

참고 take the aggressive
공세를 취하다, 적극적으로 나오다

ago
[əgóu] 어고우
■0081

부 ~전에, 이전

참고 a long time ago 오래 전에

agree
[əgríː] 어그뤼-
■0082

동 동의하다, 동감이다,
의견이나 마음이 일치하다

참고 agree with ~와 의견이 일치하다
agree to ~ (어떤 일이나 사안에) 동의하다

agreement
[əgríːmənt] 어그뤼-먼트
■0083

명 동의, 일치, 합의, 협정

참고 make an agreement with
~와 협약을 체결하다

0084
agricultural
[ǽgrikʌ́ltʃərəl] 애그뤼컬쳐럴

형 농업의

참고 agricultural chemicals 농약

0085
agriculture
[ǽgrikʌ̀ltʃər] 애그뤼컬처

명 농업, 농경

참고 mechanized agriculture 기계화 농업

0086
ahead
[əhéd] 어헤드

부 앞으로, 앞에, ~보다 앞서서

참고 get ahead in the world
출세하다, 성공하다

0087
aid
[eid] 에이드

명 돕다, 원조하다, 촉진하다
동 도움, 원조

참고 in aid of ~을 돕기 위해

0088
aim
[əim] 에임

동 (총을)겨누다, 겨냥하다, 목표로 삼다
명 겨냥, 목표

참고 take aim at 겨냥하다
without aim 목적 없이, 막연히

0089
air
[ɛər] 에어r

명 공기, 외모, 태도

참고 in the air 공중에, 떠돌아, 소문이 퍼져서
on the air 방송 중에

0090
airline
[ɛ́ərlàin] 에어r(을) 라인

명 정기 항공로, 항공회사

참고 aircraft 항공기

A

airport
[ɛərpɔ̀ːrt] 에어r포-r트
■0091

명 공항

참고 Incheon International Airport 인천 국제 공항
airport facilities 공항 시설

alarm
[əlάːrm] 얼라-암
■0092

명 경보(기), 놀람
동 경보를 알리다, 놀라게 하다

참고 alarming 놀라운, 급박한

alarmed
[əlάːrmd] 얼람-드
■0093

형 깜짝 놀란, 겁먹은

참고 be alarmed at ~에 깜짝 놀라다
be alarmed for ~의 안부를 염려하다

albeit
[ɔːlbíːit] 오-을-비-이트
■0094

접 비록 ~이기는 하나

참고 albeit illegal 불법임에도 불구하고

album
[ǽlbəm] 앨범
■0095

명 앨범, 방명록, (명곡, 명화)선집

참고 a record album 레코드 앨범

alcohol
[ǽlkəhɔ̀ːl] 앨커호-올
■0096

명 알코올, 술

참고 alcohol abuse 알코올 남용

alcoholic
[ǽlkəhɔ́(ː)lik] 앨커호-을릭
■0097

형 알코올(중독)의 **명** 알코올 중독자

참고 manufacturer of alcoholic beverages 주류업체

alert
[əlɚ́ːrt] 얼러-r트 ■0098

- 형 빈틈없이 살피는, 경계하는, 재빠른
- 참고 on the alert 빈틈없이 경계하고, 대기하여

alien
[éiliən] 에일리언 ■0099

- 형 외국의, 성질이 다른
- 명 외국인, 외계인
- 참고 an illegal alien 불법체류외국인

alive
[əláiv] 얼라이브 ■0100

- 형 살아 있는, 활동하는, 생생한
- 참고 catch alive 생포하다
  keep alive 살아 있다

all
[ɔːl] 오-올 ■0101

- 형 모든, 전체의
- 대명사 모든 것, 모든 사람
- 부 완전히, 전적으로, 오로지
- 참고 all over 다 끝나, 도처에
  for all (that) ~에도 불구하고

allege
[əlédʒ] 얼레쥐 ■0102

- 동 주장하다, 진술하다
- 참고 allegation 주장, 진술

alliance
[əláiəns] 얼라이언쓰 ■0103

- 명 동맹, 결연, 제휴
- 참고 a triple alliance 삼국 동맹
  in alliance with ~와 연합하여

allocate
[ǽləkèit] 앨러케이트
■0104

동 할당(배분)하다, 배치하다

참고 allocation 할당, 배당

allow
[əláu] 얼라우
■0105

동 허가하다, 허락하다, 인정하다, 참작하다

참고 allow for ~을 고려하다

allowance
[əláuəns] 얼라우언스
■0106

명 수당, 급여, 허가, 공제

참고 make allowance(s) for ~을 고려(참작)하다

ally
[əlái] 얼라이 **동**
[ǽlai] 앨라이 **명**
■0107

명 결합하다, 동맹하다
동 동맹(국), 자기편, 연합국

참고 allied 동맹한, 연합한

almost
[ɔ́:lmoust] 오-을모우스트
■0108

부 거의, 대체로, 하마트면

참고 almost always 거의 언제나
almost never(no, nothing) 거의 ~않다

alone
[əlóun] 얼로운
■0109

형 부 홀로, 혼자 힘으로, 다만 ~뿐

참고 let alone ~은 말할 것도 없이

along
[əlɔ́:ŋ] 얼로-응
■0110

전 ~을 따라, ~도중에,
부 앞으로, 함께 동반하여

참고 get along 지내다, 살아가다
along with ~와 더불어, ~와 함께

0111
alongside
[əlɔ́ːŋsáid] 얼로옹싸이드

전 부 ~와 나란히, ~옆에

참고 alongside of ~와 나란히, ~와 함께

0112
aloud
[əláud] 얼라우드

부 큰소리로, 소리를 내어

참고 read aloud 소리 내어 읽다

0113
alphabet
[ǽlfəbèt] 앨풔벹

명 알파벳, 자모(字母), 입문

참고 alphabetical 알파벳의, 알파벳 순서의

0114
also
[ɔ́ːlsou] 오-올쏘우

부 역시, 마찬가지로, ~도 또한

참고 not only A but also B
A 뿐만 아니라 B도 역시

0115
alter
[ɔ́ːltər] 오-을-터r

동 바꾸다, 변경하다

참고 alter the work environment
작업환경을 개선하다

0116
alternative
[ɔːltə́ːrnətiv] 오-을-터r너티브

명 양자택일, 다른 방도
형 양자택일의, 달리 택할

참고 alternative energy 대체에너지

0117
altogether
[ɔ̀ːltəɡéðər] 오-을-터게th더r

부 전적으로, 아주, 전체적으로

참고 taken altogether 전체적으로 보아, 대체로

always
[ɔ́:lweiz] 오-을-웨이즈
■ 0118

부 늘, 항상

참고 for always 영구히
not always 반드시 ~한 것은 아니다

amateur
[ǽmətʃùər] 애머츄어r
■ 0119

명 아마추어

참고 both amateur and professional
아마추어와 전문가 모두

amaze
[əméiz] 어메이즈
■ 0120

동 깜짝 놀라게 하다, 몹시 놀라다

참고 amazing 놀랄 만한, 굉장한
amazed 매우 놀란

ambition
[æmbíʃən] 앰비션
■ 0121

명 야망, 대망

참고 presidential ambition 대권에 대한 야심

ambulance
[ǽmbjuləns] 앰뷸런스
■ 0122

명 구급차

참고 by ambulance 구급차로

amendment
[əméndmənt] 어멘드먼트
■ 0123

명 변경, 수정, 개정

참고 constitutional amendment 헌법개정

American
[əmérikən] 어메뤼컨
■ 0124

명 미국인 **형** 미국의, 아메리카의

참고 America 아메리카(미국)

amount
[əmàunt] 어마운트

명 총액, 양, 금액,
동 (전체 금액이)~에 달하다, ~에 이르다

참고 a large amount of money
엄청난 금액의 돈

amuse
[əmjúːz] 어뮤-즈

동 즐겁게 하다, 웃기다

참고 amusing 즐거운
amused 즐기는, 재미있어 하는

analyze
[ǽnəlàiz] 애널라이즈

동 분석하다, 분해하다

참고 analysis 분석, 분해
analyst 분석(해설)자, 애널리스트

ancient
[éinʃənt] 에인션트

형 고대의, 오래된

참고 distortion of ancient history
고대사 왜곡

angel
[éindʒəl] 에인절

명 천사, 천사 같은 사람

참고 angel of death 죽음의 사자(使者)

anger
[ǽŋgər] 앵거r

명 화, 분노

참고 in great anger 매우 분노하여

angle
[ǽŋgl] 앵글

명 각, 모서리, 모퉁이

참고 try another angle
다른 각도에서(입장에서) 보다

angry
[ǽŋgri] 앵그뤼

형 화난, 성난

참고 angrily 화가 나서, 노하여

animal
[ǽnəməl] 애너멀

명 동물, 짐승

참고 animal rights groups 동물보호 단체들

ankle
[ǽŋkl] 앵클

명 발목

참고 twist one's ankle 발목을 삐다

anniversary
[æ̀nəvə́ːrsəri] 애너붜-r써뤼

명 (해마다 치르는) 기념일

참고 the 60th anniversary of one's birth 환갑

announce
[ənáuns] 어나운스

통 알리다, 공포하다

참고 announcement 알림, 공포, 성명

annoy
[ənɔ́i] 어노이

명 괴롭히다, 성가시게하다

참고 annoying 성가신

annual
[ǽnjuəl] 애뉴얼

형 1년의, 해마다의

참고 annually 해마다, 연 1회의

another ■0139
[ənʌ́ðər] 어너 th더r

형 다른 하나의, 별개의, 또 다른 한 개(사람) 대명사 그와 같은 것(사람)

참고 one after another 차례차례, 잇따라

answer ■0140
[ǽnsər] 앤써r

명 대답, 응답 동 대답하다

참고 answer for 책임지다

anticipate ■0141
[æntísəpèit] 앤티서페이트

동 예상하다, 기대하다

참고 anticipate the best 최상의 경우를 기대하다

anxiety ■0142
[æŋzáiəti] 앵자이어디

명 걱정, 근심, 염원

참고 anxiety for knowledge 지식에 대한 열망

anxious ■0143
[ǽŋkʃəs] 앵(ㅋ)셔스

형 걱정하는, 걱정스러운, 열망하는

참고 be anxious about 걱정하다
be anxious for 갈망하다
anxiously 걱정하여, 열망하여

apart ■0144
[əpɑ́ːrt] 어파ㅡ르트

부 떨어져서, 별개로

참고 apart from (= aside from) ~은 별개로 하고, ~은 제외하고

apartment ■0145
[əpɑ́ːrtmənt] 어파ㅡ르트먼트

명 아파트

참고 apartment complex 아파트 단지

apologize
[əpάlədʒàiz] 어팔러좌이즈

동 사과하다, 변명하다

참고 apologize for oneself 변명하다
apologize for illegal campaign
불법선거운동에 대해 사과하다

apparent
[əpǽrənt] 어패륀트

형 분명하게 보이는, 또렷한

참고 apparently 명백히, 외관상으로는

appeal
[əpíːl] 어피-일

동 호소하다, 간절히 요청하다
명 호소, 간청, 매력

참고 appeal against ~에 반대를 외치다,
~에 반대하여 상고하다

appear
[əpíər] 어피어r

동 나타나다, ~처럼 보이다(생각되다)

참고 make it appear that
~이라는 것을 분명히 하다

appearance
[əpíərəns] 어피어륀스

명 출현, 징조, 생김새

참고 for appearance' sake
= for the sake of appearance
체면상

appendix
[əpéndiks] 어펜딕스

명 부록, 부속물

참고 append 덧붙이다, 부록에 달다

apple
[ǽpl] 애플

명 사과, 사과 같은 것

참고 the apple of discord 분쟁의 씨

application
[æplikéiʃən] 애플리케이션
■ 0153

명 신청(서), 적용, 응용

참고 make an application for ~을 신청하다
applicant 응모자, 신청자

apply
[əplái] 어플라이
■ 0154

동 적용하다, 이용하다, 응용하다

참고 apply for 지원하다
apply to 적용되다
apply oneself to ~에 전념하다, 열중하다

appoint
[əpɔ́int] 어포인트
■ 0155

동 지명하다, 지정하다, 임명하다, 약속하다

참고 appointment 지명, 임명, 약속, 예약

appreciate
[əprí:ʃieit] 어프뤼-쉬에일
■ 0156

동 평가하다, 진가를 인정하다, 식별하다, 고맙게 생각하다

참고 appreciation 평가, 판단, 감상, 감사

approach
[əpróutʃ] 어프로우취
■ 0157

동 접근하다, 다가가다
명 접근(법), 근접, 가까이 감

참고 the best approach 최선의 방법

appropriate
[əpróupriət] 어프로우프뤼잍 형
[əpróuprieit] 어프로우프뤼에이트 동
■ 0158

형 적합한, 적절한
동 충당하다, (예산 지출을)승인하다

참고 at the appropriate time 적절한 시점에

approve (of)
[əprú:v] 어프루-브
■ 0159

동 찬성하다, 승인하다, 허가하다

참고 approval 찬성, 승인, 허가
approving 찬성하는

approximate
[əpráksəmèit] 어프락시메이트 동
[əpráksəmit] 어프락시밑 형

- 동 ~에 가까워지다, 가깝게하다
- 형 가까운, 비슷한

참고 approximately 대략

April
[éiprəl] 에이프릴

- 명 4월

참고 약어 Apr.
April Fools' Day 만우절

Arab
[ǽrəb] 애륍

- 명 아랍 사람, 아랍 민족
- 형 아랍(사람)의

참고 Arabic numerals 아라비아 숫자

architect
[á:rkitèkt] 아-r 키텍트

- 명 건축사, 설계자, 고안자

참고 the (Great) Architect 조물주

architecture
[á:rkətèktʃər] 아-r 커텍춰r

- 명 건축(술), 건축학, 건축 양식

참고 naval(marine) architecture 조선술

area
[ɛ́əriə] 에어뤼어

- 명 지역, 구역, 범위, 면적

참고 the capital area 수도권 지역

argue
[á:rgju:] 아-r 규-

- 동 논쟁하다, 논하다, 주장하다

참고 argument 논의, 논쟁, 주장

arise
[əráiz] 어롸이즈 ■0167

동 일어나다, 발생하다

참고 arise from carelessness
부주의에서 발생하다

arm
[ɑːrm] 아-r암 ■0168

명 팔, 팔 모양의 것, 힘
동 무장시키다, 무장하다

참고 복수형 arms 무기, 군사
armed 무장한

army
[ɑ́ːrmi] 아-r미 ■0169

명 육군, 군대, 단체

참고 serve in the army 병역에 복무하다

arrange
[əréindʒ] 어뤠인쥐 ■0170

동 정리하다, 배열하다, 정하다, 준비하다

참고 arrangement 정리, 배열, 배치, 조정

arrest
[ərést] 어뤠스트 ■0171

동 체포하다, 저지하다,
명 체포, 억류, 저지

참고 an arrest warrant 구속영장

arrive
[əráiv] 어롸이브 ■0172

동 도착하다, 도달하다

참고 arrive in 도착하다
arrival 도착, 도달, 등장

arrow
[ǽrou] 애로우 ■0173

명 화살, 화살표

참고 be hit by Cupid's arrow
큐피드의 화살에 맞다

art
[ɑːrt] 아-ㄹ트
- 0174
- 명 예술, 예술품, 기술, 기교
- 참고 with art 솜씨 있게, 교묘하게
  without art 꾸밈없이, 자연스럽게

article
[ɑ́ːrtikl] 아-ㄹ티클
- 0175
- 명 물품, 품목, 기사, 조항
- 참고 articles of faith 신조

artificial
[àːrtəfíʃəl] 아-ㄹ터퓌셜
- 0176
- 형 인공적인, 인위적인
- 참고 artificially 인공적으로, 부자연스럽게

artist
[ɑ́ːrtist] 아-ㄹ티스트
- 0177
- 명 예술가, 미술가, 배우, 가수
- 참고 artistic 예술의, 예술적인, 미술의

ashamed
[əʃéimd] 어쉐임드
- 0178
- 형 부끄러워, 수치스러워, 수줍어하는
- 참고 be(feel) ashamed of ~을 부끄러워하다

Asian
[éiʒən] 에이전
- 0179
- 명 아시아 사람 형 아시아 사람의
- 참고 1998 Asian financial crisis
  1998년 아시아의 금융위기

aside
[əsáid] 어싸이드
- 0180
- 부 옆에, 옆으로, 제쳐놓고
- 참고 aside from = apart from
  ~은 제쳐놓고

37

ask
[æsk] 애스크
■0181

동 묻다, 질문하다, 요구하다, 청구하다, 초대하다

참고 ask for 청구하다, 부탁하다
ask after 안부를 묻다

asleep
[əslíːp] 어슬리-프
■0182

형 잠들어

참고 fall asleep 잠들다, 영면하다

aspect
[ǽspekt] 애스펙트
■0183

명 양상, 모습, 관점, 견해, 국면

참고 some positive aspect
일부 긍정적인 모습

assault
[əsɔ́ːlt] 어쏘-올트
■0184

명 습격, 급습 **동** 습격하다, 급습하다

참고 assault and battery (법)폭력 행위

assemble
[əsémbəl] 어쎔블
■0185

동 모으다, 소집하다, 조립하다

참고 assemble a committee
위원회를 소집하다

assembly
[əsémbli] 어쎔블리
■0186

명 집회, 모임, 의회, 조립

참고 the National Assembly 국회

assert
[əsə́ːrt] 어써-r트
■0187

동 단언하다, 강력하게 주장하다

참고 assert the sovereignty of Dokdo
독도의 영유권을 주장하다

A

assess ■0188
[əsés] 어쎄스
동 평가하다, (세금을) 부과하다
참고 assessment 평가, 부과

asset ■0189
[ǽset] 애쎁
명 자산, 재산
참고 asset management company 자산운용 회사

assist ■0190
[əsíst] 어씨스트
동 돕다, 원조하다, 도와주다
참고 assistance 원조, 도움

assistant ■0191
[əsístənt] 어씨스턴트
명 조수, 보좌인, 점원
형 도움이 되는, 보조의
참고 an assistant secretary (미국)차관보

associate ■0192
[əsóuʃièit] 어쏘우쉬에이트
동 연합시키다, 관련시키다, 결합하다, 제휴하다
참고 be associated with ~와 관련되다

association ■0193
[əsòusiéiʃən] 어쏘우쉬에이션
명 협회, 연합, 합동, 제휴
참고 freedom of association 결사의 자유

assume ■0194
[əsjú:m] 어쑤-움
동 당연히 ~라고 생각하다, ~라고 가정하다, ~인체 하다. (어떤 태도를)취하다, (임무를) 떠맡다
참고 assumption 가정, 억측, 인수, 취임

assure
[əʃúər] 어슈어r　　■0195

동 보증하다, 보장하다, 확신시키다

참고 assurance 보증, 보험, 확신

atmosphere
[ǽtməsfìər] 애트머스퓌어r　　■0196

명 대기, 공기, 분위기

참고 welcoming atmosphere 환영하는 분위기

atom
[ǽtəm] 애틈　　■0197

명 원자, 극소량

참고 not an atom of ~은 티끌만큼도 없는

attach
[ətǽtʃ] 어태취　　■0198

동 붙이다, 첨가시키다

참고 attached 덧붙여진, 첨부된

attack
[ətǽk] 어택　　■0199

동 공격하다　**명** 공격

참고 a heart attack 심장마비

attempt
[ətémpt] 어템프트　　■0200

동 시도하다, 기도하다　**명** 시도

참고 attempted 시도한

attend
[əténd] 어텐드　　■0201

동 출석하다, 시중들다, 보살피다

참고 attend on 보살피다
　　　attend to 출석하다

A

attendance
[əténdəns] 어텐던스

명 출석, 참석자, 시중

참고 dance attendance on
~의 비위를 맞추다

attention
[əténʃən] 어텐션

명 주의, 주목

참고 pay attention to ~에 주의하다

attitude
[ǽtitjùːd] 애티튜-드

명 태도, 자세

참고 a very cautious attitude
매우 신중한 자세

attorney
[ətə́ːrni] 어터-r니

명 변호사, 대리인, 검사

참고 a letter(warrant) of attorney
(소송)위임장

attract
[ətrǽkt] 어츄랙트

동 끌어당기다, 끌다

참고 attraction 끄는 힘, 매력

attractive
[ətrǽktiv] 어츄랙티브

형 매력적인

참고 an attractive investment target
매력적인 투자 대상

attribute
[ətríbjuːt] 어츄리뷰-트 동
[ǽtribjùːt] 애츄리뷰-트 명

동 ~탓으로 돌리다, ~라고 생각하다
명 속성, 특질

참고 attribute A to B
A를 B의 탓으로 돌리다

0209
audience
[ɔ́ːdiəns] 오-디언스

명 청중, 관객, 청취자

참고 give audience to
청취하다, 접견하다

0210
audit
[ɔ́ːdit] 오-딭

명 회계감사

참고 the Board of Audit and Inspection 감사원

0211
August
[ɔ́ːgəst] 오-거스트

명 8월

참고 약어 Aug.
in August 8월에

0212
aunt
[ænt] 앤트

명 아주머니(이모, 고모, 숙모, 백모)

참고 My (sainted) aunt! 어머나!, 저런!

0213
Australia
[ɔːstréiljə] 오-스트뤠일리어

명 오스트레일리아, 호주

참고 Australian 오스트레일리아(사람)의

0214
author
[ɔ́ːθər] 오-th써r

명 저자, 작가

참고 the author of a best-selling book 베스트셀러 작가

0215
authority
[əθɔ́ːriti] 어th쏘-뤼디

명 권위, 위신, 권한, (복수형)당국

참고 by the authority of ~의 권위로
on the authority of ~을 근거로 해서

automatic
[ɔ:təmǽtik] 오-터매딕

형 자동의, 기계적인

참고 automatically 자동적으로, 기계적으로

autumn
[ɔ́:təm] 오-텀

명 가을

참고 the autumn term 가을 학기

availability
[əvèiləbíləti] 어붸일러빌러티

명 유효성, 당선 가능성

참고 available 이용할 수 있는, 쓸모 있는

avenue
[ǽvənjù:] 애붠유-

명 큰 거리, 수단, 방법

참고 the best avenue to success 성공에 이르는 최선의 길

average
[ǽvəridʒ] 애붜뤼쥐

명 평균, 표준 **형** 평균의, 보통의

참고 on an(the) average 평균하여, 대체로

avoid
[əvɔ́id] 어보이드

동 피하다

참고 avoid extra labor 잔업을 기피하다

await
[əwéit] 어웨이트

동 기다리다

참고 await for the new cars to come 출시될 신차를 기다리다

A

awake ■0223
[əwéik] 어웨이크
- 동 깨어나다, 깨다 형 깨어서, 깨어 있는
- 참고 be wide awake 완전히 깨어 있다

award ■0224
[əwɔ́ːrd] 어워-드
- 동 (상을)주다 명 상, 상패
- 참고 award a person a prize
  누구에게 상을 주다

aware ■0225
[əwɛ́ər] 어웨어
- 형 깨닫고, 의식하고 있는
- 참고 be aware of ~을 알아채다

awareness ■0226
[əwɛ́ərnis] 어웨어r니스
- 명 깨닫고 있음, 자각
- 참고 a public awareness campaign
  대국민 캠페인
  low brand awareness 낮은 브랜드 인지도

away ■0227
[əwéi] 어웨이
- 부 멀리, 저쪽으로, 사라져
- 참고 do away with ~을 없애다

awful ■0228
[ɔ́ːfəl] 오-펄
- 형 두려운, 무서운
- 참고 awfully 두렵게, 무섭게

awkward ■0229
[ɔ́ːkwərd] 오-쿼r드
- 형 어색한, 서투른, 곤란한
- 참고 wkwardly 어색하게, 거북하게

B

baby
[béibi] 베이비
■0230

- 명 아기, 애인
- 참고 hold the baby 귀찮은 것을 떠맡다

back
[bǽk] 백
■0231

- 명 등, 뒷면
- 형 뒤의, 배후의, 반대 방향의
- 부 뒤로, 거슬러 올라가
- 동 후퇴시키다, 후퇴하다, 지지하다 후원하다
- 참고 back up 후원하다

background
[bǽkgràund] 백그라운드
■0232

- 명 배경, 바탕, 경험
- 참고 on background 공표하지 않고

backward
[bǽkwərd] 백(우)워rd
■0233

- 부 뒤로, 거꾸로
- 형 뒤로의, 발달이 늦은
- 참고 backward(s) and forward(s) 앞뒤로 왔다 갔다

bacteria
[bæktíəriə] 백티어뤼어
■0234

- 명 박테리아, 세균
- 참고 disease - carrying bacteria 질병을 옮기는 박테리아

bad
[bæd] 배드
■0235

- 형 나쁜, 유해한, 불량한
- 참고 feel bad 기분이 나쁘다
  go bad 썩다, 상하다
  from bad to worse 악화되다

badly
■0236
[bǽdli] 배들리

부 나쁘게, 형편없게

참고 be badly off 궁핍하다

bag
■0237
[bæg] 백

명 가방, 자루

참고 in the bag (성공이)확실한, 손에 넣은

baggage
■0238
[bǽgidʒ] 배기쥐

명 수화물

참고 baggage-tracing system 수화물 추적시스템

bake
■0239
[beik] 베이크

동 (빵을) 굽다, 태우다

참고 baker 빵가게, 빵 굽는 사람

balance
■0240
[bǽləns] 밸런스

명 동 저울, 균형, 조화, 안정

참고 balance of terror 공포의 균형

ball
■0241
[bɔːl] 보-올

명 공, 공 모양의 것, 탄알

참고 play ball 경기개시

ban
■0242
[bæn] 밴

명 금지, 금지령 **동** 금지하다

참고 import ban 수입금지

B

band
[bænd] 밴드
■ 0243
명 그룹, 악단, 끈, 묶는 것
참고 a military band 군악대

bandage
[bǽndidʒ] 밴디쥐
■ 0244
명 붕대, 묶는 것 동 붕대를 감다
참고 apply a bandage to 붕대를 감다

bang
[bæg] 뱅
■ 0245
명 쾅, 타격, 총소리
참고 go bang 쾅하고 터지다
in a bang 느닷없이

bank
[bæŋk] 뱅크
■ 0246
명 둑, 제방, 은행
참고 break the bank (도박에서)물주를 파산시키다

banking
[bǽŋkiŋ] 뱅킹
■ 0247
명 은행업, 은행 업무
참고 banking center 금융 중심지

bar
[bɑːr] 바-r
■ 0248
명 막대기, 막대기 모양의 것, 장벽, 술집
참고 behind the bars 옥중에서

bare
[bɛər] 베어-r
■ 0249
형 발가벗은, 꾸밈없는
참고 pick a bone bare 살을 깨끗이 발라내다

0250
barely
[bɛ́ərli] 베얼리

부 간신히, 가까스로, 숨김없이

참고 barely ~when(before) ~하자 곧

0251
bargain
[báːrgən] 빠-r건

명 할인 품, 매매(계약)

참고 in the bargain 게다가

0252
barrier
[bǽriər] 빼뤼어r

명 방벽, 울타리, 장벽

참고 psychological barrier 심리적 장벽(저항선)

0253
base
[beis] 베이스

명 기초, 토대, (군사)기지, (야구)베이스

참고 be based on ~에 근거하고 있다

0254
basic
[béisik] 베이식

형 기초의, 근본의, 초보의

참고 basically 기본적으로

0255
basis
[béisis] 베이시스

명 기초, 토대, 기본 원리, 근거

참고 on the basis of ~을 기초로 하여

0256
bat
[bæt] 뱉

명 배트, 막대기 통 치다, 박쥐

참고 blind as a bat 장님이나 다름없는

B

bath ■0257
[bæθ] 배th쓰

명 목욕, 욕조
참고 take a bath 목욕하다

bathroom ■0258
[bǽθrù(:)m] 빼th쓰루-움

명 욕실, 화장실
참고 a public bathroom 공중 화장실

battery ■0259
[bǽtəri] 빼드뤼

명 전지, 한 벌의 기구, 포대
참고 change one's battery 공격 방향을 바꾸다

battle ■0260
[bǽtl] 뺕을

명 전투, 전쟁, 투쟁
참고 battle it out 끝까지 싸우다

bay ■0261
[bei] 베이

명 작은 만(灣)
참고 Cheonsu Bay 천수만

beach ■0262
[bi:tʃ] 삐-취

명 해변, 바닷가
참고 on the beach 해변에서

beam ■0263
[bi:m] 비-임

명 광선, 들보 동 빛나다, 빛을 내다
참고 on the beam 올바른 방향으로

49

bean
[biːn] 비-인

명 콩

참고 full of beans 원기 왕성하여

bear
[bɛər] 베어r

동 부담하다, 지탱하다, 지다, 몸에 지니다, 견디다, 낳다, 나르다 **명** 곰

참고 bear in mind 명심하다

beard
[biərd] 삐어r드

명 턱수염

참고 grow a beard 턱수염을 기르다

beat
[biːt] 삐-트

동 치다, 두드리다, 적을 패배시키다, ~에 이기다
명 연달아 때림, 때리는 소리, 박자

참고 beat down 쓰러뜨리다, beat off 격퇴하다

beautiful
[bjúːtəfəl] 브유-디플

형 아름다운, 뛰어난

참고 beautifully 아름답게, 훌륭하게
beauty 아름다움, 미, 미인

become
[bikʌ́m] 비컴

동 ~ 이 되다, ~에 어울리다

참고 becoming 어울리는, 적당한

bed
[bed] 베드

명 침대, 잠자리

참고 go to bed 잠자리에 들다
get out of bed 잠자리에서 일어나다

B

0271
bedroom
[bédrù:m] 베드루-움

명 침실

참고 bedroom town (대도시 주변의) 베드타운

0272
bee
[bi:] 비-

명 꿀벌

참고 busy as a bee 무척 바쁜

0273
beef
[bi:f] 삐-f프

명 쇠고기

참고 resuming beef imports 쇠고기 수입 재개

0274
beer
[biər] 삐어r

명 맥주

참고 in beer 맥주에 취해

0275
beg
[beg] 베그

동 빌다, 간청하다

참고 beg off 핑계를 대고 거절하다

0276
begin
[bigín] 비긴

동 시작하다(되다), 착수하다

참고 to begin with 우선 첫째로

0277
beginning
[bigíniŋ] 비기닝

명 처음, 시작, 초기단계

참고 in the beginning 태초에

behalf
■0278
[bihæf] 비해 f프

명 편, 이익

참고 on behalf of sb = on sb's behalf ~를 대표하여

behave
■0279
[bihéiv] 비헤이브

동 행동하다

참고 behaviour (= behavior) 행동, 동작

being
■0280
[bíːiŋ] 삐-잉

명 존재, 실재

참고 for the time being 당분간은
call(bring) ~ into being 낳다
come into being 생기다, 낳다

belief
■0281
[bilíːf] 빌리-f프

명 믿음, 신념, 신뢰, 신앙

참고 beyond belief 믿을 수 없는

believe
■0282
[bilíːv] 빌리-브

동 믿다, ~라고 여기다

참고 believe in 믿다
believe it or not 믿거나 말거나

bell
■0283
[bel] 벨

명 종, 초인종

참고 answer the bell 손님을 맞이하다

belong
■0284
[bilɔ́(ː)ŋ] 빌로-응

동 ~에 속하다, 소속하다

참고 belong to ~에 속하다, ~의 것이다

B

0285
belt
[belt] 벨트

- 명 벨트, 띠
- 참고 hit below the belt 허리아래를 치다, 반칙하다

0286
bend
[bend] 밴드

- 동 구부리다, 굽히다, 숙이다,
- 명 굽음, 굴곡
- 참고 bend the neck 굴복하다

0287
benefit
[bénəfit] 뻬너퓓

- 명 이익, 좋은일 동 자선공연
- 참고 for the benefit of ~을 위하여

0288
bent
[bent] 벤트

- 형 굽은, 구부러진
- 참고 be bent on ~ing ~에 열중해 있다

0289
best
[best] 베스트

- 형 가장 좋은, 최상의, 최대의
- 명 최상, 최선, 최고
- 부 최고로, 가장 좋게
- 참고 best of all 첫째로, 무엇보다도
  at (the) best 기껏해야
  do one's best 최선을 다하다

0290
bet
[bet] 벹

- 동 내기를 걸다, 내기하다 명 내기
- 참고 make(take) a bet 내기를 걸다
  betting 내기, 내기에 건 돈

■0291
better
[bétər] 뻬더r

- 형 ~보다 좋은, ~보다 나은
- 부 ~보다 좋게

참고 little better than ~나 매한가지
no better than ~와 다름없는
not better than 기껏해야 ~에 불과한
good, well의 비교급

■0292
Bible
[báibəl] 빠이블

- 명 성서, 성경

참고 kiss the Bible 성서에 키스하고 맹세하다

■0293
bicycle
[báisikəl] 빠이시클

- 명 자전거

참고 = bike
go by bicycle
= go on a bicycle 자전거로 가다

■0294
bid
[bid] 비드

- 동 명령하다, 말하다, 값을 매기다, 입찰하다 명 입찰, 제안

참고 bid on 입찰하다

■0295
big
[big] 빅

- 형 큰, 중요한, 대단한

참고 talk big 허풍치다

■0296
bill
[bil] 빌

- 명 계산서, 청구서, 어음, 지폐(미), 법안

참고 draw a bill on ~앞으로 어음을 발행하다

B

billion
[bíljən] 삘리언

명 10억, 막대한 수

참고 billions of stars 수없이 많은 별들

bind
[baind] 바인드

동 묶다, 감다 **명** 묶는 것, 속박

참고 bind up one's wounds
상처를 붕대로 감다

biology
[baiálədʒi] 바이알러쥐

명 생물학

참고 biological 생물학의

bird
[bəːrd] 버-r드

명 새

참고 eat like a bird 조금 먹다
like a bird 유쾌하게
kill two birds with one stone 일석이조

birth
[bəːrθ] 버-r th쓰

명 출생, 탄생, 출산

참고 give birth to ~을 낳다, ~의 원인이 되다

birthday
[báːrθdèi] 뻐-r th쓰데이

명 생일

참고 Happy birthday (to you)!
생일 축하합니다!

biscuit
[bískit] 삐스킽

명 비스킷

참고 take the biscuit 상을 타다

bishop
[bíʃəp] 삐숍 ■0304

명 (가톨릭)주교, (체스)비숍

참고 bishopric 주교의 직

bit
[bit] 비트 ■0305

명 작은 조각, 조금, (컴퓨터)비트

참고 a bit 조금
bit by bit 조금씩

bite
[bait] 바이트 ■0306

동 물다, 물어뜯다 **명** 물기

참고 take a bite of ~을 한 입 먹다

bitter
[bítər] 삐터r ■0307

형 쓴, 쓰라린, 신랄한

참고 bitterly 쓰게, 통렬하게

black
[blæk] 블랙 ■0308

형 검은, 어두운, 사악한
명 검은색, 암흑

참고 be in the black (장사가)흑자이다
black and blue 검푸른 멍이 들도록

blade
[bleid] 블레이드 ■0309

명 칼날, (칼 모양의)잎

참고 a blade of grass 풀 한 잎

blame
[bleim] 블레임 ■0310

동 비난하다, ~의 책임으로 돌리다
명 비난, 책망

참고 be to blame 마땅히 책임이 있다

B

blank
[blæŋk] 블랭크

형 백지의, 텅 빈 **명** 공백, 백지

참고 draw a blank 실패하다
blankly 멍하니, 딱 잘라서

blast
[blæst] 블래스트

명 한줄기 강한 바람, 폭발

참고 at a blast 단숨에

bless
[blés] 블레스

동 은총을 내리다, 베풀다, 은총을 빌다

참고 be blessed 행운을 누리다, 복을 받다

blind
[bláind] 블라인드

형 눈이 먼, 장님의, 맹목적인

참고 go blind 장님이 되다

block
[blɑk] 블락

명 큰 덩어리, 받침, 장애물, (건축) 블록
동 방해하다, 막다

참고 on the block 경매에 내놓은
block up 봉쇄하다

blond
[blɑnd] 블란드

형 금발의 **명** 금발의 사람

참고 blonde 금발의, 금발의 여성

blood
[blʌd] 블러드

명 피, 혈액, 혈통

참고 draw blood 상처를 입히다

bloody
[blʌ́di] 블러디

형 피의, 피 같은, 피를 흘리는, 잔인한

참고 continuing bloody conflict
계속되는 유혈분쟁

blow
[blou] 블로우

동 불다, (바람에)날리다 **명** 불기, 강타

참고 blow into 불시에 찾아오다
blow on 패배시키다

blue
[blu:] 블루-

형 푸른, 우울한 **명** 파랑(색)

참고 blue in the face 지쳐서

board
[bɔːrd] 보-r드

명 판자, 칠판, 게시판, 회의용 탁자, 위원회
동 ~에 널을 대다, 탑승하다

참고 go on board (배, 차에) 타다

boat
[bout] 보우트

명 보트, 소형 선박

참고 be (all) in the same boat
운명을 같이하다

body
[bádi] 빠디

명 몸, 신체, 주요부분, 집단

참고 body and soul 몸과 마음을 다해

boil
[bɔil] 보일

동 끓다, 끓어오르다, 격분하다

참고 boil down 졸이다, 요약하다

B

bomb
[bɑm] 밤
■0325
명 폭탄 **동** 폭격하다
참고 go like a bomb 크게 성공하다

bond
[bɑnd] 반드
■0326
명 유대, 결속, 묶는 것
참고 be under bond 보석중이다

bone
[boun] 보운
■0327
명 뼈, 뼈대, 시체
참고 to the bone 뼛속까지, 철저하게

bonus
[bóunəs] 뽀우너스
■0328
명 상여금, 보너스
참고 ask for a bigger bonus
더 많은 상여금을 요구하다

book
[buk] 북
■0329
명 책, 서적, 장부
동 기입하다, 등록하다, 예약하다
참고 close the books 결산하다
keep books 기장하다, 치부하다
not in the book 금지되어

boom
[buːm] 부-움
■0330
명 (소리)쿵, 벼락 경기, 붐,
갑작스러운 인기
참고 a housing price boom 집값 급등

boost
[buːst] 부-스트
■0331
동 밀어 올리다, 경기를 부양하다
참고 boost competitiveness 경쟁력을 높이다

boot
[buːt] 부-트
■0332
명 부츠, 장화
참고 put the boot in 단호한 태도를 취하다

border
[bɔ́ːrdər] 보-r 더r
■0333
명 경계, 테두리, 국경
참고 inter-Korean border 휴전선

bore
[bɔːr] 보어-r
■0334
동 구멍을 뚫다, 따분하게 하다, 곤란하게 하다
참고 boring 지루한, 따분한
bored 지루한, 따분한

born
[bɔːrn] 보-r은
■0335
형 타고난, 선천적인
참고 be born 태어나다
born yesterday 경험이 없는

borrow
[bɔ́(ː)rou] 빠-로우
■0336
동 빌리다, 꾸어오다, 모방하다
참고 borrow trouble 쓸데없는 걱정을 하다

boss
[bɔ(ː)s] 보-쓰
■0337
명 두목, 보스, 상관, 고용주
참고 boss it 마음대로 하다

B

0338
both
[bouθ] 보우th쓰

형 양쪽의, 둘 다의 **대명사** 양쪽 모두

참고 have it both ways
(논쟁에서) 양다리 걸치다

0339
bother
[báðər] 빠th더r

동 괴롭히다, 걱정하다

참고 not bother to ~조차 하지 않다

0340
bottle
[bátl] 빠를

명 병

참고 a bottle of wine 포도주 한 병

0341
bottom
[bátəm] 빠틈

명 바닥, 기초, 하부
형 밑바닥의, 아래의, 근본적인

참고 at the bottom of ~의 기슭에, 아래쪽에
to the bottom 밑바닥까지, 철저하게

0342
bound
[baund] 바운드

형 묶인, 결합된

참고 bound to ~하지 않을 수 없는

0343
boundary
[báundəri] 빠운드뤼

명 경계(선)

참고 boundary between Europe and Asia 유럽과 아시아의 경계

0344
bow
[bau] 바우

명 절, 경례 **동** 머리를 숙이다

참고 bow out of 사퇴하다
make a bow 절하다
활 [bou] 보우

0345
bowl
[boul] 뽀울

명 사발, 공기, (볼링)공

참고 a bowl of soup 수프 한 그릇

0346
box
[báks] 빡스

명 상자

참고 in a box 어찌할바를 몰라

0347
boyfriend
[bɔ́ifrènd] 뽀이프렌드

명 남자친구

참고 ex-boyfriend 전에 사귀었던 남자친구

0348
brain
[brein] 브레인

명 뇌, 두뇌, 지능, 머리 좋은 사람

참고 use one's brain 머리를 쓰다

0349
branch
[bræntʃ] 브랜취

명 가지, 지류, 분파, 지점, 지부

참고 root and branch 철저하게

0350
brand
[brænd] 브랜드

명 상표, 브랜드

참고 premium-brand vehicles 고급차량

0351
brave
[breiv] 브레이브

형 용감한, 훌륭한

참고 brave it out 끝까지 밀고나가다

B

breach ■0352
[briːtʃ] 브뤼-취

명 갈라진 틈, 위반, 어김

참고 breach of contract 계약 위반
breach of faith 배신

bread ■0353
[bred] 브뤠드

명 빵, 식량

참고 bread and wine 성찬
in good(bad) bread 행복(불행)하게 살고

break ■0354
[breik] 브뤠이크

동 깨뜨리다, 어기다, 위반하다, 파산하다
명 깨짐, 파괴, 탈옥, 중단, 짧은 휴식

참고 break down 파괴하다, 무너지다
break in 길들이다, 침입하다, 말참견 하다
break into 침입하다
break out 갑자기 발생하다
break one's word 약속을 어기다
take a break 잠깐 휴식을 취하다

breakfast ■0355
[brékfəst] 브뤡풔스트

명 아침식사

참고 breakfast meeting 조찬모임

breast ■0356
[brest] 브뤠스트

명 가슴, 가슴 속, 유방

참고 breast cancer 유방암

breath ■0357
[breθ] 브뤠th쓰

명 숨, 한 숨, 호흡, 생명

참고 in a breath 단숨에

breathe
[briːð] 브뤼-th드

동 숨을 쉬다, 호흡하다

참고 breathing 호흡, 숨쉬기

breed
[briːd] 브뤼-드

동 (새끼를)낳다, 기르다, 번식시키다
명 (동식물의) 품종, 종족

참고 breed up 키우다, 양성하다

breeding
[bríːdiŋ] 브뤼-딩

명 번식, 부화, 양육, 품종개량

참고 breeding place 번식지, 서식지

brick
[brik] 브뤽

명 벽돌

참고 drop a brick 실수를 하다

bridge
[brídʒ] 브뤼쥐

명 다리, 연결, 중개

참고 bridge-building 관계개선

brief
[bríːf] 브뤼-f프

형 간단한, 짧은

참고 to be brief 간단히 말하면
briefly 간단하게

bright
[brait] 브라이트

형 빛나는, 선명한, 영리한

참고 bright and early 아침 일찍이
brightly 밝게, 선명하게

B

0365
brilliant
[bríljənt] 브륄리언트

형 밝게 빛나는, 번쩍이는, 뛰어난

참고 a brilliant idea 기발한 아이디어

0366
bring
[briŋ] 브링

동 가져오다, 이끌다, 데리고 오다, 초래하다

참고 bring about 일으키다, 초래하다
bring forth 낳다, 산출하다
bring up 기르다
bring over 개종시키다

0367
British
[brítiʃ] 브뤼디쉬

형 영국의, 영국 사람의 명 영국인, 영어

참고 British English 영국영어

0368
broad
[brɔːd] 브로-드

형 폭이 넓은, 광범위한

참고 in a broad way 대체로 말하면
broadly 넓게, 대체로

0369
broadcast
[brɔ́ːdkæst] 브로-드캐스트

동 방송하다, 퍼뜨리다 명 방송, 방송프로

참고 digital broadcast standard
디지털 방송 표준

0370
broken
[bróukən] 브로우큰

형 깨진, 부서진, 파산한

참고 broken-down 박살난, 붕괴된
broken heart 실의, 절망

brother 0371
[brʌ́ðər] 브러 thㄷㅓr

명 남자 형제, 친구, 동료, 동포

참고 brother in arms 전우

brown 0372
[braun] 브롸운

형 갈색의 명 갈색

참고 do it up brown 철저히 하다

brush 0373
[brʌʃ] 브러쉬

명 솔, 붓
통 솔질을 하다, 칠하다, 이를 닦다

참고 at a brush 단번에

bubble 0374
[bʌ́bəl] 뻐블

명 거품

참고 burst one's bubble ~의 희망을 깨다

budget 0375
[bʌ́dʒit] 뻐쥍

명 예산, 예산안

참고 balance the budget
수지의 균형을 맞추다

build 0376
[bild] 빌드

통 세우다, 짓다, 건축하다, 수립하다

참고 build out 증축하다

building 0377
[bíldiŋ] 삘딩

명 건축(술), 건축물, 빌딩

참고 builde 건축업자, 건설자

B

bulk 0378
[bʌlk] 뻘크

명 부피, 크기, 대부분

참고 in bulk 대량으로

bullet 0379
[búlit] 뿔릳

명 탄알, 작은 공

참고 bite the bullet 고통을 꾹 참다

bunch 0380
[bʌntʃ] 뻔취

명 다발, 묶음, 송이

참고 the best of the bunch 군계일학

bureau 0381
[bjúərou] 뷰어로우

명 (관청의)국, 사무소

참고 a bureau of information 안내소

burn 0382
[bəːrn] 뻐-r언

동 타다, 태우다

참고 burn down 전소되다

burnt 0383
[bəːrnt] 버-r언트

형 불에 탄, 덴

참고 burnt smell 탄내

burst 0384
[bəːrst] 버어-r스트

동 폭발하다, 터지다, 갑자기 나타나다

참고 burst into 갑자기 시작하다

B

0385
bury
[béri] 베뤼

동 파묻다, 매장하다, 숨기다, 몰두하다

참고 bury one's head in the sand
현실을 외면하다

0386
bush
[buʃ] 뿌쉬

명 관목 숲, 덤불

참고 take to the bush 산적이 되다

0387
business
[bíznis] 삐즈니스

명 실업, 사무, 영업, 사업, 관심사, 사건

참고 at business 집무중인
do the business 필요한 일을 하다

0388
businessman
[bíznismæn] 삐즈니스맨

명 실업가, 사업가

참고 businesswoman 여성 실업가, 여성 사업가

0389
busy
[bízi] 삐지

형 바쁜, 번화한, 통화중인

참고 be busy ~ing ~하느라고 바쁘다
be busy with ~로 붐비다

0390
butter
[bʌ́tər] 뻐터r

명 버터

참고 lay on the butter 아첨하다

0391
button
[bʌ́tn] 뻐튼

명 단추, 단추 모양의 누르는 것

참고 on the button 정각에

0392
cabinet
[kǽbənit] 캐비닡

- 명 캐비닛, 진열장, 내각
- 참고 form a cabinet 내각을 구성하다

0393
cable
[kéibəl] 케이블

- 명 굵은 밧줄, 케이블
- 참고 by cable 전신으로

0394
cake
[keik] 케이크

- 명 케이크, 양과자
- 참고 take the cake 상을 타다

0395
calculate
[kǽlkjəlèit] 캘큘레이트

- 동 계산하다, 추정하다, ~라고 생각하다
- 참고 calculation 계산, 추정

0396
call
[kɔːl] 코-올

- 동 부르다, 불러오다, 소집하다, ~라고 일컫다, 명령하다, 전화를 걸다, 방문하다
- 명 부르는 소리, 소집, 통화, 방문, 초대
- 참고 be called to ~에 초대되다
  call for 요구하다, call off 취소하다
  call on 방문하다, call up 전화 걸다

0397
calm
[kɑːm] 카-암

- 형 고요한, 잔잔한
- 동 진정시키다, 안정시키다
- 명 고요, 침착
- 참고 the calm before the storm 폭풍전의 고요
  calmly 고요하게, 침착하게

camera
[kǽmərə] 캐머뤄 ■0398

명 카메라

참고 on(off) camera
(영화 · TV) 카메라 앞에서(에서 벗어나)

camp
[kæmp] 캠프 ■0399

명 야영지 **동** 캠프(장)

참고 go to camp 캠프 가다

campaign
[kæmpéin] 캠페인 ■0400

명 (사회, 정치) 운동, 캠페인, 선거 운동

참고 mount a campaign 선거운동을 하다

camping
[kǽmpiŋ] 캠핑 ■0401

명 천막생활, 캠프

참고 go camping 캠핑 가다

canal
[kənǽl] 커낼 ■0402

명 운하, 도관

참고 the Suez Canal 수에즈 운하

cancel
[kǽnsəl] 캔슬 ■0403

동 삭제하다, 취소하다

참고 cancel shares 주식을 소각하다

cancer
[kǽnsər] 캔써r ■0404

명 암, 병폐, (천문)게자리

참고 the Tropic of Cancer 북회귀선

candidate
[kǽndədèit] 캔디데이트

명 후보자, 지원자

참고 run candidate at 입후보하다

candy
[kǽndi] 캔디

명 사탕, 캔디

참고 a piece of candy 캔디 1개

cap
[kæp] 캡

명 모자, 마개

참고 pop a cap 총을 쏘다
to cap it all 결국에 가서는

capable
[kéipəbəl] 케이퍼블

형 능력이 있는, 유능한, ~할 수 있는

참고 be capable of ~할 수 있는

capacity
[kəpǽsəti] 커패써디

명 수용력, 용적, 재능, 능력, 자격

참고 to capacity 최대한으로

capital
[kǽpitl] 캐피틀

명 수도, 대문자, 자본
형 가장 중요한, 대문자의, 자본의

참고 Capital and Labor 노사(勞使)

capitalism
[kǽpətəlìzəm] 캐피틀리즘

명 자본주의

참고 capitalist 자본가, 자본주의자

captain
[kǽptin] 캡튼
- 명 우두머리, 지도자, 선장, 대위
- 참고 captain of industry
  대기업의 총수, 산업계의 거두

capture
[kǽptʃər] 캡춰r
- 동 붙잡다, 획득하다
- 명 포획(물), (컴퓨터)갈무리
- 참고 video capture devices 비디오 캡처장치

car
[kɑːr] 카-r
- 명 차, 자동차
- 참고 take a car 차를 타다

carbon
[kάːrbən] 카-r번
- 명 탄소(C), 카본지
- 참고 carbon emissions 탄산가스 배출

card
[kɑːrd] 카-r드
- 명 카드, 명함, 엽서, 패, 방책
- 참고 make a card 좋은 수를 쓰다
  play one's last card 최후의 수단을 쓰다

cardboard
[kάːrdbɔ̀ːrd] 카-r드보-r드
- 명 판지, 마분지
- 참고 a sheet of cardboard 판지 한 장

care
[kɛər] 케어r
- 명 걱정, 근심, 조심, 보살핌
- 동 돌보다, 걱정하다, 관심을 갖다
- 참고 take care of 돌보다, 처리하다
  care for 보살피다, 간호하다

C

■0419
career
[kəríər] 커뤼어r

- 몡 경력, 생애, 직업
- 참고 take (make) a career 출세하다

■0420
careful
[kɛ́ərfəl] 케어r펄

- 휑 조심성 있는, 신중한
- 참고 Be careful! 조심해!
  carefully 조심스럽게, 신중하게

■0421
careless
[kɛ́ərlis] 케어r(을)리스

- 휑 부주의한, 조심성 없는
- 참고 carelessly 부주의하게

■0422
carpet
[káːrpit] 카-r핕

- 몡 카펫, 융단
- 참고 on the carpet 연구 중인

■0423
carriage
[kǽridʒ] 캐뤼쥐

- 몡 탈것, 운반, 수송
- 참고 free of carriage 운임을 무료로

■0424
carrier
[kǽriər] 캐뤼어r

- 몡 운반인(집배원, 배달원 등), 운반기
- 참고 car carrier 자동차 운반선

■0425
carrot
[kǽrət] 캐뤝

- 몡 당근
- 참고 carrot and stick 당근과 채찍

carry
[kǽri] 캐뤼 ■0426

동 나르다, 운반하다, ~까지 이끌고 가다, 휴대하다, 소지다, 유지(지탱)하다

참고 carry on 계속하다, 경영하다
carry out 실행하다, 실시하다

case
[keis] 케이쓰 ■0427

명 경우, 사정, 사건, 사례, 소송(사건)

참고 in any case 어쨌든
in case (of) ~경우에는

cash
[kæʃ] 캐쉬 ■0428

명 현금, 돈

참고 in the cash 부유한

cast
[kæst] 캐스트 ■0429

동 명 던지다, 내던지다, (역을)배정하다

참고 The die is cast 주사위는 던져졌다.

castle
[kǽsl] 캐쓸 ■0430

명 성, 요새, 대저택

참고 build an air castle 공상에 잠기다

casual
[kǽʒuəl] 캐쥬얼 ■0431

형 뜻밖의, 우연의, 무심한, 평상복의

참고 a casual meeting 뜻밖의 만남

cat
[kæt] 캩 ■0432

형 고양이

참고 curious as a cat 호기심이 매우 많은

C

0433
catalog
[kǽtɔlɔ̀ːg] 캐를로-그

명 목록, 카탈로그

참고 = catalogue
up-to-date catalog 최신의 카달로그

0434
catch
[kætʃ] 캐취

통 붙잡다, 따라잡다, 간파하다

참고 catch up with ~을 따라가다, 따라잡다

0435
category
[kǽtəgɔ̀ːri] 캐더고-뤼

명 범주, 카테고리

참고 categorize 분류하다, 범주에 넣다

0436
cater
[kéitər] 케이러

통 음식물을 조달하다, 요구에 응하다, 만족을 주다

참고 cater to public heath interests 국민의 건강욕구를 만족시키다

0437
cathedral
[kəθíːdrəl] 커th씨-드뤌

명 대성당

참고 Myeong-dong Cathedral 명동성당

0438
Catholic
[kǽθəlik] 캐th쓸릭

형 천주교의 명 천주교도

참고 Catholic Church 로마 가톨릭 교회

0439
cattle
[kǽtl] 캐틀

명 소

참고 a herd of cattle 한 무리의 소

cause
[kɔːz] 코-즈 ■0440

- 명 원인, 이유, 주장, 대의, 소송
- 동 ~의 원인이 되다, ~로 하여금 ~하게 하다

참고 cause and effect 원인과 결과
in the cause of ~을 위해

cease
[siːs] 씨-스 ■0441

- 동 그만두다, 그치다, 끝내다

참고 cease to exist 없어지다, 멸망하다

ceiling
[síːliŋ] 씨-일링 ■0442

- 명 천장, 한계, 최고한도

참고 hit the ceiling 최고조에 달하다

celebrate
[séləbrèit] 쎌러브뤠이트 ■0443

- 동 축하하다, 의식을 거행하다, 찬양하다

참고 celebrate a festival 축제를 벌이다

celebration
[sèləbréiʃən] 쎌러브뤠이션 ■0444

- 명 축하, 축전, 의식

참고 in celebration of ~을 축하하여

cell
[sel] 쎌 ■0445

- 명 작은방, 독방, 세포, 전지

참고 a dry cell 건전지

cellphone
[sélfòun] 쎌 f포운 ■0446

- 명 휴대전화

참고 = cellular phone

C

0447
cement [simént] 씨멘트

- 명 시멘트
- 참고 in cement 굳어져서, 완고하게

0448
cent [sent] 쎈트

- 명 센트(미국 등의 화폐단위, 약어 c, ct), (단위로서의)백
- 참고 per cent 100에 대하여, %

0449
center [séntər] 쎈터r

- 명 중심, 중심지, 중앙, 핵심
- 참고 = centre
  the Center 온건파

0450
centimeter [séntəmì:tər] 쎈티미-더r

- 명 센티미터
- 참고 = centimetre
  약어 cm, 1m의 1/100

0451
central [séntrəl] 쎈츄뤌

- 형 중심의, 주요한, 중심적인
- 참고 the central bank 중앙은행(한국은행)

0452
century [séntʃuri] 쎈츄뤼

- 명 세기, 백 년
- 참고 a century and a half 150년

0453
ceremony [sérəmòuni] 쎄뤄모우니

- 명 의식, 의례
- 참고 with ceremony 격식을 차려
  without ceremony 격식을 차리지 않고

0454
certain
[sə́ːrtən] 써-r 튼

- 형 확실한, 일정한 대명사 어느 정도의
- 참고 make certain 확인하다, 다짐하다
  certainly 확실히, 반드시

0455
certificate
[sərtífəkit] 써r티피킽

- 명 증명서, 증명
- 참고 a certificate of birth(death)
  출생(사망)증명서
  a certificate of deposit
  양도성 예금증서(CD)

0456
chain
[tʃein] 췌인

- 명 쇠사슬, 하나로 이어짐, 체인(점), 속박
- 참고 in chains 옥에 갇혀

0457
chair
[tʃεər] 췌어r

- 명 의자, 강좌, 의장
- 참고 take the chair 취임하다, 개회하다

0458
chairman
[tʃέərmən] 췌어r맨

- 명 의장, 사회자
- 참고 chairwoman 여자 의장

0459
chalk
[tʃɔːk] 쵸-크

- 명 분필, 색분필
- 참고 chalk out 윤곽을 그리다, 계획하다

0460
challenge
[tʃǽlindʒ] 챌린쥐

- 명 도전, 도전할 만한 일
- 동 도전하다, 요구하다, 이의를 제기하다
- 참고 meet (rise to) the challenge
  난국에 잘 대처하다

C

0461
chamber
[tʃéimbər] 췌임버r

명 방, 응접실, 회의장, 의원

참고 The American Chamber of Commerce in Korea 주한 미국상공회의소

0462
champagne
[ʃæmpéin] 샘페인

명 샴페인

참고 pop champagne too soon 샴페인을 너무 일찍 터뜨리다

0463
champion
[tʃǽmpiən] 챔피언

명 선수권보유자, 우승자

참고 championship 선수권(대회), 우승

0464
chance
[tʃæns] 챈스

명 기회, 승산, 우연

참고 by chance 우연히
leave to chance 운에 맡기다

0465
chancellor
[tʃǽnsələr] 챈슬러r

명 장관, 대법관, 수상, 대학총장

참고 German Chancellor 독일수상

0466
change
[tʃeindʒ] 췌인쥐

동 바꾸다, 변경하다, 교환하다
명 변경, 교환, 거스름돈, 잔돈

참고 a change of heart 변심
change into 옷을 갈아입다

0467
channel
[tʃǽnl] 채늘

명 수로, 운하, 해협, 경로, (통신)채널

참고 change the channel 화제를 바꾸다

chapel
[tʃǽpəl] 채플 ■0468

명 (학교, 병원 등의) 예배당, 채플

참고 keep a chapel 예배에 참석하다

chapter
[tʃǽptər] 챂터r ■0469

명 장(章), 중요한 한 시기, 총회

참고 close a chapter of history
역사의 한 장을 마감하다

character
[kǽriktər] 캐릭터r ■0470

명 특성, 성격, 인격, 등장인물, 문자

참고 in the character of ~의 자격으로

characteristic
[kæ̀riktərístik] 캐릭터뤼스틱 ■0471

형 독특한, 특색 있는 명 특질, 특성

참고 characteristic color 고유한 색상

charge
[tʃɑːrdʒ] 촤-r쥐 ■0472

동 충전하다, 채우다,
(책임, 의무를)지우다,
비난하다, ~탓으로 돌리다
요금을 청구하다
명 충전, 요금, 비난, 고소, 책임,
부담, 화물

참고 in charge of ~을 책임지다
take charge of ~을 맡다, 책임을 지다

charity
[tʃǽrəti] 채뤄디 ■0473

명 자비, 자선

참고 as cold as charity 아주 냉담하여

C

chart ■0474
[tʃɑːrt] 챠-r트
- 명 도표, 그래프, 해도
- 동 도표로 만들다, 계획하다
- 참고 a bar chart 막대그래프

charter ■0475
[tʃɑ́ːrtər] 챠-r터r
- 명 헌장, 선언서
- 참고 the Charter of the United Nations 유엔 헌장

chase ■0476
[tʃeis] 췌이쓰
- 동 추격하다, 쫓아내다, 사냥하다
- 명 추적, 추격, 사냥
- 참고 give chase to 추격하다

chat ■0477
[tʃæt] 챁
- 동 잡담하다, 이야기하다
- 명 잡담, (컴퓨터)채팅
- 참고 real-time chat (인터넷) 실시간 대화

cheap ■0478
[tʃiːp] 취-잎
- 형 싼, 싸구려의
- 참고 cheaply 싸게

cheat ■0479
[tʃiːt] 취-트
- 동 속이다, 사기를 치다
- 명 속임수, 부정행위
- 참고 cheat death 죽음을 면하다

check ■0480
[tʃek] 췌크
- 동 점검하다, 방해하다, 억제하다
- 명 점검, 대조, 저지, 방해, 수표(영국= cheque)
- 참고 keep ~in check ~을 막다

cheek
[tʃiːk] 취-크 ■0481

명 볼, 뺨

참고 tongue-in-cheek 놀림조의, 야유 섞인

cheer
[tʃiər] 취어r ■0482

명 환호, 응원

참고 cheers! 건배!

cheerful
[tʃíərfəl] 취어r 펄 ■0483

형 쾌활한, 기분 좋은

참고 cheerfully 기분 좋게

cheese
[tʃiːz] 취-즈 ■0484

명 치즈

참고 Say cheese!
「치즈」라고 하세요(사진 찍을 때)

chemical
[kémikəl] 케미컬 ■0485

형 화학의

참고 chemical weapons 화학 무기

chemistry
[kémistri] 케미스츠뤼 ■0486

명 화학

참고 chemist 화학자

chest
[tʃest] 췌스트 ■0487

명 가슴, 큰 상자

참고 a chest cold 기침 감기

C

0488
chew [tʃuː] 츄-

동 씹다, 곰곰이 생각하다

참고 chew out 호통치다

0489
chicken [tʃíkin] 취킨

명 닭, 병아리

참고 chicken out 겁을 먹고 물러서다

0490
chief [tʃiːf] 취-프

형 우두머리 명 장(長)

참고 the chief of a family 가장

0491
child [tʃaild] 촤일드

명 어린이, 자식

참고 with child 임신하여
복수형 children

0492
childhood [tʃáildhùd] 촤일드후드

명 어린 시절

참고 in one's childhood 어린 시절에

0493
chin [tʃin] 친

명 턱, 턱 끝

참고 keep one's chin up 용기를 잃지 않다

0494
china [tʃáinə] 촤이너

명 중국

참고 chinese 중국의, 중국사람의

chip
[tʃip] 칲 ■0495

명 조각, 얇은 조각, (전자)칩

참고 buy chips 투자하다
play one's last chip
비장의 수단을 사용하다

chocolate
[tʃɔ́:kəlit] 초-클릳 ■0496

명 초콜릿

참고 chocolate-covered snacks
초콜릿을 입힌 스낵

choice
[tʃɔis] 초이쓰 ■0497

명 선택(권)

참고 from choice 자진하여
without choice 가리지 않고

choose
[tʃu:z] 츄-즈 ■0498

통 선택하다, 선출하다

참고 choose up 선수를 뽑아 팀을 만들다

chop
[tʃɑp] 찹 ■0499

통 자르다, 패다

참고 chop at a tree 나무를 찍다
chop up 잘게 썰다, 저미다

christian
[krístʃən] 크뤼스천 ■0500

명 기독교도 **형** 기독교의

참고 Christian Era 서력기원

christmas
[krísməs] 크뤼스머쓰 ■0501

명 크리스마스, 성탄절

참고 green Christmas 눈이 내리지 않는
(따뜻한) 크리스마스
white Christmas 눈이 내리는 크리스마스

church
[tʃəːrtʃ] 춰-r 취

명 교회, 성당, 예배

참고 go to church 예배드리다

cigarette
[sìɡərét] 씨거뤹

명 담배

참고 harmful cigarette smoking
몸에 해로운 흡연

cinema
[sínəmə] 씨너머

명 영화관, 영화

참고 go to the cinema 영화 보러가다

circle
[səːrkl] 써-r클

명 원, 원형, 순환, 주기, 범위, 동아리

참고 circle back 빙 돌아오다

circuit
[səːrkit] 써-r킽

명 회로, 순회, 우회

참고 equipped with integrated-circuit chips 집적회로 칩이 장착된

circular
[səːrkjələr] 써-r큘러r

형 원의, 원형의, 순환의

참고 circular railway 순환철도

circumstance
[səːrkəmstæns] 써-r컴스탠스

명 상황, 사정, 환경

참고 under any circumstances
어떠한 사정이 있더라도

85

cite
[sait] 싸이트 ■0509

동 인용하다, 언급하다

참고 be cited for 표창을 받다

citizen
[sítəzən] 씨디즌 ■0510

명 시민, 주민

참고 citizenship 시민권

city
[síti] 씨티 ■0511

명 도시

참고 the Seoul city council 서울시의회

civil
[sívəl] 씨빌 ■0512

형 시민의, 민간의, 예의바른

참고 civilian 민간인, 일반시민, 민간인의

claim
[kleim] 클레임 ■0513

동 요구하다, 손해배상을 청구하다
명 요구, 청구, 주장

참고 lay(make) claim to
대한 권리를 주장하다

clap
[klæp] 클랩 ■0514

동 (손뼉을)치다, 두드리다
명 쾅, 찰싹 (손뼉 치는 소리)

참고 in a clap 갑자기

clash
[klæʃ] 클래쉬 ■0515

명 충돌, 부딪힘(그런 소리)

참고 clash between Pyongyang and Washington 북미간 충돌

C

0516 class [klæs] 클래쓰
- 명 종류, 계급, 등급, 학급
- 참고 in a class with ~와 동등하게

0517 classic [klǽsik] 클래싴
- 형 고전의, 권위 있는, 최고 수준의
- 명 고전, 명작
- 참고 classical 고전적인, 고전주의(작품)의

0518 classification [klæ̀səfikéiʃən] 클래씨퓌케이션
- 명 분류(법)
- 참고 credit defaulter classification system 신용불량자제도

0519 classroom [klǽsrù(:)m] 클래스루-움
- 명 교실
- 참고 classmate 동창생, 급우

0520 clause [klɔːz] 클로-즈
- 명 조항, 조목, (문법) 절(節)
- 참고 clause by clause 조목 하나 하나 씩

0521 clean [kliːn] 클리-인
- 형 깨끗한, 순수한
- 동 깨끗하게 하다, 청소하다
- 참고 clean up 깨끗이 정돈하다, 마무리하다

0522 clear [kliər] 클리어r
- 형 깨끗한, 분명한
- 동 깨끗이 하다, 분명하게 하다
- 참고 as clear as day 명약관화한
  clearly 분명히, 확실하게

clerk
[klə:rk] 클러-rㅋ
■0523

명 사무원, 사원, 점원

참고 the Clerk of the Weather 날씨의 신

clever
[klévər] 클레붜r
■0524

형 영리한, 재치있는

참고 clever joke 재치있는 유머

click
[klik] 클릭
■0525

동 딸깍 소리를 내다, 마우스를 누르다
명 딸깍하는 소리, 클릭

참고 click for 운 좋게 손에 넣다

client
[kláiənt] 클라이언트
■0526

명 고객, 손님, 소송 의뢰인

참고 client-oriented 고객지향적인

cliff
[klif] 클리fㅍ
■0527

명 낭떠러지, 절벽

참고 cliffhanging 손에 땀을 쥐게 하는, 아슬아슬한

climate
[kláimit] 클라이밑
■0528

명 기후, 풍토

참고 intellectual climate 지적인 풍토

climb
[klaim] 클라임
■0529

동 오르다, 기어오르다, 승진하다

참고 climb down 기어 내려가다
climbing 등산

C

0530
clinic
[klínik] 클리닉

명 진료소, 병원, 임상

참고 clinical 임상의, 병상의

0531
clock
[klɑk] 클락

명 시계

참고 race the clock 촌각을 다투다

0532
close
[klóus] 클로우스

형 가까운, 친근한, 닫힌, 밀집한, 정밀한, 꼭 맞는

참고 closely 가까이, 친밀하게, 꼭 맞게

0533
close
[klouz] 클로우즈

동 닫다, 마감하다, 체결하다

참고 close up 폐쇄하다
closed 닫힌, 비공개의

0534
closet
[klázit] 클라짙

명 벽장, 찬장, 작은방

참고 come out of the closet
(숨기고 있던 것을) 밝히다

0535
cloth
[klɔ(:)θ] 클로-th쓰

명 천, 옷감, 헝겊

참고 lay (remove) the cloth
식탁을 차리다(치우다)

0536
clothes
[klouðz] [klouz]
클로우즈

명 옷, 의복

참고 put on(take off) one's clothes
옷을 입다(벗다)
clothing 의복, 의류

89

cloud
[klaud] 클라우드 ■0537

명 구름, 먼지

참고 in the clouds 비현실적인

club
[klʌb] 클럽 ■0538

명 클럽, 동호회, 곤봉

참고 fan club 팬 클럽

clue
[klu:] 클루- ■0539

명 단서, 실마리

참고 get a clue 실마리를 얻다, 알게 되다

cluster
[klʌ́stər] 클러스터r ■0540

명 (같은 종류의)집단, 송이

참고 in a cluster 떼를 지어

coach
[koutʃ] 코우취 ■0541

명 철도의 객차, 대형 마차, (스포츠)코치

참고 select a foreign coach 외국인 감독을 선임하다

coal
[koul] 코울 ■0542

명 석탄

참고 a cold coal to blow at 가망이 없는 일

coalition
[kòuəlíʃən] 코우얼리션 ■0543

명 연합, 제휴

참고 the coalition cabinet(ministry) 연립 내각

C

coast ■0544
[koust] 코우스트

명 해안

참고 from coast to coast 전국 방방곡곡에

coat ■0545
[kout] 코우트

명 코트, 상의, 외투

참고 turn one's coat 변절하다

code ■0546
[koud] 코우드

명 암호, 부호, 규칙, 법전

참고 civil code 민법

coffee ■0547
[kɔ́:fi] 코-퓌

명 커피

참고 make coffee 커피를 끓이다

coin ■0548
[kɔin] 코인

명 동전, 화폐

참고 the other side of the coin 사물의 다른 일면

cold ■0549
[kould] 코울드

형 추운, 찬, 쌀쌀한 명 추움, 감기

참고 catch(take) a cold 감기에 걸리다
as cold as ice 아주 냉담한
coldly 차게, 냉담하게

collapse ■0550
[kəlǽps] 컬랩쓰

동 무너지다, 부서지다, 실패하다
명 붕괴, 좌절

참고 collapse of the agriculture industry 농업의 붕괴

0551
colleague
[káli:g] 칼리-그

명 동료
참고 close colleague 가까운 동료

0552
collect
[kəlékt] 컬렉트

동 모으다, 집중하다
참고 collect eyes 남의 시선을 끌다

0553
collection
[kəlékʃən] 컬렉션

명 수집, 수금, 채집, 수집물
참고 collect eyes 남의 시선을 끌다
collector 수집가, 수금원

0554
collective
[kəléktiv] 컬렉티브

형 집합적인, 집단적인
참고 a collective action 집단행동

0555
college
[kálidʒ] 칼리쥐

명 대학, 칼리지
참고 go to college 대학에 들어가다

0556
colonel
[kə́:rnəl] 커-r늘

명 대령, 연대장
참고 lieutenant colonel 중령
colonel-level officers 대령급 장교들

0557
colony
[káləni] 칼러니

명 식민지, 거류지
참고 the Korean colony in Los Angeles L.A.의 한인 거주지

color
[kʌ́lər] 컬러r

■0558

- 명 빛깔, 색, 특색
- 동 물들이다, 특징을 이루다

참고 = colour
change color 안색이 변하다
join the colors 입대하다
colored(= coloured) 착색한, 유색의

column
[kάləm] 칼럼

■0559

- 명 기둥, 세로줄, (신문)칼럼

참고 advertisement columns 광고란

combination
[kàmbinéiʃən] 캄비네이션

■0560

- 명 짝 맞춤, 연합

참고 in combination with ~와 협력하여

combine
[kəmbáin] 컴바인

■0561

- 동 결합시키다, 연합하다

참고 combined operations 합동(연합)작전

come
[kʌm] 컴

■0562

- 동 오다, 도착하다, 이르다

참고 come across 우연히 만나다
come about 일어나다
come back 돌아오다
come by 얻다
come from ~ 의 출신이다
come near ~ing 거의 ~할 뻔하다

0563
comedy
[kámədi] 카머디

- 명 희극, 코미디
- 참고 comedy drama 코미디 드라마
  cut the comedy 바보짓을 그만두다

0564
comfort
[kʌ́mfərt] 컴풔r트

- 명 위로, 위안 동 위로하다
- 참고 give comfort to 위로하다

0565
comfortable
[kʌ́mfərtəbəl] 컴풔r터블

- 형 편한, 기분 좋은
- 참고 comfortably 편안하게, 기분좋게

0566
command
[kəmǽnd] 커맨드

- 동 명령하다, 요구하다, 지휘하다
- 명 명령, 지휘, 지배력
- 참고 at command 장악하고 있는

0567
commander
[kəmǽndər] 커맨더r

- 명 지휘관, 사령관
- 참고 commander-in-chief
  최고사령관, 군통수권자

0568
comment
[kámənt] 카멘트

- 명 논평, 견해, 주석
- 동 논평하다, 의견을 말하다
- 참고 give a comment on 논평하다

0569
commercial
[kəmə́ːrʃəl] 커머-r셜

- 형 상업의, 통상의, 영리의
- 참고 a commercial art 상업 미술

C

0570
commission
[kəmíʃən] 커밋션

명 위임, 위탁받은 일, 중개 수수료, 위원회

참고 on commission 위탁을 받고

0571
commissioner
[kəmíʃənər] 커밋셔너r

명 (정부가 임명한)위원, 이사, 장관, 청장

참고 United Nations High Commissioner for Human Rights 유엔인권고등판무관

0572
commit
[kəmít] 커밑

동 위임하다, 맡기다, (죄를)저지르다

참고 commit suicide 자살하다

0573
commitment
[kəmítmənt] 커밑드먼트

명 위탁, 위임, 약속, 헌신, 범행, 수감

참고 make a commitment to ~에 헌신하다

0574
committee
[kəmíti] 커미티

명 위원회, (전체)위원

참고 in committee 위원회에 회부되어

0575
common
[kámən] 카먼

형 공통의, 공공의, 협동의, 보통의

참고 in common 공동으로, 공통으로
commonly 보통으로, 일반적으로

0576
communicate
[kəmjúːnəkèit] 커뮤-니케이트

동 전달하다, 이어지다, 통신하다

참고 communicate in English 영어로 대화하다

0577 communication [kəmjùːnəkéiʃən] 커뮤-니케이션
- 명 전달, 공표, 통신, 연락, 커뮤니케이션
- 참고 in communication with ~와 연락하여

0578 communist [kámjənist] 카뮤니스트
- 명 공산주의자
- 참고 Communist Manifesto (마르크스와 엥겔스의) 공산당 선언

0579 community [kəmjúːnəti] 커뮤-너디
- 명 공동체, 지역사회
- 참고 political community 정계

0580 compact [kəmpǽkt] 컴팩트
- 형 빽빽한, 밀집한, 소형의
- 참고 digital compact camera 디지털 소형 카메라

0581 companion [kəmpǽnjən] 컴패니언
- 명 동료, 동반자
- 참고 make a companion of ~을 벗으로 삼다

0582 company [kámpəni] 컴퍼니
- 명 친구들, 일행, 교제, 회사
- 참고 keep company with ~와 교제하다

0583 comparable [kámpərəbəl] 캄퍼러블
- 형 비교되는, 필적하는, 동등한
- 참고 comparable worth 남녀 동일 임금 원칙

C

0584
compare [kəmpɛ́ər] 컴페어r

- 동 비교하다(with), 대조하다, 비유하다(to)
- 참고 compare A to B A를 B에 비유하다
  compare A with B A를 B와 비교하다
  compared with ~와 비교하여

0585
comparison [kəmpǽrəsən] 컴패뤄쓴

- 명 비교, 대조, 유사, 비유
- 참고 bear(stand) comparison with ~에 필적하다
  by comparison 비교해 보면

0586
compensation [kàmpənséiʃən] 캄펀쎄이션

- 명 배상, 보상, 보수
- 참고 compensation for a nuclear freeze 핵동결에 대한 보상

0587
compete [kəmpíːt] 컴피-트

- 동 경쟁하다, 맞서다
- 참고 competition 경쟁, 경기
  the Olympic competition 올림픽 경기

0588
competitive [kəmpétətiv] 컴페더디브

- 형 경쟁의, 경쟁적인
- 참고 competitor 경쟁자

0589
complain [kəmpléin] 컴플레인

- 동 불평하다, 불만을 말하다
- 참고 complaint 불평, 불만

0590
complete [kəmplíːt] 컴플리-트

- 형 완전한, 전부의
- 동 완성하다, 완전하게하다
- 참고 completely 완전히, 완벽하게

completion
[kəmplíːʃən] 컴플리-션

명 완성, 성취

참고 bring to completion 완성시키다

complex
[kəmpléks] 컴플렉스 **형**
[kámpleks] 캄플렉스 **명 형**

형 복잡한, 복합의
명 복합물, (건물의)집합, (심리)콤플렉스

참고 the military – industrial complex 군산복합체

complicate
[kámpləkèit] 캄플리케이트

동 복잡하게하다

참고 complexity 복잡성
complicated 복잡한, 까다로운

comply
[kəmplái] 컴플라이

동 동의하다, 따르다

참고 comply with the rules 규칙에 따르다

component
[kəmpóunənt] 컴포우넌트

형 구성하고 있는

참고 component technologies 부품기술

compose
[kəmpóuz] 컴포우즈

동 조립하다, 구성하다, (글을)짓다, 작곡하다

참고 be composed of ~로 구성되다

composition
[kàmpəzíʃən] 캄퍼지션

명 조립, 구성, 구성물, 작문, 작곡

참고 make a composition with ~와 타협하다

C

■0598
compound
[kəmpáund] 컴파운드
[kámpaund] 캄파운드

동 합성하다, 혼합하다, 만들어내다

참고 compound a medicine 약을 조제하다

■0599
comprehensive
[kàmprihénsiv] 캄프뤼헨시브

형 이해력이 있는, 포괄적인

참고 a comprehensive financial services 종합 금융서비스

■0600
comprise
[kəmpráiz] 컴프롸이즈

동 포함하다, ~로 구성되다, 의미하다

참고 be comprised in ~에 포함되다
be comprised of ~로 구성되다

■0601
compromise
[kámprəmàiz] 캄프뤄마이즈

명 타협, 양보, 절충

참고 reach(come to) a compromise
타협(절충)에 이르다, 서로 동의하다

■0602
computer
[kəmpjú:tər] 컴퓨-더r

명 컴퓨터, 계산기

참고 computer-related devices
컴퓨터 주변 기기

■0603
conceive
[kənsí:v] 컨씨-브

동 착상하다, 생각하다, 이해하다

참고 conceive a child 아이를 임신하다

■0604
concentrate
[kánsəntrèit] 칸쎈츠뤠이트

동 집중하다, 모으다

참고 concentration 집중, 전념

0605
concept
[kánsept] 칸셉트

명 개념, 생각

참고 conception 개념, 개념작용, 착상, 임신

0606
concern
[kənsə́ːrn] 컨써-r언

동 ~와 관계되다, 걱정하다, 염려하다
명 관계, 관련, 관심, 염려

참고 as concerns ~에 관해서는
have no concern in
~에 아무 관심도 없다
have no concern on
~와 아무 관련도 없다

0607
concerned
[kənsə́ːrnd] 컨써-r언드

형 걱정하는, 염려스러운, 관계있는

참고 be concerned in(with) ~와 관계가 있다
concerning ~에 관하여

0608
concert
[kánsəːrt] 칸써-r트 명
[kənsə́ːrt] 컨써-r트 동

명 합주, 연주회, 음악회
동 공동으로 행하다, 협조하다

참고 in concert 일제히

0609
conclude
[kənklúːd] 컨클루-드

동 끝내다, 결론을 내다, 체결하다
(협정을)체결하다

참고 conclude a peace treaty 평화조약을 맺다
conclusion 결말, 결론

0610
concrete
[kánkriːt] 칸크뤼-트

형 구체적인, 명확한, 굳어진
명 구체물, 콘크리트

참고 in the concrete 구체적으로

C

0611
condemn
[kəndém] 컨뎀

동 비난하다, 유죄판결을 내리다

참고 condemn a person to imprisonment (death) ~에게 금고형(사형)을 선고하다

0612
condition
[kəndíʃən] 컨디션

명 조건, 상황, 상태

참고 on condition that ~ 만약 ~이라면

0613
conduct
[kándʌkt] 칸덕트 명
[kəndʌ́kt] 컨덕트 동 명

명 행위, 안내, 지휘, 경영
동 행동하다, 안내하다, 지휘하다

참고 conduct oneself properly 제대로 처신하다

0614
conference
[kánfərəns] 칸풔륀스

명 회의, 회담

참고 be in conference 협의 중이다

0615
confidence
[kánfədəns] 칸풔던스

명 신용, 신뢰, 확신

참고 in confidence 비밀로
with confidence 확신을 가지고

0616
confident
[kánfədənt] 칸풔던트

형 확신하는, 자신만만한

참고 confidently 확신을 가지고

0617
confine
[kənfáin] 컨퐈인

동 한정하다, 가두다

참고 confine oneself to
~에 틀어박히다, ~에 한정짓다
confined 갇힌, 제한된

confirm
[kənfə́:rm] 컨풔-r엄 ■0618

동 확증하다, 확인하다, (결심을)굳히다

참고 confirmation 확증, 확인, 인가, 비준

conflict
[kánflikt] 칸 f플릭트 **명**
[kənflíkt] 컨 f플릭트 **동** ■0619

명 갈등, 다툼, 마찰
동 충돌하다, 다투다

참고 in conflict with ~와 충돌하여

confront
[kənfrʌ́nt] 컨 f프뤈트 ■0620

동 직면하다, 맞서다

참고 confront a massive restructuring 대규모 구조조정에 직면하다

confuse
[kənfjú:z] 컨 f퓨-즈 ■0621

동 혼동하다, 혼란시키다, 어리둥절하게 하다

참고 confusing 혼란시키는, 당황케 만드는
confused 혼란한, 당황한

confusion
[kənfjú:ʒən] 컨 f퓨-전 ■0622

명 혼란, 혼돈, 당황

참고 throw into confusion 당황하게 하다

congratulation
[kəngrætʃəléiʃən] 컨그뢔츌레이션 ■0623

명 축하, (복수형으로) 축사

참고 offer one's congratulations
~에게 축하를 보내다

congress
[káŋgris] 캉그뤼쓰 ■0624

명 (미국)국회, 의회, 대회

참고 Library of Congress 미국 국회도서관

C

connect ■0625
[kənékt] 커넥트

⑧ 연결하다, 연락하다, 관계시키다

참고 connected 이어진, 관계가 있는

connection ■0626
[kənékʃən] 커넥션

⑨ 연결, 접속, 관계

참고 be in connection 연관되어 있다
in connection with ~와 관련하여

conscious ■0627
[kánʃəs] 칸셔스

⑧ 의식하고 있는, 의식적인

참고 be(become) conscious of
~을 의식하다, ~을 알아채다

consciousness ■0628
[kánʃəsnis] 칸셔스니스

⑨ 의식, 자각

참고 consciousness of kind 동류의식

consent ■0629
[kənsént] 컨쎈트

⑧ 동의하다, 찬성하다
⑨ 동의, 허가, 일치

참고 by common consent
= with one consent 만장일치로

consequence ■0630
[kánsikwèns] 칸씨퀀스

⑨ 결과, 귀결, 중요함

참고 of consequence 중요한
consequently 그 결과로써, 따라서

conservation ■0631
[kànsəːrvéiʃən] 칸써-r붸이션

⑨ 보호, 보존

참고 conservation of energy
에너지 보존 법칙

0632
conservative
[kənsə́ːrvətiv] 컨써-r붜디브

형 보수적인, 보수당의

참고 the neo-conservative 신보수주의자

0633
consider
[kənsídər] 컨씨더r

동 숙고하다, ~라고 간주하다

참고 consider A as B   A를 B로 간주하다

0634
considerable
[kənsídərəbəl] 컨씨더뤄블

형 상당한, 무시할 수 없는, 중요한

참고 considerably 꽤, 상당히

0635
consideration
[kənsidəréiʃən] 컨씨더뤠이션

명 고려, 고려할 사항, 참작

참고 take ~ into consideration ~을 참작하다
in consideration of ~을 고려하여

0636
consist
[kənsíst] 컨씨스트

동 ~으로 이루어져 있다(of), ~에 있다

참고 consist of ~로 구성되어 있다
consist in ~ 에 놓여 있다

0637
consistent
[kənsístənt] 컨씨스튼트

형 일관된, 일치된, 모순이 없는

참고 consistent economic policies
일관된 경제정책

0638
constant
[kánstənt] 칸스튼트

형 불변의, 일정하게 지속되는

참고 constantly 변함없이, 항상

C

constituency ■0639
[kənstítʃuənsi] 컨스티츄언시
- 명 유권자, 선거구(민)
- 참고 a medium or a major-sized constituency system 중대 선거구제

constitute ■0640
[kánstətjùːt] 칸스터튜-트
- 동 구성하다, 만들어내다, 임명(선정)하다
- 참고 the constituted authorities 관계 당국

constitution ■0641
[kànstətjúːʃən] 칸스터튜-션
- 명 구성, 구조, 조성, 체질, 헌법, 정체(政體)
- 참고 constitutional 구조상의, 체질상의, 헌법의

constraint ■0642
[kənstréint] 컨스츄뤠인트
- 명 강제, 압박, 억제
- 참고 by constraint 억지로

construct ■0643
[kənstrʌ́kt] 컨스트뤅트
- 동 건설하다, 구성하다, 세우다
- 참고 construct a theory 이론을 세우다

construction ■0644
[kənstrʌ́kʃən] 컨스트뤅션
- 명 건설(업), 건축(물), 구조
- 참고 under construction 공사 중인

consult ■0645
[kənsʌ́lt] 컨썰트
- 동 의견을 듣다, 참고하다
- 참고 consult one's pocketbook 주머니 사정을 고려하다

consultant
[kənsʌ́ltənt] 컨썰튼트 ■0646

명 상담역, 컨설턴트, 고문

참고 consultation 상담, 자문

consume
[kənsúːm] 컨쑤-움 ■0647

동 소비하다, 다 써버리다

참고 consumption 소비, 소모

consumer
[kənsúːmər] 컨쑤-머r ■0648

명 소비자

참고 consumer's union 소비자협동조합

contact
[kántækt] 칸택트 명 동
[kəntǽkt] 컨택트 동 ■0649

명 접촉, 접근, 연락
동 접촉하다, 접촉시키다

참고 be(come) in contact with ~와 접촉하고 있다

contain
[kəntéin] 컨테인 ■0650

동 포함하다, 담고 있다, 내포하다

참고 container 담는 용기, 컨테이너

contemporary
[kəntémpərèri] 컨템퍼뤠뤼 ■0651

형 같은 시대의, 동시의, 현대의

참고 contemporary opinion 시론(時論)

content
[kántent] 칸텐트 ■0652

명 내용, 목차

참고 a table of contents 차례, 목차

C

0653
contest
[kántest] 칸테스트 명
[kəntést] 컨테스트 동

명 경쟁, 콘테스트, 논쟁
동 다투다, 경쟁하다, 논쟁하다

참고 a price-driven marketing contest 가격위주의 상품 경쟁

0654
context
[kántekst] 칸텍스트

명 글의 전후관계, 문맥

참고 in this context 이 같은 상황에서는

0655
continent
[kántənənt] 칸티넌트

명 대륙, 육지

참고 continental 대륙의, 대륙성의

0656
continue
[kəntínju:] 컨틴유-

동 계속하다, 지속하다

참고 To be continued 다음에 계속 됨

0657
continuous
[kəntínjuəs] 컨티뉴어스

형 계속되는, 연속되는

참고 continuously 잇따라, 계속하여

0658
contract
[kántrækt] 칸츠랙트 명
[kəntrǽkt] 컨츠뢕트 동

명 계약, 약정 동 계약하다

참고 by contract 도급으로

0659
contrary
[kántreri] 칸츠뤠뤼

형 반대의, 적합하지 않은

참고 on the contrary 그와는 반대로

contrast
[kάntræst] 칸츠래스트
[kəntrǽst] 컨트래스트

명 대조, 대비
동 대조하다, 대조를 이루다

참고 by contract (with) ~와 비교하여

contribute
[kəntríbjut] 컨츠뤼뷰-트

동 기부하다, 기여하다

참고 contribution 기부, 기부금, 기여, 공헌
make a contribution to ~에 기부하다

control
[kəntróul] 컨츠로울

명 통제, 지배 **동** 통제하다, 지배하다

참고 in control (of) ~을 관리하고 있다
under control (of) ~의 관리하에 있다

controversial
[kὰntrəvə́ːrʃəl] 칸츠뤄붜-r셜

형 논쟁의, 논쟁의 여지가 있는

참고 controversial family registry system 논란이 되고 있는 호주제

controversy
[kάntrəvə̀ːrsi] 칸츠뤄붜-r씨

명 논쟁, 말다툼

참고 beyond controversy 논쟁의 여지없이

convenient
[kənvíːnjənt] 컨뷔-니언트

형 편리한, 형편이 좋은

참고 make it convenient to
~ 형편을 보아 ~하다

convention
[kənvénʃən] 컨붼션

명 대회, 집회, 협정, 관습

참고 an annual convention 연차 총회

0667
conventional
[kənvénʃənəl] 컨붼셔널

- 형 전통적인, 관습적인, 상투적인, 대회의
- 참고 conventional weapons 재래식병기

0668
conversation
[kɑ̀nvərséiʃən] 칸붜r 쎄이션

- 명 대화, 회담
- 참고 criminal conversation (법) 간통

0669
convert
[kənvə́:rt] 컨붜-rt

- 동 바꾸다, 전환하다, 개종시키다
- 참고 conversion 변환, 전환, 전향

0670
convey
[kənvéi] 컨붸이

- 동 나르다, 전달하다
- 참고 convey by rail(sea) 철도(배)로 운반하다

0671
conviction
[kənvíkʃən] 컨뷕션

- 명 확신, 설득, 유죄판결
- 참고 carry conviction 설득력이 있다

0672
convince
[kənvíns] 컨뷘스

- 동 확신시키다, 납득시키다
- 참고 convince oneself of ~을 확신하다

0673
cook
[kuk] 쿡

- 동 요리하다 명 요리사
- 참고 cook the books 장부를 조작하다
  cooking 요리, 요리법

cookie
[kúki] 쿠키 ■0674

명 쿠키, 비스킷

참고 drop one's cookies 몰두하다

cool
[ku:l] 쿠-울 ■0675

형 시원한, 냉정한, 근사한
동 차게 하다, 진정시키다

참고 as cool as a cucumber 아주 냉정한

cope(with)
[koup] 코웊 ■0676

동 맞서다, 대처하다

참고 cope with economic uncertainties 경제적 불확실성에 대처하다

copper
[kápər] 카퍼r ■0677

명 구리, 동전

참고 copper a tip 직감과 반대로 돈을 걸다

copy
[kápi] 카피 ■0678

명 사본, 복사, (책의)권, 광고문안
동 복사하다

참고 make a copy 복사하다
copy out 몽땅 베끼다

core
[kɔ:r] 코-r ■0679

명 핵심, 중심부

참고 to the core 속속들이

corner
[kɔ́:rnər] 코-r너r ■0680

명 모퉁이, 구석, 궁지

참고 on the corner 일자리를 잃어
turn the corner 고비를 넘기다

0681
corporate
[kɔ́ːrpərit] 코-r퍼릩

- 형 법인의, 회사의
- 참고 corporation 주식회사 (=Corp), 법인, 협회

0682
correct
[kərékt] 커렉트

- 형 옳은, 온당한 동 고치다, 바로잡다
- 참고 correctly 정확하게

0683
correspond
[kɔ̀ːrəspánd] 코-뤼스판드

- 동 일치하다, 조화를 이루다, 교신하다, ~에 해당하다
- 참고 correspond to 일치하다
  correspond with 서신을 교환하다

0684
corresponding
[kɔ̀ːrəspándiŋ] 코-뤄쓰빤딩

- 형 상응하는, 대응하는, 일치하는, 통신의통신원, 특파원
- 참고 the corresponding period of last year 지난해와 같은 기간

0685
corridor
[kɔ́ːridər] 코-뤼더r

- 명 복도, 회랑
- 참고 corridors of power 권력의 회랑(정.관계의 상층부)

0686
cost
[kɔːst] 코-스트

- 명 비용, 가격 동 희생, 손실
- 참고 at all costs = at any cost 어떤 희생을 치르더라도
  at the cost of ~을 희생하여

0687
cottage
[kátidʒ] 카티쥐

- 명 작은 별장, 산장
- 참고 cottage garden 텃밭

cotton
[kátn] 카튼 ■0688

명 목화, 솜, 면화

참고 cotton up 친해지다

cough
[kɔ(:)f] 코-f프 ■0689

동 기침하다 명 기침

참고 cough up 마지못해 돈을 지불하다
coughing 기침

council
[káunsəl] 카운쓸 ■0690

명 회의, 협회, 심의회, 협의회

참고 councillor 의원, 평의원, 고문관

counselor
[káunsələr] 카운쓸러r ■0691

명 상담역, 고문, 카운슬러 회의, 협회, 심의회, 협의회

참고 counsel 의논, 협의, 조언하다
counseling 카운슬링, 상담, 조언

count
[kaunt] 카운트 ■0692

동 세다, 계산하다, ~라고 생각하다, 가치가 있다

참고 count for much 매우중요하다
count on 의지하다, 믿다

counter
[káuntər] 카운터r ■0693

명 계산대, 카운터

참고 over-the-counter
(주식) 장외거래의, (약)처방전 없이 팔 수 있는

country
[kʌ́ntri] 컨츠뤼 ■0694

명 지역, 시골, 지방, 나라

참고 live in the country 시골에 살다
countryside 시골

C

0695
county
[káunti] 카운티

명 (영국) 주(州), (미국) 군(郡)

참고 county seat(site) 군청소재지

0696
couple
[kʌ́pəl] 커플

명 한 쌍, 부부

참고 a couple of 두 개의, 두 사람의

0697
courage
[kə́ːridʒ] 커-뤼쥐

명 용기, 배짱

참고 take up courage 용기를 내다

0698
course
[kɔːrs] 코-r쓰

명 진로, 진행, 교육과정

참고 of course 당연히
in course of ~과정에

0699
court
[kɔːrt] 코-r트

명 안마당, 경기장, 궁정, 법원

참고 civil court 민사법원
in court 법정에서

0700
cousin
[kʌ́zn] 커즌

명 사촌, 친척

참고 call cousins (with ~)
~와 친척간이라고 말하다

0701
cover
[kʌ́vər] 커붜r

동 덮다, 감싸다, 숨기다, 보호하다
명 덮개, 표지, 숨는 곳

참고 cover up 완전히 덮다

0702
coverage
[kʌ́vəridʒ] 커버뤼쥐

- 명 적용범위, 보상(범위)
- 참고 unfavorable media coverage 편파적인 언론 보도

0703
covered
[kʌ́vərd] 커버r드

- 형 덮인, 감춰진
- 참고 covering 덮기, 덮개

0704
cow
[kau] 카우

- 명 암소, 젖소
- 참고 mad cow disease 광우병

0705
crack
[kræk] 크랙

- 명 틈, 사소한 결함, 날카로운 소리
- 동 쪼개지다, 딱 소리를 내다
- 참고 in a crack 순식간에
  cracked 금이 간, 쪼개진, 손상된

0706
craft
[kræft] 크래프트

- 명 기능, 솜씨, 공예, 선박, 항공기, 우주선
- 참고 craftsman 장인, 명장, 숙련공

0707
crash
[kræʃ] 크래쉬

- 명 충돌(하는 소리), 추락, 붕괴
- 동 충돌하다, 무너지다, 부서지다
- 참고 crash in 난입하다

0708
crazy
[kréizi] 크뤠이지

- 형 미친, 열광적인
- 참고 be crazy to ~ 하고 싶어 못 견디다

C

0709 cream [kri:m] 크뤼-임
- 명 크림, 크림과자 형 크림(색)의, 편한
- 참고 get the cream of ~의 정수를 뽑아내다

0710 create [kriéit] 크뤼에이트
- 동 창조하다, 만들다, 고안하다
- 참고 creation 창조, 창조물, 창작

0711 creative [kri:éitiv] 크뤼에이리브
- 형 창조적인, 창의력이 있는, 독창적인
- 참고 be creative of 창조하다

0712 creature [krí:tʃər] 크뤼-춰r
- 명 창조물, 피조물, 생물
- 참고 creature comforts (= good creatures) 육체적 안락을 주는 것(음식물)

0713 credit [krédit] 크뤠딭
- 명 신뢰, 신용
- 참고 letter of credit 신용장(L/C)
  on credit 외상으로
  credit card 신용카드

0714 creditor [kréditər] 크뤠디터r
- 명 채권자, (부기)대변
- 참고 main creditor bank 주채권은행

0715 crew [kru:] 크루-
- 명 승무원, 탑승원
- 참고 100 passengers and 10 crew members
  승객 100명과 승무원 10명

crime
[kraim] 크라임 ■0716

명 범죄, 법률위반

참고 commit a crime 죄를 짓다

criminal
[krímənəl] 크뤼미늘 ■0717

형 범죄의, 형사상의 **명** 범죄자

참고 a criminal case 형사사건

crisis
[kráisis] 크롸이씨스 ■0718

명 위기, 중대고비

참고 a financial crisis 금융위기

crisp
[krisp] 크뤼슾 ■0719

형 파삭파삭한, 부서지기 쉬운, 빳빳한

참고 crisp weather 상쾌한 날씨

criterion
[kraitíəriən] 크롸이티어뤼언 ■0720

명 기준, 표준

참고 set a criterion 기준을 세우다

critic
[krítik] 크뤼딕 ■0721

명 비평가, 비난하는 사람

참고 a literary critic 문학 평론가

critical
[krítikəl] 크뤼디클 ■0722

형 비평의, 비판의, 위기의, 결정적인, 중대한

참고 the critical age 갱년기

C

criticise
[krítisàiz] 크뤼티싸이즈
- 동 비평하다, 비난하다
- 참고 = criticize
  criticism 비평, 비난

crop
[krɑp] 크뢉
- 명 곡물, 수확
- 참고 a crop of 꽤 많은, 속출하는

cross
[krɔːs] 크로-쓰
- 명 십자가, 십자모양, 수난, 고난
- 동 교차하다, 가로지르다
- 참고 cross over 넘다, 건너가다

crowd
[kraud] 크라우드
- 명 군중, 대중, 다수
- 참고 a crowd of 많은
  in crowds 여럿이
  crowded 붐비는, 혼잡한

crown
[kraun] 크롸운
- 명 왕관, 왕권, 영관
- 참고 crowning 더할나위 없는, 최고의

crucial
[krúːʃəl] 크루-셜
- 형 결정적인, 중대한
- 참고 a crucial moment 결정적인 순간

cruel
[krúːəl] 크루-얼
- 형 잔인한, 무자비한
- 참고 cruelly 잔인하게, 참혹하게

crush
[krʌʃ] 크뤄쉬 ■0730

동 눌러 부수다, 밀고나가다

참고 crush out 밀치고 나가다

cry
[krai] 크롸이 ■0731

동 소리치다, 울다 명 외침, 고함, 울음

참고 cry out 절규하다   cry up 칭찬하다
out of cry 멀리 떨어져

crystal
[krístl] 크뤼스틀 ■0732

명 수정, 수정제품

참고 liquid-crystal-display monitor
액정 디스플레이 모니터

cultural
[kʌ́ltʃərəl] 컬춰뤌 ■0733

명 문화의, 교양의

참고 cultural studies 교양과목

culture
[kʌ́ltʃər] 컬춰 ■0734

명 문화, 교양

참고 new labor-management culture
새로운 노사문화

cup
[kʌp] 컾 ■0735

명 컵, 찻잔, 우승컵

참고 a cup of coffee 커피 한 잔

cupboard
[kʌ́bərd] 커버r드 ■0736

명 찬장

참고 skeleton in the cupboard
한 집안의 (알리고 싶지 않은) 비밀

C

0737
curb
[kəːrb] 커-r브

통 재갈을 물리다, 억제하다

참고 on the curb 거리에서

0738
cure
[kjuər] 큐어r

명 치료(법), 구제 통 치료하다, 고치다

참고 hard-to-cure diseases 난치병

0739
curious
[kjúəriəs] 큐어뤼어스

형 호기심이 있는, 호기심을 끄는

참고 curious to say 이상한 이야기지만
curiously 호기심에서, 이상하게도

0740
curl
[kəːrl] 커-r을

통 곱슬곱슬하게 하다, 비틀다
명 곱슬머리, 나선형의 것

참고 curly 곱슬머리의, 나선형 모양의

0741
currency
[kə́ːrənsi] 커-뤈씨

명 통화, 화폐의 유통

참고 give currency to ~을 유통시키다

0742
current
[kə́ːrənt] 커-뤈트

형 현재의, 유통되고 있는 명 흐름, 경향

참고 currently 현재는, 일반적으로, 널리

0743
curriculum
[kəríkjələm] 커뤼큘럼

명 교과과정, 커리큘럼

참고 an American-style curriculum
미국식 교과과정

curtain
[kə́:rtən] 커-r튼

명 커튼, 막

참고 behind the curtain 배후에서, 비밀리에

curve
[kə:rv] 커-r브

명 곡선, 곡면 **동** 구부리다

참고 throw a curve 의표를 찌르다
curved 구부러진, 곡선모양의

custom
[kʌ́stəm] 커스텀

명 관습, 관례, 습관, 단골, 관세, 세관

참고 custom-made 주문품의, 맞춤의
custom-tailored services
맞춤식 서비스

customer
[kʌ́stəmər] 커스터머r

명 단골, 고객

참고 customer satisfaction 고객만족

cut
[kʌt] 컫

동 베다, 자르다, 중단하다, 줄이다
명 자르기, 제거, 삭제

참고 cut off 잘라내다
cut a fine figure 두각을 나타내다

cycle
[sáikl] 싸이클

명 순환, 주기 **동** 순환하다

참고 hit for the cycle
(야구) 사이클 히트를 기록하다
a normal business cycle
정상적인 경제 사이클

D

dad ■0750
[dæd] 때드

명 아빠

참고 daddy 아버지

daily ■0751
[déili] 떼일리

형 매일의, 일상의

참고 daily newspaper 일간신문

damage ■0752
[dǽmidʒ] 때미쥐

명 손해, 피해
동 손해를 입히다, 해치다

참고 claim damages 손해배상금을 청구하다

damn ■0753
[dæm] 땜

동 비난하다, 저주하다

참고 God damn 제기랄

damp ■0754
[dæmp] 땜프

형 축축한, 의기소침한

참고 the damp consumer sentiment 저조한 소비심리

dance ■0755
[dæns] 땐스

명 댄스, 춤 동 춤추다

참고 dance to another tune 의견을 바꾸다

dancer ■0756
[dǽnsər] 땐써r

명 댄서, 춤추는 사람

참고 dancing 춤, 춤주기

0757
danger
[déindʒər] 떼인줘r

명 위험

참고 out of danger 위험에서 벗어나

0758
dangerous
[déindʒərəs] 떼인줘뤄스

형 위험한

참고 dangerous areas 위험지역

0759
dare
[dɛər] 떼어r

통 감히 ~하다

참고 dare I say it 감히 말하자면

0760
dark
[dɑːrk] 따-r크

형 어두운, 검은, 비밀의
명 어둠, 암흑, 비밀

참고 in the dark 어둠속에서, 비밀로

0761
darkness
[dáːrknis] 따-r크니스

명 어둠, 암흑

참고 deeds of darkness 나쁜 짓, 범죄

0762
darling
[dáːrliŋ] 따-r(을)링

명 가장 사랑하는 사람

참고 My darling 여보, 당신

0763
data
[déitə] 떼이터

명 자료, 데이터

참고 process data 데이터를 처리하다

D

date ■0764
[deit] 떼이트

- 명 날짜, 기일, 데이트
- 동 날짜를 적다, 데이트 하다
- 참고 out of date 구식의
  up to date 최신식으로

daughter ■0765
[dɔ́:tər] 또-러r

- 명 딸, 여자
- 참고 daughter-in-law 며느리, 의붓딸

dawn ■0766
[dɔ:n] 또-은

- 명 새벽, 여명, 시초, 발단
- 참고 from dawn till dark (dusk)
  새벽에서 저녁까지

day ■0767
[dei] 데이

- 명 낮, 하루, 기념일, 시대
- 참고 all day = all the day 하루 종일
  Have a nice day! (헤어질 때 인사)
  one day 어느 날

dead ■0768
[ded] 떼드

- 형 죽은, 생명이 없는
- 참고 in dead earnest 진지하게
  rise from the dead 부활하다

deaf ■0769
[def] 데f프

- 형 귀먹은
- 참고 turn a deaf ear to
  ~에 조금도 귀를 기울이지 않다

deal ■0770
[di:l] 디-일

- 형 다루다, 거래하다, 나누어주다
  거래, 타협
- 참고 deal in 장사하다
  deal with 다루다, 처리하다

123

dealer
[díːlər] 띠-일러r
- 명 상인, 판매업자, (증권)딜러
- 참고 a wholesale dealer 도매상

dear
[diər] 디어r
- 형 친애하는, 경애하는
- 참고 for dear life 필사적으로

death
[deθ] 데 th쓰
- 명 죽음, 사망
- 참고 to the death 최후까지
  as sure as death 틀림없이

debate
[dibéit] 디베이트
- 명 토론, 논쟁 동 토론하다, 논쟁하다
- 참고 debate with oneself 곰곰이 생각하다

debt
[det] 뎉
- 명 빚, 부채
- 참고 keep out of debt 빚 안지고 살다
  debt of (to) nature 죽음

decade
[dékeid] 데케이드
- 명 10년
- 참고 at least another decade 최소한 향후 10년

decay
[dikéi] 디케이
- 동 부패하다, 쇠퇴하다 명 부패, 쇠퇴
- 참고 go to decay 부패하다

D

December [disémbər] 디쎔버r ■0778
- 명 12월
- 참고 약어 Dec.

decent [díːsənt] 디-쓴트 ■0779
- 형 점잖은, 남부럽지 않은
- 참고 make a decent living 남부럽지 않게 살아가다

decide [disáid] 디싸이드 ■0780
- 동 결심하다, 결정하다
- 참고 decide for ~하기로 결정하다
  decide against ~하지 않기로 결정하다

decision [disíʒən] 디씨전 ■0781
- 명 결심, 결정
- 참고 make(take) a decision 결정하다

declaration [dèkləréiʃən] 떼클러뤠이션 ■0782
- 명 선언, 발표, (세관에)신고
- 참고 the Declaration of Human Rights 세계 인권 선언

declare [diklɛ́ər] 디클레어r ■0783
- 동 선언하다, 발표하다, 신고하다
- 참고 declare off 취소하다

decline [dikláin] 디클라인 ■0784
- 동 거절하다, 기울다, 쇠퇴하다
- 명 기욺, 쇠퇴
- 참고 a sharp decline 급락

125

decorate
[dékərèit] 데커뤠이트

동 장식하다, 훈장을 주다

참고 decorative 장식의, 화사한

decoration
[dèkəréiʃən] 데커뤠이션

명 장식, 훈장

참고 Decoration day (미) 현충일

decrease
[dikríːs] 디크뤼-스 동
[díkriːs] 디크뤼-스 형 명

동 줄다, 줄이다, 감소하다
형 축소, 감소

참고 be on the decrease
점차로 줄다, 감소 추세에 있다

deep
[diːp] 디-프

형 깊은, 심원한, 몰두한 부 깊이, 깊게

참고 in deep water(s) 매우 곤궁하여
deeply 깊이, 몹시

defeat
[difíːt] 디퓌-트

동 패배시키다, 좌절시키다,
명 패배, 좌절

참고 a crushing defeat 참패

defend
[difénd] 디펜드

동 방어하다, 변호하다

참고 defendant 피고(인)
defender 방어자

defense
[diféns] 디펜스

명 방어, 수비, 변호

참고 = defence
legal defense 정당방위

D

0792
deficit
[défəsit] 떼풔싵

명 부족액, 결손

참고 trade deficits 무역적자

0793
define
[difáin] 디퐈인

동 규정하다, 한정하다, 명확히 하다

참고 definite 한정된, 뚜렷한
definitely 확하게, 확실히

0794
definition
[dèfəníʃən] 데풔니션

명 한정, 정의(定義)

참고 by definition 당연히

0795
degree
[digríː] 디그뤼-

명 정도, 등급, 단계

참고 by degrees 점차로
in a degree 조금은

0796
delay
[diléi] 딜레이

동 미루다, 연기하다 명 지체, 지연

참고 without (any) delay 지체 없이

0797
delegate
[déligit] 뗄리깉 명
[déligèit] 뗄리게이트 동 명

명 대표, 사절
동 대표로 보내다, 위임하다

참고 a special delegate 특사

0798
deliberate
[dilíbərit] 딜리버륃

형 사려깊은, 신중한

참고 deliberately 신중히

delicate
[délikət] 델리킽 ■0799

형 섬세한, 정교한, 민감한, 맛좋은

참고 at a delicate time 미묘한 시점에

delight
[diláit] 딜라잍 ■0800

명 기쁨, 즐거움 **동** 매우 기쁘게 하다

참고 take delight in ~을 즐기다
delighted 아주 기뻐하는

deliver
[dilívər] 딜리붜r ■0801

동 배달하다, 넘겨주다, 분만하다

참고 deliver battle 공격을 개시하다

delivery
[dilívəri] 딜리붜뤼 ■0802

명 배달, 전달, 인도, 분만

참고 on delivery 인도와 동시에
take delivery of 물건을 인수하다

demand
[dimǽnd] 디맨드 ■0803

명 요구하다, 필요로 하다 **동** 요구, 수요

참고 demand and supply 수요와 공급

democracy
[dimákrəsi] 디마크뤄씨 ■0804

명 민주주의, (미) 민주당

참고 democrat 민주주의자, (미)민주당원
democratic 민주주의의, (미)민주당의

demonstrate
[démənstrèit] 떼먼스츠뤠이트 ■0805

동 논증하다, 설명하다, 데모하다

참고 demonstrate the strength of the Korean economy
한국경제의 견실함을 입증하다

D

0806
demonstration
[dèmənstéiʃən] 데먼스츠뤠이션

명 논증, 설명, 선전, 시위운동

참고 a peaceful big-scale demonstration 평화로운 대규모 시위

0807
density
[dénsəti] 덴써티

명 밀도, 농도

참고 density of dust in the air 대기중 먼지 밀도

0808
dentist
[déntist] 덴티스트

명 치과의사

참고 go to the dentist('s) (치료를 위해) 치과에 가다

0809
deny
[dinái] 디나이

동 부인하다, 거절하다

참고 deny oneself 자제하다

0810
department
[dipá:rtmənt] 디파-r트먼트

명 부문, 부, 학부

참고 Department Store 백화점

0811
departure
[dipá:rtʃər] 디파-r춰r

명 출발

참고 allow their departure for Seoul 그들의 한국행을 허용하다

0812
depend
[dipénd] 디펜드

동 의존하다, 신뢰하다

참고 depend on 의지하다

dependent
[dipéndənt] 디펜던트 ■0813

- 형 의지하고 있는
- 참고 export - dependent economy
  수출에 의존하는 경제

deposit
[dipázit] 디파짙 ■0814

- 명 두다, 맡기다 동 매장물, 맡김, 예금
- 참고 current deposit 당좌예금
  fixed deposit 정기예금

depress
[diprés] 디프뤠스 ■0815

- 동 내리누르다, 떨어뜨리다, 풀이 죽게 하다
- 참고 depressing 억누르는, 침울하게 만드는
  depressed 내리눌린, 불경기의, 우울한

depression
[dipréʃən] 디프뤠션 ■0816

- 명 내리누름, 불경기, 의기소침, 우울
- 참고 nervous depression 신경 쇠약

depth
[depθ] 뎊th쓰 ■0817

- 명 깊이, 깊음, 깊은 곳
- 참고 in depth 깊이 있게

deputy
[dépjəti] 떼퓨디 ■0818

- 명 대리인, 대표자
- 참고 a deputy governor 부지사

derive
[diráiv] 디롸이브 ■0819

- 동 끌어내다, ~에서 비롯되다, 파생되다
- 참고 be derived from ~로부터 나오다

describe
[diskráib] 디스크라이브 ■0820

- 동 묘사하다, 설명하다
- 참고 description 묘사, 기술, 서술
  give(make) a description of ~을 묘사하다

desert
[dézərt] 떼저r트 명
[dizə́ːrt] 디저-r트 동 ■0821

- 동 버리다, 떠나다, 돌보지 않다
- 명 사막, 황무지
- 참고 the Sahara Desert 사하라 사막
  deserted 버림받은, 사람이 살지 않는

deserve
[dizə́ːrv] 디저-r브 ■0822

- 동 ~할 만하다, ~할 가치가 있다
- 참고 deserve well of 상 받을 만하다
  deserve ill of 벌받을 만하다

design
[dizáin] 디자인 ■0823

- 명 디자인, 도안, 설계(도), 계획
- 동 디자인하다, 설계하다, 계획하다
- 참고 by design 고의적으로, 계획적으로

designer
[dizáinər] 디자이너r ■0824

- 명 디자이너, 설계자
- 참고 fur designer 모피 디자이너

desirable
[dizáiərəbəl] 디자이러뤄블 ■0825

- 형 바람직한
- 참고 a desirable decision
  바람직한 결단(결정)

desire
[dizáiər] 디자이어r ■0826

- 동 바라다, 매우 원하다
- 명 열망, 갈망, 욕구
- 참고 It is desired that ~하는 것이 바람직하다

desk
[desk] 데스크 ■0827

명 책상, 사무직, 편집부

참고 go to one's desk 집무를 시작하다

desperate
[désp∂rit] 데스퍼륄 ■0828

형 절망적인, 자포자기의, 필사적인

참고 desperately 절망적으로, 필사적으로

despite
[dispáit] 디스파이트 ■0829

전 ~에도 불구하고

참고 in despite of ~에도 불구하고

destroy
[distrɔ́i] 디스트로이 ■0830

동 파괴하다, 멸망시키다

참고 destroy oneself 자살하다

destruction
[distrʌ́kʃ∂n] 디스트뤅션 ■0831

명 파괴, 멸망

참고 weapons of mass destruction 대량살상무기

detail
[díːteil] 디-테일 ■0832

명 세부, 상세

참고 in detail 상세하게
detailed 상세한

detect
[ditékt] 디텍트 ■0833

동 발견하다, 알아내다, 탐지하다

참고 detective 탐정의, 탐정, 형사

D

0834 determination
[ditə̀ːrmənéiʃən] 디터-r미네이션

- 명 결심, 결정
- 참고 with determination 단호하게

0835 determine
[ditə́ːrmin] 디터-r민

- 통 결심하다, 결정하다
- 참고 determined 굳게 결심한

0836 develop
[divéləp] 디뷀럽

- 통 발전시키다, 발달하다, 개발하다, 전개하다, (사진을)현상하다
- 참고 develop hydrogen as an energy source 수소를 에너지원으로 개발하다

0837 developer
[divéləpər] 디뷀러퍼r

- 명 개발자, (사진)현상액
- 참고 real-estate developer 부동산 개발업자

0838 development
[divéləpmənt] 디뷀럽먼트

- 명 개발, 발달, 성장, 발전, 현상
- 참고 high-technology development 첨단기술개발

0839 device
[diváis] 디봐이스

- 명 고안, 설비, 장치
- 참고 a safety device 안전장치

0840 devil
[dévl] 떼블

- 명 악마, 악당
- 참고 play the devil with ~을 엉망진창으로 만들다

0841 devise
[diváiz] 디봐이즈

동 고안하다, 궁리하다, 발명하다

참고 devise alternative plans
대체 계획을 마련하다

0842 devote
[divóut] 디보우트

동 (노력, 시간을)바치다, 헌신하다

참고 devote oneself to ~에 몰두하다
devoted 헌신적인, 몰두하고 있는

0843 diagnosis
[dàiəgnóusis] 따이어그노우씨스

명 진단(법)

참고 a regular diagnosis 정기 진단

0844 diagram
[dáiəgræ̀m] 따이어그램

명 도형, 도해, 도표

참고 draw a diagram 알기 쉽게 설명하다

0845 dialogue
[dáiəlɔ̀ːg] 따이얼로-그

명 대화, 문답, 의견교환, 토론

참고 inter - Korean dialogue 남북 대화

0846 diamond
[dáiəmənd] 따이어먼드

명 다이아몬드

참고 diamond cut diamond 막상막하의 대결

0847 diary
[dáiəri] 따이어뤼

명 일기, 일기장

참고 keep a diary 일기를 쓰다

D

dictionary
[díkʃənèri] 딕셔네뤼

명 사전

참고 a walking(living) dictionary
살아 있는 사전, 박식한 사람

die
[dai] 다이

동 죽다, 없어지다

참고 die hard 최후까지 저항하다

diet
[dáiət] 다이어트

명 음식물, 규정식

참고 be on a diet 감량을 하고 있다

differ
[dífər] 디풔r

동 다르다, 틀리다

참고 differ from ~와 다르다

difference
[dífərəns] 디풔륀스

명 다름, 차이, 불화

참고 make no difference to 상관없다

different
[dífərənt] 디풔륀트

형 다른, 딴판인, 색다른

참고 be different from ~와 다르다
differently 다르게

difficult
[dífikʌ̀lt] 디퓌컬트

형 곤란한, 어려운, 난해한

참고 face difficult times
어려운 시기를 맞이하다

difficulty
[dífikʌlti] 띠퓌컬티

명 곤란, 어려움, 곤경, 다툼

참고 find difficulty in ~ing ~하기 어렵다

dig
[dig] 딕

동 파다, 찌르다, 파헤치다, 찾아내다

참고 dig into 철저하게 조사하다

digital
[dídʒitl] 디쥐틀

형 디지털방식의, 숫자로 된

참고 digital divide 정보격차, 디지털 격차

dimension
[diménʃən] 디멘션

명 치수, 차원, 면적, 특질

참고 of great dimensions 지극히 중요한

dinner
[dínər] 띠너r

명 저녁 식사, 공식 만찬, 정식

참고 early (late) dinner 오찬(만찬)

diplomatic
[dìpləmǽtik] 디플러매틱

형 외교의, 외교상의, 교섭에 능한

참고 diplomatic friction between the two countries 두 나라 사이의 외교적 갈등

direct
[dirékt] 디렠트

동 지도하다, 감독하다, ~로 향하게 하다
형 똑바른, 직진의, 직접의

참고 direct intervention 직접적인 개입
directly 똑바로, 직접적으로

D

■0862
direction
[dirékʃən] 디뤡션

명 지도, 지시, 방향, 목표

참고 in all directions 사방팔방으로

■0863
director
[diréktər] 디뤡터r

명 지도자, (조직의)관리자, 감독

참고 the board of directors 이사회

■0864
directory
[diréktəri] 디렉트뤼

명 주소 성명록, 규칙서, (컴) 디렉터리

참고 an international biographical directory 국제인명사전

■0865
dirt
[dəːrt] 떠-r트

명 진흙, 먼지, 오물

참고 cast(throw) dirt at 욕을 하다
talk dirt 음담패설을 하다

■0866
dirty
[dəːrti] 떠-r디

형 더러운, 추잡한

참고 do the dirty on ~에게 비열한 짓을 하다

■0867
disability
[dìsəbíləti] 디쓰어빌러디

명 무력, 무능, 불구

참고 a learning disability 학습장애

■0868
disabled
[diséibəl] 디쓰에이블드

형 불구가 된, 무능해진

참고 a disabled soldier 상이군인

0869
disadvantage
[dìsədvǽntidʒ] 디스어드밴티쥐

명 불리, 불리한 조건, 손해

참고 at a disadvantage 불리한 입장에서

0870
disagree
[dìsəgríː] 디스어그뤼-

동 일치하지 않다, 의견이 다르다

참고 disagreement 불일치, 부적합

0871
disappear
[dìsəpíər] 디스어피어r

동 사라지다

참고 disappearing act 상대가 갑자기 사라짐

0872
disappoint
[dìsəpɔ́int] 디스어포인트

동 실망시키다

참고 disappointing 실망시키는
disappointed 실망한, 좌절된

0873
disappointment
[dìsəpɔ́intmənt]
디스어포인트먼트

명 실망, 실망시키는 것

참고 to one's disappointment 실망스럽게도

0874
disapprove
[dìsəprúːv] 디스어프루-브

동 찬성하지 않다, 불만을 표시하다

참고 disapproval 불승인, 반대

0875
disaster
[dizǽstər] 디째스터r

명 재난, 재해, 큰 실패

참고 special disaster zones 특별재해지역

D

discharge ■0876
[distʃɑ́ːrdʒ] 디스촤-r쥐

동 짐을 내리다, 배출하다, 내다, 발사하다
해방시키다, 해고하다, (채무를)이행하다

참고 discharge from military service
제대하다

discipline ■0877
[dísəplin] 띠쓰어플린

명 규율, 훈련, 고행, 학과

참고 be under discipline 훈련이 잘 되어 있다

discount ■0878
[dískaunt] 띠스카운트

명 할인

참고 at a discount 할인하여, 정가이하로

discover ■0879
[diskʌ́vər] 디스꺼붜r

동 발견하다, 깨닫다

참고 discovery 발견

discretion ■0880
[diskréʃən] 디스크뤠션

명 분별, 신중, 재량

참고 at discretion 마음대로

discrimination ■0881
[diskrìmənéiʃən]
디스크뤼미네이션

명 구별, 판별, 차별

참고 job discrimination 고용차별
reverse discrimination 역차별

discuss ■0882
[diskʌ́s] 디스꺼스

동 토론하다, 논의하다

참고 discussion 토론, 검토
beyond discussion 논의할 여지도 없는

0883
disease
[dizíːz] 디찌-즈

명 질병, 병, 병폐

참고 suffer from a disease 병을 앓다
an incurable disease 불치병

0884
disgust
[disgʌ́st] 디스꺼스트

동 매우 싫음 명 혐오

참고 fall into disgust of ~이 아주 싫어지다
disgusted 싫증난, 메스꺼운
disgusting 정말 싫은, 역겨운

0885
dish
[diʃ] 띠쉬

명 큰 접시, 식기류, 음식

참고 dish out 나누어주다

0886
dishonest
[disánist] 디스아니스트

형 부정직한, 부정한

참고 dishonestly 부정직하게

0887
disk
[disk] 띠스크

명 원반모양의 물건, 디스크, 레코드

참고 = disc
flying disk = flying saucer 비행접시

0888
dislike
[disláik] 디슬라이크

동 싫어하다, 미워하다

참고 have a dislike to(of, for) ~을 싫어하다

0889
dismiss
[dismís] 디쓰미스

동 해산시키다, 해고하다, 버리다

참고 bill to dismiss the prime minister 국무총리 해임안

D

disorder
[disɔ́ːrdər] 디쓰오-r더r ■0890

명 무질서, 혼란　**동** 혼란시키다

참고 a sleeping disorder 수면장애

display
[displéi] 디스플레이 ■0891

동 보이다, 전시하다, 진열하다
명 표시, 전시, 진열, 디스플레이

참고 on display 진열하여

disposal
[dispóuzəl] 디스뽀우절 ■0892

명 처분, 처리

참고 at one's disposal ~의 뜻대로 되는

dispose
[dispóuz] 디스뽀우즈 ■0893

동 배치하다, 처분하다

참고 dispose of ~을 처분하다

dispute
[dispjúːt] 디스퓨-트 ■0894

동 논쟁하다, 논하다, 다투다

참고 beyond dispute 틀림없이
in dispute 미해결로 남은

dissolve
[dizálv] 디잘브 ■0895

동 녹이다, 분해하다, 풀다, 해산시키다

참고 dissolve the National Assembly
국회를 해산하다

distance
[dístəns] 띠스튼스 ■0896

명 거리, 먼 거리, 간격

참고 at distance of ~의 거리를 두고
from a distance 멀리서

141

distant
■0897
[dístənt] 디스튼트

형 멀리 떨어진

참고 at no distant date 멀지 않아서

distinct
■0898
[distíŋkt] 디스띵(ㅋ)트

형 별개의, 독특한, 뚜렷한

참고 distinct advantage 명확한 장점

distinction
■0899
[distíŋkʃən] 디스띵(ㅋ)션

명 구별, 차이, 차별, 특징, 탁월

참고 make no distinctions 구별을 두지 않다

distinguish
■0900
[distíŋgwiʃ] 디스띵그위쉬

동 구별하다, 식별하다, 차이를 나타내다

참고 distinguish A from B
A 와 B를 구분하다
distinguish oneself 이름을 떨치다

distribute
■0901
[distríbju:t] 디스트뤼뷰-트

동 분배하다, 분류하다, 배포하다

참고 distribution 분배, 분류, 배포

district
■0902
[dístrikt] 띠스트뤽트

명 지역, 지구

참고 business district 상업지구

disturb
■0903
[distə́:rb] 디스터-r업

동 방해하다, 어지럽히다

참고 Don't disturb 출입금지
disturbing 방해하는, 교란시키는

divide
[diváid] 디봐이드
■0904
동 나누다, 쪼개다
참고 divide and rule 분할통치하다

dividend
[dívidènd] 띠뷔덴드
■0905
형 나뉨수, 배당금
참고 dividend payouts for overseas investors 해외투자자에 대한 배당금 지급

division
[divíʒən] 디뷔전
■0906
명 분할, 분배, 구분, (관청등의 부 ,국, 과)
참고 division of powers 3권분립

divorce
[divɔ́:rs] 디보-r스
■0907
명 이혼, 분리 **동** 이혼하다, 분리하다
참고 divorced 이혼한

do
[du:] 두-
■0908
동 하다, 행하다
참고 do without ~없이 지내다
do one's best 최선을 다하다
do away with 제거하다

dock
[dɑk] 딱
■0909
명 선창, 부두, 독
참고 in dock 수리 공장에 들어가, 입원하여

doctor
[dɑ́ktər] 딱터r
■0910
명 의사, 박사
참고 doctor oneself 자가치료하다
약어 Dr.

0911
doctrine
[dáktrin] 딱트륀

명 주의, 교의, 교리

참고 the doctrines of Freud 프로이트 학설

0912
document
[dákjəmənt] 따큐먼트

명 문서, 증서, 기록

참고 classified documents 기밀서류

0913
dog
[dɔ(:)g] 도-그

명 개

참고 a dead dog 무용지물
work like a dog (개같이)열심히 일하다
throw ~to the dogs ~를 내버리다

0914
dollar
[dálər] 딸러r

명 달러(화폐단위)

참고 dollar area 달러 유통 지역

0915
domain
[douméin] 도우메인

명 영토, 세력범위, (컴)도메인

참고 domain of use (법) 지상권

0916
domestic
[dəméstik] 더메스틱

형 국내의, 가정의, 길들여진

참고 domestic economy 국내 경제

0917
dominate
[dámənèit] 따머네이트

동 지배하다, 우위를 차지하다

참고 dominant 지배적인, 우세한

D

door ■0918
[dɔːr] 도-어r

명 문, 입구

참고 by the back door 몰래
next door 옆집에

doorway ■0919
[dɔ́ːrwèi] 또-어r웨이

명 출입구, 문호

참고 a doorway to success 성공에 이르는 길

dose ■0920
[dous] 또우스

명 1회분의 약, 1회 복용량

참고 a dose of medicine 1회분 약

dot ■0921
[dat] 땉

명 점, 소량

참고 on the dot 정각에

double ■0922
[dʌ́bəl] 떠블

형 두 배의, 이중의 **부** 두 배로, 이중으로
명 두 배, 이중, 복식
동 두 배로 하다, 이중으로 하다

참고 wear a double face 얼굴 표정과 맘이 다르다

doubt ■0923
[daut] 다우트

명 의심, 회의 **동** 의심하다

참고 without doubt 의심할 여지 없이

downstairs ■0924
[dáunstɛ́ərz] 따운스테어즈

부 아래층에 **형** 아래층으로 **명** 아래층

참고 = downstair

145

downward
[dáunwərd] 따운우워rd
- 부 아래쪽으로 형 아래로, 내려가는
- 참고 = downwards

dozen
[dʌ́zn] 떠즌
- 명 다스, 12개
- 참고 dozens of 수십의, 많은
  by the dozens 수십개 씩

draft
[dræft] 드래f프트
- 명 밑그림, 초안, 설계도, 징병, 신인선수선발, 끌기, 예금 찾기, 환어음
- 형 초안의, 견인용의
- 동 밑그림을 그리다, 선발하다, 잡아당기다
- 참고 make out a draft of ~의 초안을 잡다

drag
[dræg] 드래그
- 동 끌다, 질질 끌다
- 참고 drag through 겨우 끝내다

drain
[drein] 드뤠인
- 동 배수하다, 유출시키다, 고갈시키다
- 참고 drain national wealth 국부를 유출시키다

drama
[drάːmə] 드롸ー머
- 명 희곡, 연극, 극적효과
- 참고 dramatic 연극의, 연극 같은, 극적인
  dramatically 극적으로

0931
draw [drɔː] 드로-

- 통 당기다, 끌다, 결론을 내다, 그리다, 어음을 발행하다
- 참고 draw in 기차가 도착하다, 비용을 삭감하다
  draw on 야기하다, 어음을 발행하다

0932
drawing [drɔ́ːiŋ] 드로-잉

- 명 그림, 스케치, 도면, 추첨, 인출, 어음발행
- 참고 drawing out (예금을) 찾음

0933
dream [driːm] 드뤼-임

- 명 꿈, 희망
- 통 꿈꾸다, 꿈에 그리다
- 참고 like a dream 쉽게

0934
dress [drés] 드뤠스

- 명 옷, 정장, 드레스
- 통 옷을 입히다, 장식하다
- 참고 dress out 몸치장을 하다
  dressed 옷을 입은, 치장한

0935
drift [drift] 드뤼f프트

- 명 표류, 떠내려감, 경향
- 참고 on the drift 표류하여

0936
drill [dril] 드륄

- 명 송곳, 엄격한 훈련
  구멍을 뚫다, 반복하여 가르치다
- 참고 drill in 반복해서 가르치다

0937
drink [driŋk] 드륑크

- 명 마실 것, 음료, 음주
- 통 마시다, 흡수하다, 술을 마시다
- 참고 on the drink 술에 빠져

drive
[draiv] 드라이브 ■0938

동 몰다, 쫓다, 운전하다, ~로 내몰다
명 몰아내기, 운전, 추진력, 돌진

참고 full drive 전속력으로
　　　drive on 차를 몰고 나가다

driver
[dráivər] 드라이붜r ■0939

명 운전사

참고 driver's license 운전면허증

driving
[dráiviŋ] 드라이빙 ■0940

형 추진하는, 정력적인, 맹렬한
명 운전, 추진

참고 driving force 추진력

drop
[drɑp] 드뢉 ■0941

동 떨어뜨리다, 흘리다
명 방울, 소량의 액체, 낙하

참고 drop in 잠깐 들르다, 우연히 만나다

drug
[drʌg] 드뤅 ■0942

명 약, 마약

참고 drugstore 약국

drum
[drʌm] 드럼 ■0943

명 북, 북소리, 드럼

참고 beat the drums 대대적으로 선전하다

drunk
[drʌŋk] 드렁크 ■0944

형 술에 취한, 도취한

참고 get drunk 취하다
　　　drunk driving 음주 운전

D

dry ■0945
[drai] 드라이

형 마른, 무미건조한 **동** 말리다

참고 go dry 금주하다

duck ■0946
[dʌk] 덕

명 오리

참고 like a duck to water 저절로, 힘 안들이고

due ■0947
[dju:] 듀-

형 지급기일이 된, ~할 예정인, 마땅히 치러야할, ~에 기인하는

참고 due to ~ 때문에
be due to ~할 예정이다

duke ■0948
[dju:k] 듀-크

명 공작

참고 a royal duke 왕족의 공작

dull ■0949
[dʌl] 덜

형 무딘, 단조로운, 따분한

참고 dull market 침체된 시장

dump ■0950
[dʌmp] 떰프

동 내버리다, 덤핑하다
명 쓰레기더미, 덤프차

참고 dump on 헐뜯다

duration ■0951
[djuəréiʃən] 듀어뤠이션

명 계속, 지속(기간)

참고 for the duration of ~의 기간 중에

dust
[dʌst] 떠스트
- 명 먼지, 티끌
- 동 흩뿌리다, 먼지를 닦다
- 참고 dust and ashes 하찮은 것

■0952

Dutch
[dʌtʃ] 떠취
- 형 네덜란드(사람)의
- 명 네덜란드 사람(언어)
- 참고 go Dutch 비용을 각자 부담하다
  (Let's go fifty-fifty. Let's go Dutch.)

■0953

duty
[djúːti] 듀-디
- 명 의무, 임무
- 참고 do one's duty 의무를 다하다
  off duty 비번으로, 근무시간 외에
  on duty 당번으로, 근무시간 중에

■0954

dying
[dáiiŋ] 따이잉
- 형 죽어가는, 죽을 운명의
- 참고 a dying fire 꺼져가는 불

■0955

E

each ■0956
[iːtʃ] 이-취

- 형 각자의, 각각의 대명사 각자
- 참고 each other (= one another) 서로

eager ■0957
[íːgər] 이-거r

- 형 열망하는, 열심인
- 참고 be eager for 열망하다

ear ■0958
[iər] 이어r

- 명 귀, 청각
- 참고 from ear to ear 입을 크게 벌리고
  have an ear for ~에 대한 감상력이 있다
  to the ears 한계까지

early ■0959
[ə́ːrli] 어-r을리

- 형 이른, 초기의
- 부 일찍이, 일찍부터, 초기부터
- 참고 early and night 아침 일찍부터 저녁 늦게까지
  from early years 어린 시절 부터

earn ■0960
[əːrn] 어-r언

- 동 벌다, 얻다
- 참고 earning 소득

earth ■0961
[əːrθ] 어-r th쓰

- 형 지구, 대지, 흙
- 참고 come back to earth 현실로 돌아오다
  on earth 이 세상에서, 살아 있는 동안, 도대체(의문사 강조)

ease ■0962
[iːz] 이-즈

- 명 안락, 편함, 쉬움
- 동 완화하다, 편하게 하다
- 참고 at (one's) ease 마음 편하게
  with ease 쉽게
  easily 편하게, 쉽게

east
[iːst] 이-스트 ■0963

명 동쪽, 동방, 동부
형 동쪽의, 동쪽에 있는 **부** 동쪽으로

참고 due east 정동(正東)쪽으로
astern 동쪽의, 동양의

easy
[íːzi] 이-지 ■0964

형 쉬운, 편안한

참고 as easy as ABC 매우 쉬운
on easy terms 할부로
take an easy 쉬다

eat
[iːt] 이-트 ■0965

동 먹다, 먹어 들어가다, 부식하다

참고 eat in 집에서 식사를 하다
eat out 외식하다, 다 먹어버리다

echo
[ékou] 에코우 ■0966

명 메아리, 반향, 공명, 공감

참고 echo effect 메아리효과(어떤 일이 늦게 되풀이 되거나 지연되는 현상)

economy
[ikánəmi] 이카너미 ■0967

명 절약, 경제, 경제학

참고 economic 경제의, 경제학의

edge
[edʒ] 에쥐 ■0968

명 가장자리, 테두리, (칼의)날

참고 on edge 불안하여

edition
[idíʃən] 이디션 ■0969

명 판(版)

참고 the first edition 초판

editor
[éditər] 에디더r

명 편집자, 편집 발행인, 논설위원

참고 chief editor 주필, 주간

educate
[édʒukèit] 에쥬케이트

동 교육하다

참고 educate oneself 독학하다

education
[èdʒukéiʃən] 에쥬케이션

명 교육, 훈련

참고 educated 교육받은, 교양 있는
educational 교육의, 교육적인

effect
[ifékt] 이펙트

명 결과, 효과, 효능

참고 cause and effect 원인과 결과
to the effect that ~라는 뜻으로

effective
[iféktiv] 이펙티브

형 효력이 있는, 효과적인, 사실상의

참고 become effective 효력이 생기다
effectively 효과적으로, 실제로

effectiveness
[iféktivnis] 이펙티브니스

명 유효, 유효성

참고 effectiveness of the economic policies 경제정책의 유효성

efficiency
[ifíʃənsi] 이퓌션씨

명 능률, 효율

참고 production efficiency 생산효율

efficient
[ifíʃənt] 이퓌션트 ■0977

- 형 효과적인, 유능한
- 참고 efficiently 능률적으로

effort
[éfərt] 에풔r트 ■0978

- 부 노력, 노력의 성과
- 참고 make an effort 노력하다
  without effort 힘들이지 않고

e.g.
[iːgː] 이-쥐- ■0979

- 부 예를 들면
- 참고 exempli gratia (=for example)

egg
[eg] 에그 ■0980

- 명 알, 달걀
- 참고 golden eggs 횡재
  in the egg 초기에

elaborate
[ilǽbərət] 일래버륄 형
[ilǽbərèit] 일래버뤠이트 동 ■0981

- 형 공들인, 정교한
- 동 공들여 만들다, 정교하게 만들다
- 참고 a fair and elaborate investigation 공정하고 철저한 조사

elbow
[élbou] 엘보우 ■0982

- 명 팔꿈치
- 참고 up to the elbows 몰두하다

elder
[éldər] 엘더r ■0983

- 형 나이가 위인, 선배의
- 참고 elder brother 형

E

0984
elect [ilékt] 일렉트

동 선거하다, 선출하다, 택하다

참고 the elected 당선자

0985
election [ilékʃən] 일렉션

명 선거

참고 general election 총선거
special election (by-election) 보궐 선거
the Central Election Management Committee 중앙 선거 관리 위원회

0986
electoral [iléktərəl] 일렉트럴

형 선거의, 선거권이 있는

참고 an electoral district 선거구

0987
electricity [ilèktrísəti] 일렉트뤼써티

명 전기, 전기학

참고 electric 전기의, 전기로 움직이는
electrical 전기의, 전기에 관한

0988
electronic [ilèktránik] 일렉트롸닉

형 전자의

참고 electronic industry 전자산업

0989
elegant [éləgənt] 엘리건트

형 품위 있는, 우아한

참고 life of elegant ease 우아하고 여유로운 생활

0990
element
[éləmənt] 엘리먼트

명 구성요소, 성분, 원소

참고 be out of one's element
자기와 맞지 않은 환경에 있다

0991
elevator
[éləvèitər] 엘러붸이더r

명 승강기, 엘리베이터

참고 elevate 올리다, 들어 올리다, 승진시키다

0992
eliminate
[ilímənèit] 일리미네이트

동 제거하다, 삭제하다

참고 eliminate the special excise tax
특별소비세를 폐지하다

0993
else
[els] 엘쓰

동 그밖에, 달리

참고 or else 그렇지 않으면

0994
elsewhere
[élshwèər] 엘쓰ㅎ웨어r

부 다른 곳에, 다른 곳에서(으로)

참고 here as elsewhere
다른 경우와 마찬가지로 이 경우에도

0995
e-mail
[émèil] 이-메일

명 전자 우편, 이메일,
동 이메일을 보내다

참고 email address 이메일 주소
= e-mail

0996
embarrass
[imbǽrəs] 임배뤄쓰

동 당황하게하다, 난처하게 하다

참고 embarrassed 당혹스러운, 쩔쩔매는
embarrassing 당황하게 하는, 곤란한

embarrassment
[imbǽrəsmənt] 임배뤄쓰먼트

명 당황, 곤혹

참고 feel embarrassment 곤혹스럽다

embrace
[embréis] 임브뤠이쓰

동 포옹하다, 껴안다, 포함하다

참고 embrace Buddhism 불교에 귀의하다

emerge
[imə́:rdʒ] 이머-r쥐

동 나타나다, 출현하다, 빠져나오다

참고 emerge from the deep economic slump 깊은 경기침체에서 빠져나오다

emergency
[imə́:rdʒənsi] 이머-r전시

명 비상사태

참고 a state of emergency 비상사태
in case of emergency 비상시에는

emission
[imíʃən] 이미션

명 방사, 방출

참고 emission of carbon dioxide 이산화탄소의 배출

emotion
[imóuʃən] 이모우션

명 감동, 감정

참고 betray one's emotion 감정을 드러내다
motional 감정의, 감정적인, 감동적인
emotionally 감정적으로

emperor
[émpərər] 엠퍼뤄r

명 황제

참고 His Majesty the Emperor 황제 폐하

1004
emphasize
[émfəsàiz] 엠풔싸이즈

동 강조하다

참고 emphasis 강조, 중점

1005
empire
[émpaiər] 엠파이어r

명 제국

참고 the Samsung empire 삼성왕국

1006
employ
[implɔ́i] 임플로이

동 고용하다, 사용하다

참고 in employ 취직하여
out of employ 실직하여

1007
employer
[implɔ́iər] 임플로이어r

명 고용주, 사용자

참고 employee 고용인, 종업원

1008
employment
[implɔ́imənt] 임플로이먼트

명 고용, 사용

참고 in the employment of ~에게 고용되어

1009
empty
[émpti] 엠프티

형 빈, 비어 있는, 의미 없는
동 비우다, ~로 흘러들다

참고 empty stomachs 굶주린 사람들

1010
enable
[inéibəl] 인에이블

동 할 수 있게 하다, 힘을 주다

참고 enabling 권능을 부여하는, 합법화하는

E

encounter
[inkáuntər] 인카운터r ■1011

- 동 우연히 만나다, 적과 교전하다
- 명 우연히 마주침, 교전

참고 have an encounter with ~와 우연히 만나다

encourage
[inkə́:ridʒ] 인커-뤼지 ■1012

- 동 용기를 북돋우다, 장려하다

참고 encouragement 격려, 장려

end
[end] 엔드 ■1013

- 명 끝, 결말, 종말, 죽음, 목적
- 동 끝마치다, 끝내다, 죽이다

참고 in the end 마침내 to no end 헛되이
without end 끝없이

ending
[éndiŋ] 엔딩 ■1014

- 명 결말, 최후

참고 a happy ending 행복하게 끝나는 결말, 해피엔딩

enemy
[énəmi] 에너미 ■1015

- 명 적, 원수

참고 be an enemy to ~을 미워하다

energy
[énərdʒi] 에너r쥐 ■1016

- 명 정력, 활동력, 힘, 에너지

참고 alternative energy 대체에너지

enforce
[infɔ́:rs] 인f포-r쓰 ■1017

- 동 실시하다, 강제로 시키다

참고 enforcement 시행, 집행, 실시, 강제

engage
[ingéidʒ] 인게이쥐 ■1018

⑧ 약속하다, 예약하다, 보증하다, 약혼시키다, 끌어들이다, 고용하다, 관여하다, 교전하다

참고 engage in ~에 착수하다, ~에 종사하다
engage oneself in ~에 종사하다
engage oneself to ~와 약혼하다
engage oneself to ~할 것을 약속하다

engaged
[ingéidʒd] 인게이쥐드 ■1019

⑨ 약속된, 예약된, 약혼한, ~에 종사하는

참고 be engaged in ~에 종사하고 있다

engine
[éndʒən] 엔쥔 ■1020

⑲ 엔진, 기관

참고 future growth engine 미래성장 엔진

engineer
[éndʒəníər] 엔쥐니어r ■1021

⑲ 기사, 기술자, 공학자

참고 engineering 공학, 기술

English
[íŋgliʃ] 잉글리쉬 ■1022

⑨ 영국의, 영어의 ⑲ 영어, 영국사람

참고 English English 영국 영어
American English 미국 영어

enhance
[inhǽns] 인핸스 ■1023

⑧ 강화하다, 높이다

참고 enhance corporate competitiveness 기업의 경쟁력을 강화하다

E

■1024
enjoy
[indʒɔ́i] 인조이

동 즐기다

참고 enjoy oneself 즐겁게 지내다
enjoyable 즐거운, 유쾌한
enjoyment 즐거움, 유쾌

■1025
enormous
[inɔ́:rməs] 이노-r머스

형 거대한, 엄청난

참고 an enormous natural disaster
엄청난 자연재해

■1026
enough
[inʌ́f] 이너f프

형 충분한, ~하기에 부족함이 없는
부 충분히, 상당히 **대명사** 충분(양, 수)

참고 more than enough 충분히
well enough 참으로 훌륭하게

■1027
ensure
[inʃúər] 인슈어r

동 안전하게 지키다, 보증하다

참고 ensure fair competition
공정한 경쟁을 보장하다

■1028
enter
[éntər] 엔터r

동 들어가다, 입학하다, 가입하다

참고 enter into ~을 시작하다
enter on 착수하다

■1029
enterprise
[éntərpràiz] 엔터r프롸이즈

명 모험적인 계획, 진취적인 기상, 기업체

참고 a customer - oriented enterprise
고객지향적인 기업

■1030
entertain
[èntərtéin] 엔터r테인

동 즐겁게 하다, 대접하다

참고 entertaining 재미있는
entertainer 연예인

1031 entertainment
[èntərtéinmənt] 엔터r테인먼트

명 환대, 여흥, 연예

참고 entertainment expenses 접대비

1032 enthusiastic
[inθú:ziæstik] 인th 쓔-지애스틱

형 열광적인, 열심인

참고 enthusiasm 열광, 열중

1033 entire
[intáiər] 인타이어r

형 전체의, 완전한, 흠이 없는, 순수한

참고 entirely 완전히, 전적으로

1034 entitle
[intáitl] 인타이틀

동 ~라고 이름(제목) 붙이다, 에게 권리를 주다

참고 be entitled to ~의 자격이 있다

1035 entrance
[éntrəns] 엔츠뤈스

명 입구, 입장, 취임

참고 make an entrance 등장하다, 나타나다

1036 entry
[éntri] 엔트뤼

명 들어감, 입장, 등장, 참가, 참가자, 기입, 표제어

참고 force an entry 강제로 들어가다

1037 envelope
[énvəlòup] 엔붤로우프

명 봉투, 싸개, 씌우개

참고 envelop 싸다, 덮다, 봉하다

environment
[inváiərənmənt] 인봐이어뤈먼트

- 명 둘러싼 것, 환경, 주위 상황
- 참고 social environment 사회적 환경
  environmental 주위의, 환경의

episode
[épəsòud] 에퍼쏘우드

- 명 삽화, 에피소드
- 참고 50-episode drama 50부작 드라마

equal
[íːkwəl] 이-퀄

- 형 같은, 대등한, 감당할 수 있는
- 명 동등한 것(사람)
- 동 ~와 같다, ~에 못지않다
- 참고 be equal to ~을 감당할 수 있다

equation
[i(ː)kwéiʒən] 이퀘이젼

- 명 균등화, 평형상태
- 참고 equation of the first (second) degree 1(2)차 방정식
  identical equation 항등식(恒等式)

equip
[ikwíp] 이크윕

- 동 갖추다, 채비를 하다, 설비하다
- 참고 be equipped with ~을 갖추고 있다

equipment
[ikwípmənt] 이크윕먼트

- 명 장비, 설비, 준비
- 참고 communication equipment 통신장비

equity
[ékwəti] 에쿼디

- 명 공평, 재산물의 순가, (주식의)지분, 보통주
- 참고 debt-to-equity ratio 부채비율

equivalent ■1045
[ikwívələnt] 이퀴붤런트

- 형 동등한, ~에 상당하는
- 명 동등한 것, 등가물
- 참고 incentives equivalent to 10 percent of the total investment 총 투자액의 10%에 해당하는 인센티브

era ■1046
[íərə] 이어뤄
[érə] 에뤄

- 명 연대, 시대, 중요한 날
- 참고 the Christian era 서력기원, 서기

erect ■1047
[irékt] 이뤡트

- 형 똑바로 선, 직립의
- 동 똑바로 세우다, 건립하다
- 참고 erect oneself 몸을 일으키다

error ■1048
[érər] 에뤄r

- 명 잘못, 실수, 실책
- 참고 make(commit) an error 실수하다

escape ■1049
[iskéip] 이쓰케잎

- 동 탈출하다, 벗어나다, 모면하다
- 명 탈출, 벗어남
- 참고 have a narrow escape 구사일생

especially ■1050
[ispéʃəli] 이쓰페셜리

- 부 특별히
- 참고 especial 특별한, 각별한

essay ■1051
[ései] 에쎄이

- 명 수필, 에세이
- 참고 essay test 논술시험

E

essence
[ésəns] 에쓴스

명 본질, 정수, 핵심

참고 in essence 본질적으로

essential
[isénʃəl] 이쎈셜

형 본질적인 **명** 필수불가결한

참고 essentially 본질적으로

establish
[istǽbliʃ] 이스태블리쉬

동 설립하다, 수립하다, 제정하다, 확증하다

참고 establish a private equity fund 사모펀드를 설립하다

establishment
[istǽbliʃmənt] 이스태블리쉬먼트

명 설립, 창설, 시설물, 확립

참고 establish oneself 자리 잡다, 개업하다

estate
[istéit] 이스테이트

명 토지, 재산, 계급

참고 real estate 부동산
personal estate 동산

estimate
[éstəmit] 에스티밑 **명**
[éstəmèit] 에스티메이트 **명동**

명 평가, 판단, 견적
동 평가하다, 판단하다, 견적하다

참고 at a moderate estimate 어림잡아

etc.
[et-sétərə] 엩쎄트뤄

명 기타, 등등

참고 = et cetera

ethnic
[éθnik] 에th쓰닉
■1059

형 인종의, 민족의

참고 ethnic Koreans 해외교포

European
[jùərəpíːən] 유어뤄피-언
■1060

형 유럽의 **명** 유럽사람

참고 euro 유로화(유럽연합 화폐단위)

evaluate
[ivǽljuèit] 이밸류에이트
■1061

동 평가하다

참고 evaluation 평가, 값을 구함

even
[íːvən] 이-븐
■1062

부 ~까지도, ~조차도, 한층 더,
형 평평한, 평형의, 한결 같은, 동일한, 짝수의

참고 even though 비록 ~할지라도

evening
[íːvniŋ] 이브닝
■1063

명 저녁, 밤

참고 evening after(by) evening 매일 밤

event
[ivént] 이붼트
■1064

명 사건, 행사, 결과

참고 in any event 여하튼간에
in the event of ~할 경우에

eventually
[ivéntʃuəli] 이붼츄얼리
■1065

부 결국에는, 드디어

참고 eventual 최후의, 결과로써 일어나는

E

1066
ever
[évər] 에붜r

부 (의문문) 일찍이, 언젠가
(부정문) 결코 ~하지 않다
(긍정문) 언제나, 늘 (조건문) 언젠가
(강조) 매우, 도대체

참고 for ever 영원히
as ~ as ever 여느 때처럼
as ~ as ever ~ can 될 수 있는 대로

1067
every
[évri:] 에브뤼-

형 모든, 모두의

참고 every now and then 이따금
everybody 누구나, 모두

1068
everyday
[évridèi] 에브뤼데이

형 매일의

참고 prices of everyday goods 생필품 가격

1069
everything
[évriθiŋ] 에브뤼th씽

대명사 모두, 모든 것, 매우 중요한 것(일)

참고 above (before) everything 무엇보다도

1070
everywhere
[évri*h*wɛ̀ər] 에브뤼ㅎ웨어r

부 어디에나, 어디라도

참고 everywhere you go 당신이 가는 곳마다

1071
evidence
[évidəns] 에뷔던스

명 증거, 흔적

참고 in evidence 분명히 보여, 증거로서
on evidence 증거가 있어서

evident
[évidənt] 에뷔던트 ■1072

형 명백한, 뚜렷한

참고 evidently 분명하게

evil
[íːvəl] 이-블 ■1073

형 나쁜, 사악한, 불길한
명 악, 해악, 불운

참고 good and evil 선악
fall on evil days 불운을 당하다

evolve
[ivɑ́lv] 이발브 ■1074

동 서서히 발전시키다, 진화하다

참고 evolution 전개, 발전, 진화

exact
[igzǽkt] 이그잭트 ■1075

형 정확한, 정밀한, 꼼꼼한

참고 to be exact 엄밀히 말하면
exactly 정확하게, 엄밀하게, 틀림없이

exaggerate
[igzǽdʒərèit] 이그재줘뤠이트 ■1076

동 과장하다

참고 exaggerated 과장된, 지나친

examination
[igzæ̀mənéiʃən]
이그재머네이션 ■1077

명 조사, 검사, 시험

참고 = exam
make an examination of 검사하다
pass(fail) an examination
시험에 합격(낙제)하다

examine
[igzǽmin] 이그재민 ■1078

동 조사하다, 검사하다, 시험하다

참고 examinee 수험자, 검사를 받는 사람
examiner 시험관, 심사관

example
[igzǽmpl] 이그잼플

명 보기, 실례, 예증, 견본, 본보기

참고 for example 예컨대, 예를 들면

exceed
[iksíːd] 익씨-드

동 넘다, 초과하다, ~보다 낫다

참고 exceed one's authority 월권행위를 하다

excellent
[éksələnt] 엑썰런트

형 뛰어난, 우수한, 훌륭한

참고 an excellent choice 탁월한 선택

exception
[iksépʃən] 익쎕션

명 제외, 예외, 이의

참고 except ~을 제외하고, ~외에는
except for ~을 제하고는, ~이 없다면

excess
[iksés] 익쎄쓰

명 초과, 과잉, 과도 **동** 휴직(해고)시키다

참고 go(run) to excess 지나치게 하다
in excess of ~을 초과하여

exchange
[ikstʃéindʒ] 익스체인쥐

동 교환하다, 환전하다
명 교환(물), 거래소

참고 in exchange (for) ~와 교환으로
make an exchange 교환하다

excite
[iksáit] 익싸이트

동 흥분시키다, 자극하다

참고 exciting 흥분시키는

169

excited
[iksáitid] 익싸이티드 ■1086

형 흥분한

참고 be excited at(over) ~으로 흥분해 있다

excitement
[iksáitmənt] 익싸이트먼트 ■1087

명 흥분, 동요

참고 in excitement 흥분하여, 기를 쓰고

exclude
[iksklú:d] 익쓰클루-드 ■1088

동 제외하다, 배척하다, 물리치다

참고 excluding ~을 제외하고

exclusive
[iksklú:siv] 익쓰클루-씨브 ■1089

형 배타적인, 양립할 수 없는, 독점적인

참고 Exclusive Economic Zone 배타적 경제수역

excuse
[ikskjú:z] 익쓰큐-즈 ■1090

동 용서하다, 봐주다, 변명하다, 면제하다
명 변명, 핑계, 면제

참고 excuse oneself 변명하다
make an excuse (for) 변명을 하다

execute
[éksikjù:t] 엑씨큐-트 ■1091

동 실행하다, 집행하다, 사형에 처하다

참고 execute a plan 계획을 실행하다

executive
[igzékjətiv] 이그제큐디브 ■1092

형 실행의, 집행력이 있는, 행정적인, 경영의 **명** 임원, 중역, 행정관

참고 chief executive 사장

exercise ■1093
[éksərsàiz] 엑써r싸이즈

- 명 운동, 훈련, 연습 통 운동시키다, 훈련하다, 연습하다, 실행하다
- 참고 exercise oneself in 연습을 하다
  exercise oneself over(about) 괴로워하다

exhibit ■1094
[igzíbit] 이그지비트

- 동 전시하다, 드러내다, 제시하다
- 명 전시(품), 전람, 제시
- 참고 on exhibit 진열되어 있는

exhibition ■1095
[èksəbíʃən] 엑써비션

- 명 전람, 진열, 공개, 전람회
- 참고 Convention and Exhibition Center 코엑스 COEX

exist ■1096
[igzíst] 이그찌스트

- 동 존재하다, 실재하다, 살아 있다
- 참고 coexist 공존하다

existence ■1097
[igzístəns] 이그찌스튼쓰

- 명 존재, 실재, 생존
- 참고 bring(call) into existence 생기게 하다
  come into existence 생기다
  go(pass) out of existence 소멸하다

exit ■1098
[égzit] 에그짙
[éksit] 엑씨트

- 명 출구, 나감
- 참고 a freeway exit 고속도로 출구

expand ■1099
[ikspǽnd] 익스팬드

- 동 넓히다, 확장하다, 퍼지다
- 참고 expansion 확장, 팽창
  the expansion of armaments
  군비 확장

expect
[ikspékt] 익스펙트

동 기대하다, 예상하다, 추측하다

참고 expected 기대된, 예정된
as might be expected 역시, 과연

■1100

expectation
[èkspektéiʃən] 엑스펙테이션

명 기대, 예상, 가능성

참고 according to expectation 예상대로
against (contrary to) expectation
예상과 달리

■1101

expenditure
[ikspénditʃər] 익스뻰디춰r

명 지출, 소비, 경비

참고 revenue and expenditure 세입과 세출

■1102

expense
[ikspéns] 익쓰뻰쓰

명 비용, 지출

참고 at any expense
아무리 비용이 들더라도, 어떤 희생을 감수하더라도

■1103

expensive
[ikspénsiv] 익쓰뻰씨브

형 값비싼

참고 expensive whiskey 비싼 양주

■1104

experience
[ikspíəriəns] 익쓰삐어뤼언스

명 경험, 체험 **동** 경험(체험)하다

참고 learn by experience 경험으로 배우다

■1105

experienced
[ikspíəriənst] 익쓰삐어뤼언스트

형 경험이 많은, 숙련된

참고 be experienced in ~에 경험이 있다

■1106

experiment
[ikspérəmənt] 익쓰**뻬뤄먼**트 명
[ikspérəmènt] 익쓰**뻬뤄멘**트 동

명 실험, 시도   동 실험하다

참고 make an experiment on[in, with]
~에 관한 실험을 하다

experimental
[ikspèrəméntl] 익쓰뻬뤄**멘**틀

형 실험의, 실험에 의한

참고 experimental arts 실험예술

expert
[ékspəːrt] **엑**쓰퍼-rt 명 형
[ikspə́ːrt] 익쓰**퍼**-rt 형

명 전문가, 권위자   형 숙달된, 전문가의

참고 expertise 전문지식, 전문가의 감정서

explain
[ikspléin] 익스**플레**인

동 설명하다, 해석하다, 분명하게 하다

참고 explain away 잘 설명하여 빠져나가다
explain oneself
자기의 말뜻을 알아듣게 설명하다

explanation
[èksplənéiʃən] 엑스플러**네**이션

명 설명, 해석, 해명

참고 in explanation of ~의 설명(해명)으로서

explicit
[iksplísit] 익스**플리**씰

형 명백한, 분명한

참고 explicit statement 노골적인 진술

explode
[iksplóud] 익스플**로**우드

동 폭발하다, 폭발 시키다

참고 explosion 폭발, 급격한 증가

173

explore ■1114
[ikspló:r] 익쓰플로-어r

동 탐험하다, 탐구하다

참고 explore oil field 유전을 탐사하다

export ■1115
[ikspɔ́:rt] 익쓰포-r트 **동**
[ékspɔ:rt] 엑쓰포-r트 **명**

동 수출하다 **명** 수출, 수출품(액)

참고 an export-oriented marketing strategy 수출위주의 마케팅 전략

expose ■1116
[ikspóuz] 익쓰뽀우즈

동 노출시키다, 드러내다, 폭로하다

참고 exposure 노출, 공개, 폭로

express ■1117
[iksprés] 익스프뤠스

동 표현하다, 나타내다, 속달로 보내다
형 명시된, 특별한, 속달의

참고 express oneself 자기 생각을 나타내다

expression ■1118
[ikspréʃən] 익쓰프뤠션

명 표현, 표시, 표정

참고 beyond expression 표현할 수 없는

extend ■1119
[iksténd] 익쓰뗀드

동 뻗다, 연장하다, 넓히다, 퍼지다

참고 extensive 넓은, 광범위하게 미치는
extensive experience 폭넓은 경험

extension ■1120
[iksténʃən] 익쓰뗀션

명 연장, 확대, 확장

참고 by extension 확대하면, 확대 해석하면

E

extent
[ikstént] 익쓰뗀트
■1121

명 넓이, 정도, 범위, 한계

참고 to a great extent 대부분은, 크게
to the extent that ~이라는 점에서

external
[ikstə́ːrnəl] 익쓰터-r늘
■1122

형 외부의, 표면의, 대외적인

참고 external trade 대외 교역

extra
[ékstrə] 엑쓰트뤄
■1123

형 여분의, 임시의, 추가의, 특별한
명 여분의 것, 할증(추가)요금
부 여분으로, 특별히

참고 extra freight 할증 운임

extract
[ikstrǽkt] 익쓰트랙트
■1124

동 뽑아내다, 추출하다, 발췌하다, 도출하다

참고 extract stem cells 줄기세포를 추출하다

extraordinary
[ikstrɔ́ːrdənèri] 익쓰트로-r디네뤼
■1125

형 보통이 아닌, 대단한, 비상한, 임시의

참고 extraordinary shareholders meeting 임시주총

extreme
[ikstríːm] 익쓰트뤼-임
■1126

형 극도의 **명** 극단적인

참고 in the extreme
= to an extreme 극단적으로
extremely 극단적으로, 아주

eye
[ai] 아이
■1127

명 눈, 시력, 관찰력

참고 an eye for an eye 눈에는 눈으로
get an eye to ~을 주목하다, 돌보다
turn a blind eye to 못 본 체하다

fabric
[fǽbrik] 패브릭 ■1128

명 직물, 짜임새, 구조

참고 artificial fabric 인공직물

face
[feis] 풰이쓰 ■1129

명 얼굴, 표면 **동** 향하다, 직면하다

참고 face to face 정면으로, 직면하여
in the face of 면전에서, ~에도 불구하고

facility
[fəsíləti] 풔씰러디 ■1130

명 쉬움, 편의, 설비

참고 give(afford) every facility for
~에게 온갖 편의를 제공하다
have a facility for ~의 재능이 있다

fact
[fækt] 퐥트 ■1131

명 사실, 실제의 일

참고 in fact 사실상, 실제로는
as a matter of fact 사실은

factor
[fǽktər] 퐥터r ■1132

명 요인, 요소, (수학)인수

참고 resolution into factors 인수 분해

factory
[fǽktəri] 퐥트뤼 ■1133

명 공장

참고 factory automation 공장자동화

fade
[feid] 풰이드 ■1134

동 희미해지다, 사라지다

참고 fade in (out) 점차 밝아지다(어두워지다)

F

fail ■1135
[feil] 풰일

형 실패하다, 못하다

참고 fail in ~에 실패하다
without fail 틀림없이

failure ■1136
[féiljər] 풰일려

명 실패, 부족, 고장, 파산

참고 end in (meet with) failure
실패로 돌아가다
failure of issue 자손이 없음

faint ■1137
[feint] 풰인트

형 희미한, 엷은, 연약한

참고 fall into a faint 기절하다
in a dead faint 기절하여
faintly 희미하게

fair ■1138
[fɛər] 풰어

형 공정한, 공평한, 꽤 많은

참고 fair and square 공명정대하게
play fair 정정당당하게 겨루다
fairly 공정하게

faith ■1139
[feiθ] 풰이th쓰

명 신념, 믿음, 신용, 신앙

참고 by the faith of ~앞에 맹세코
have faith in ~을 믿고 있다

faithful ■1140
[féiθfəl] 풰이th쓰풜

형 충실한, 믿을 만한

참고 be faithful to ~에 충실하다

faithfully ■1141
[féiθfəli] 풰이th쓰풜리

부 충실히, 성실하게

참고 Yours faithfully
= Faithfully yours 편지 맺는 말

177

fall
[fɔːl] f포-올 ■1142

동 떨어지다, 무너지다
명 낙하, 붕괴, 타락, 가을

참고 fall in love with ~와 사랑에 빠지다
fall in with 우연히 만나다, 동의하다

false
[fɔːls] f포-올쓰 ■1143

형 틀린, 잘못된, 거짓의, 가짜의

참고 bear false witness 위증하다

fame
[feim] 풰임 ■1144

명 명성, 명예

참고 come to fame 유명해지다

familiar
[fəmíljər] 풔밀리어r ■1145

형 가까운, 익숙한, 정통한

참고 be familiar with ~을 잘 알다

family
[fǽməli] 퐤밀리 ■1146

명 가족, 가구, 가문

참고 in a family way 허물없이

famous
[féiməs] 풰이머쓰 ■1147

형 유명한, 잘 알려진

참고 be famous for ~로 유명하다

fan
[fæn] 퐨 ■1148

명 부채, 선풍기, (스포츠 등의)팬

참고 fan dance 부채춤

F

1149
fancy
[fǽnsi] 퐨씨

동 공상, 환상, 애호 **형** 공상의, 화려한

참고 take a fancy ~을 좋아하다

1150
fantasy
[fǽntəsi] 퐨터씨

명 몽상, 환상

참고 fantastic 환상적인, 기상천외의, 굉장한

1151
far
[fɑːr] 퐈-r

부 멀리, 먼 곳으로 **형** 멀리 떨어진

참고 as far as ~까지, ~하는 한 멀리까지,
by far 대단히, 아주
so far 지금까지

1152
fare
[fɛər] 풰어r

명 운임, 요금

참고 bill of fare 메뉴

1153
farm
[fɑːrm] 퐈-r암

명 농장, 농지

참고 run (keep) a farm 농장을 경영하다
farmer 농부, 농민

1154
farming
[fɑ́ːrmiŋ] 퐈-r 밍

명 농업

참고 organic farming 유기 농업

1155
farther
far의 비교급
[fɑ́ːrðər] 퐈-r th더r

형 더 먼, 더 뒤의 **부** 더 멀리, 더 더욱

참고 farthest (far의 최상급)
go farther and fare worse
지나쳐서 오히려 낭패를 보다

179

1156
fashion [fǽʃən] 패션

- 명 방식, 스타일, 유행
- 참고 be all the fashion 대유행이다
  bring(come) into fashion 유행시키다(유행하기 시작하다)

1157
fashionable [fǽʃənəbəl] 패셔너블

- 형 유행하는, 사교계의, 상류의
- 참고 a fashionable society 상류 사회

1158
fast [fǽst] 패스트

- 형 빠른, 민첩한, 견고한
- 부 빠르게, 견고하게
- 참고 hard and fast rule 엄격한 규율
  sleep fast 숙면하다

1159
fasten [fǽsn] 패쓴

- 동 묶다, 고정시키다
- 참고 fasten down 고정시키다, (의미 등을)확정하다

1160
fat [fǽt] 퍁

- 형 살찐, 기름기가 많은 명 비만, 지방
- 참고 a fat check 고액 수표

1161
fate [feit] 풰이트

- 명 운명, 최후, 종말
- 참고 the master of one's fate 자기 운명을 개척하는 사람
  the will of Fate 운명의 장난

1162
father [fáːðər] 퐈-th더r

- 명 아버지, 선조, 창시자
- 참고 Like father, like son. 부전자전

F

fault
[fɔ:lt] f포-올트

- 명 결점, 잘못, 위반
- 참고 find fault with ~의 흠을 찾다

favor
[féivər] 풰이붜r

- 명 호의, 은혜, 총애
- 참고 = favour
  in favor of ~에 찬성하여, ~에 이익이 되도록

favorite
[féivərit] 풰이붜륕

- 형 마음에 드는 명 좋아하는 사람(물건)
- 참고 = favourite
  be a favorite with ~의 인기가 있다

fear
[fiər] 퓌어r

- 명 두려움, 공포, 근심
- 동 두려워하다, 근심하다
- 참고 for fear that (lest) ~하지 않도록

feather
[féðər] 풰th더r

- 명 깃털, 조류
- 참고 (as) light as a feather 매우 가벼운

feature
[fí:tʃər] 퓌-춰r

- 명 생김새, 특징
- 동 특징을 이루다, ~을 두드러지게 하다
- 참고 the most significant feature 가장 큰 특징

February
[fébruèri] 풰뷰뤠뤼

- 명 2월
- 참고 약어 Feb.

federal
[fédərəl] 풰드럴
- **형** 연방의, 연방정부의, 연합의
- **참고** federation 연합, 연맹, 연방(정부)

fee
[fi:] 퓌-
- **명** 요금, 수수료, 사례
- **참고** an admission fee 입장료

feed
[fi:d] 퓌-드
- **동** 먹이를 주다, 공급하다, 기르다
- **참고** feed oneself 혼자 힘으로 먹다
  feed up 살찌우다

feel
[fi:l] 퓌-일
- **동** 만져보다, 느끼다
- **참고** feel at home 편히 느끼다
  feel for 동정하다
  feel free to 마음대로 ~해도 좋다
  feel like ~ing ~하고 싶다

feeling
[fí:liŋ] 퓌-일링
- **명** 감촉, 감각, 감정
- **참고** have no feeling for ~에게 냉담하다

fellow
[félou] 펠로우
- **명** 동료, 친구, 녀석 **형** 동료의, 동무의
- **참고** a fellow countryman 동포

female
[fí:meil] 퓌-메일
- **형** 여성의, 여자의, 암컷의
- **명** 여성, 여자, 암컷
- **참고** feminist 남녀 동권주의자, 페미니스트

F

■1177
fence
[fens] 펜쓰

명 울타리, 담, 장애물, 검술

참고 a master of fence
펜싱사범, (응답에 능숙한) 논객
be on the other side of the fence
반대편이다

■1178
festival
[féstəvəl] 풰스터블

명 축제, 잔치, 정기행사

참고 hold a festival 향연을 베풀다

■1179
fetch
[fetʃ] 풰취

동 (가서)가지고 오다, 나오게 하다

참고 fetch the public 사람들의 마음을 잡다

■1180
fever
[fí:vər] 퓌-붜r

명 열, 열병, 열광

참고 in a fever 열광하여
run a fever 발열하다

■1181
few
[fju:] 퓨-

형 거의 없는, 약간의
대명사 소수, 거의 없는 것

참고 a few 다소의, 약간의
not a few 적지 않은, 상당수의
only a few 극소수의
quite a few 매우 많은

■1182
fiction
[fíkʃən] 퓍션

명 소설, 꾸며낸 이야기

참고 fictitious 허위의, 가공의, 소설 같은

field
[fiːld] 퓌-일드 ■1183

명 들판, 경기장, 싸움터, 현장, 분야

참고 hold the field 유리한 위치를 차지하다
in the field 출정(종군)중에, 현역으로, 경기에 참가하여, 현장에

fig
[fig] 퓌그 ■1184

명 무화과, 시시한 것

참고 not worth a fig 보잘것없는

fight
[fait] 퐈이트 ■1185

동 싸우다, 겨루다, 전투하다
명 싸움, 투쟁, 논쟁, 전투

참고 fight down 싸워서 압도하다, 억제하다
fight on 계속해 싸우다

fighting
[fáitiŋ] 퐈이팅 ■1186

명 싸움, 전투

참고 fighting words (talk) 도전적인 말

figure
[fígjər] 퓌겨r ■1187

명 숫자, 모양, 형태, 인물
동 숫자로 표시하다, 그림으로 그리다, 판단하다

참고 figure out 이해하다, 해결하다

file
[fail] 퐈일 ■1188

명 서류철, 서류, 파일

참고 keep in(on) a file 철해두다
on file 철해져, 기록 보관되어

fill
[fil] 퓔 ■1189

동 가득 채우다, 넘치다

참고 be filled with ~로 가득 차 있다

F

film
[film] 필름

명 얇은 껍질(막), 필름, 영화
동 얇은 막으로 덮다, 촬영하다

참고 a silent film 무성 영화

filter
[fíltər] 필터r

명 여과기, 필터 **동** 여과하다

참고 filter out 걸러내다, 새나오다

final
[fáinəl] 퐈이널

형 마지막의, 결정적인
명 결승전, 마지막의 것

참고 the final ballot 결선 투표
finally 마침내, 결정적으로

finance
[fáinans] 퐈이낸스
[fináns] 퓌낸쓰

명 재정, 재무, 재원
동 자금을 조달하다

참고 the final ballot 결선 투표

financial
[fainǽnʃəl] 퐈이낸셜
[finǽnʃəl] 퓌낸셜

형 재정상의, 재무의

참고 financial crisis 금융위기

find
[faind] 퐈인드

동 찾아내다, 발견하다, 조사하다

참고 find fault with 비판하다
find out 알아내다

fine
[fain] 퐈인

형 훌륭한, 멋진, 뛰어난, 순수한, 미세한

참고 fine gold 순금
say fine things 듣기 좋은 말을 하다
finely 곱게, 훌륭하게

185

finger
[fiŋgər] 핑거r
■1197

명 손가락

참고 at one's finger(s') ends ~에 정통한

finish
[finiʃ] 퓌니쉬
■1198

동 끝내다, 완성하다 **명** 끝, 마지막

참고 finish off 끝내다, 완료하다
finish up 끝마치다, 먹어 치우다
finished 끝낸, 완성된

fire
[faiər] 퐈이어r
■1199

명 불, 화재, 사격
동 불을 내다, 자극하다, 해고하다

참고 on fire 화재가 나서, 흥분하여
on the fire 준비 중인, 집필 중인

firm
[fəːrm] 풔-r엄
■1200

형 단단한, 확고한 **부** 단단히
명 회사, 상사

참고 (as) firm as a rock 반석 같은
firmly 단단히, 견고하게

first
[fəːrst] 풔r-스트
■1201

형 첫째의, 으뜸의 **명** 첫째, 처음, 시조
부 첫째로, 우선

참고 at first 처음에는
in the first place 우선

fish
[fiʃ] 퓌쉬
■1202

명 물고기, 어류 **동** 낚시질하다

참고 (as) drunk as a fish 곤드레만드레 취하여
drink like a fish 폭음하다
fish out(up) 물고기를 몽땅 잡다, 끄집어내다

fishing
[fiʃiŋ] 퓌슁
■1203

명 낚시, 어업

참고 illegal fishing activities 불법 조업 행위

F

fit
[fit] 핕
■1204

동 ~에 맞다, 일치시키다
형 꼭 맞는, 적격의, 적당한

참고 be fit for ~에 적합하다
fit in 잘 들어맞다, 적합하다

fix
[fiks] 픽스
■1205

동 고정시키다, 고치다

참고 fix up 수리하다
fixed 고정된, 불변의

flag
[flæg] f플랙
■1206

명 기(旗)

참고 fly the flag 국기를 게양하다,
(야구) 리그 우승을 하다
with flags flying 의기양양하게

flame
[fleim] f플레임
■1207

명 불꽃, 화염

참고 go down in flames 완전히 실패하다

flash
[flæʃ] f플래쉬
■1208

동 번쩍이다, 확 타오르다 **명** 번쩍임

참고 flash across 생각이 확 떠오르다
flash back (빛이) 되비치다

flat
[flæt] f플랫
■1209

형 평평한, 균일한, 단조로운 **명** 평면

참고 (as) flat as a pancake 평평한
in(on) the flat 종이(화포)에, 그림으로서

flavor
[fléivər] f플레이붜r
■1210

명 (독특한)맛, 향, 멋 **동** 맛을 내다

참고 = flavour
flavor of the month(week, year)
일시적인 유행, 시대 풍조

■1211 flee
[fliː] f플리-

동 달아나다, 피하다

참고 flee the country 망명하다, 해외로 도피하다

■1212 fleet
[fliːt] f플리-트

명 함대, 선단

참고 a combined fleet 연합 함대

■1213 flesh
[fleʃ] f플레쉬

명 살, 육체, 고기

참고 flesh and blood 살아 있는 인간

■1214 flexibility
[flèksəbíləti] f플렉써빌러디

명 유연성

참고 flexible 구부리기 쉬운, 융통성 있는

■1215 flight
[flait] f플라이트

명 날기, 비행

참고 in the first(top) flight 선두에 서서, 일류의
make(take) a flight 비행하다

■1216 float
[flout] f플로우트

동 뜨다, 떠오르다, 떠돌아다니다

참고 on the float 떠서, 표류하여

■1217 flood
[flʌd] f플러드

명 홍수, 범람, 쇄도
동 넘치게 하다, 넘쳐나다

참고 in flood 홍수가 져서

F

floor
[flɔːr] f플로-r ■1218

명 마루, 바닥, 층

참고 hold the floor 발언권을 가지고 있다
on the floor (영화가) 제작중인
take the floor (토론에서) 발언하다

flour
[flauər] f플라우어r ■1219

명 밀가루, 구운 가루

참고 flour box 가루 뿌리는 요리용 기구
(flourdredger)

flow
[flou] f플로우 ■1220

명 흐름, 유수 **동** 흐르다, 흘러나오다

참고 flow in 흘러 들어가다, (주문 등이) 쇄도하다
go with the flow 시대의 흐름에 따라가다

flower
[fláuər] f플라우어r ■1221

명 꽃, 개화

참고 in flower 꽃이 만발하여
in the flower of life 한창 젊었을 때에

flu
[fluː] f플루- ■1222

명 인플루엔자, 유행성 감기

참고 bird flu 조류독감

fluid
[flúːid] f플루-이드 ■1223

명 유동체, 유체

참고 fluid assets 유동 자산

fly
[flai] f플라이 ■1224

동 날다, 비행하다 **명** 날기, 파리

참고 die like flies 맥없이 죽어가다

flying
■1225
[fláiiŋ] f플라잉

형 비행하는, 나는 듯이 **명** 날기, 비행

참고 kite flying 연날리기

focus
■1226
[fóukəs] f포우커스

동 초점을 맞추다, 집중하다
명 초점, 중심

참고 bring ~ into focus 초점을 맞추다
in(out of) focus 초점이 맞아(맞지 않아)

fold
■1227
[fould] f포울드

형 접다, 포개다 **명** 접은 자리, 주름

참고 fold up 망하다, 실패하다

folding
■1228
[fóuldiŋ] f포울딩

형 접는, 접을 수 있는

참고 folding 접는, 접을 수 있는

folk
■1229
[fouk] f포우크

명 사람들, 가족, 친척, 민중, 민족

참고 Korean Folk Village 한국 민속촌

follow
■1230
[fálou] 팔로우

동 따라가다, 뒤를 잇다, 뒤 쫓다, 이해하다

참고 as follows 다음과 같이
follow up 끝까지 추구하다, 철저히 추적하다

following
■1231
[fálouiŋ] 팔로우잉

형 다음의, 뒤에 오는
명 다음의 것, 지지자
전 ~에 이어, ~후에

참고 the following day 다음 날

F

1232
food
[fuːd] f푸-드

명 음식, 양식

참고 food for powder 총알받이
food for the squirrels 어리석은 사람
food for thought 생각할 거리

1233
fool
[fuːl] f푸-울

명 바보, 멍청이

참고 make a fool of 조롱하다

1234
foot
[fut] f풑

명 발, 밑 부분, 피트(길이단위)

참고 on foot 걸어서

1235
football
[fútbɔ̀ːl] f풑보-올

명 풋볼

참고 Korean Football Association
한국축구협회

1236
force
[fɔːrs] f포-r쓰

명 힘, 에너지, 영향력, 무력
동 억지로 시키다

참고 by (the) force of ~의 힘으로, ~에 의하여
by (main) force 폭력으로, 억지로

1237
forecast
[fɔ́ːrkæ̀st] f포-r캐스트

명 예보, 예상 **동** 예보하다, 예측하다

참고 economic growth forecast
경제성장전망

1238
foreign
[fɔ́(ː)rin] f포-륀

형 외국의, 외국인의, 이질적인

참고 a foreign settlement 외국인 거류지

forest ■1239
[fɔ́(ː)rist] f포-뤼스트

명 숲, 산림

참고 forest fire 산불

forever ■1240
[fərévər] 풔뤠버r

부 영원히

참고 = for ever
forever and ever 영원히

forget ■1241
[fərgét] 풔r겔

동 잊다, 간과하다

참고 forget oneself 자기를 잊다, 몰두하다

forgive ■1242
[fərgív] 풔r기브

동 용서하다, 탕감하다

참고 forgiveness 용서, 관대함, 탕감

fork ■1243
[fɔːrk] f포-크

명 포크, 갈퀴

참고 play a good knife and fork
식욕이 왕성하다
fork out 마지못해 내주다

form ■1244
[fɔːrm] f포-r옴

명 형상, 형태, 형식
동 형성하다, 구성하다

참고 after the form of ~의 서식대로
take the form of ~의 형식을 취하다

formal ■1245
[fɔ́ːrməl] f포-r멀

형 형식적인, 격식 차린

참고 formally 형식적으로, 정식으로

F

1246 formation
[fɔːrméiʃən] f포-r메이션

명 형성, 구성, 구조

참고 formation of a task force
태스크포스의 구성

1247 former
[fɔ́ːrmər] f포-r머r

형 이전의, 앞의

참고 formerly 전에는

1248 formula
[fɔ́ːrmjələ] f포-r뮬러

명 공식, 방식

참고 chemical formula 화학식

1249 fortune
[fɔ́ːrtʃən] f포-r천

명 부, 행운, 운명

참고 make a fortune 돈을 벌다

1250 forum
[fɔ́ːrəm] f포-름

명 공개토론회, 포럼

참고 APEC summit forum 에이펙 정상회의

1251 forward
[fɔ́ːrwərd] f포-r워r드

형 전방의, 앞선, 진보적인
부 앞으로(장소, 시간)

참고 look forward to 기대하다
= forwards

1252 found
[faund] 파운드

동 기초를 세우다, 설립하다

참고 be well(ill) founded
근거가 충분(빈약)하다

foundation
[faundéiʃən] f파운데이션 ■1253

명 기초, 근거, 창설, 재단

참고 to the foundations 밑바닥까지

fraction
[frǽkʃən] f프랙션 ■1254

명 파편, 단편, 조금, (수학)분수

참고 a tiny fraction of 극히 적은 양(수)의

fragment
[frǽgmənt] f프래그먼트 ■1255

명 파편, 조각, 단편

참고 in fragments 단편이 되어, 단편적으로

frame
[freim] f프뤠임 ■1256

명 뼈대, 틀, 구조
통 틀을 잡다, 틀에 넣다, 계획을 세우다

참고 frame a policy 정책의 틀을 잡다

framework
[fréimwə̀ːrk] f프뤠임워-r크 ■1257

명 뼈대, 구조

참고 the framework of democracy 민주주의의 틀

fraud
[frɔːd] f프로-드 ■1258

명 사기, 부정행위

참고 in(to the) fraud of ~을 기만하려고

free
[friː] f프뤼- ■1259

형 자유로운, 한가한, 무료의, 면세의
통 자유롭게 하다, 해방하다, 면제하다
부 자유롭게, 무료로

참고 make (set) free 석방하다

F

freedom
[frí:dəm] f프뤼-덤 ■1260

명 자유, 해방, 면제

참고 with freedom 자유로이
freely 자유로이, 공짜로

freeze
[fri:z] f프뤼-즈 ■1261

동 얼다, 얼게하다

참고 freeze up 동결하다

French
[frentʃ] f프렌취 ■1262

형 프랑스의, 프랑스인(말)의
명 프랑스어, 프랑스 사람

참고 French Academy 프랑스 학술원

frequency
[frí:kwənsi] f프뤼-퀀씨 ■1263

명 자주 일어남, 주파수

참고 high(low) frequency 고(저)주파

frequent
[frí:kwənt] f프뤼-퀀트 ■1264

형 자주 일어나는

참고 frequently 자주, 빈번히

fresh
[freʃ] f프뤠쉬 ■1265

형 새로운, 신선한

참고 green and fresh 풋내기의

Friday
[fráidèi] f프라이데이 ■1266

명 금요일

참고 약어 Fri.
Fridays 금요일마다

friend
[frend] f프뤤드 ■1267

명 친구, 자기편

참고 make friends (with) ~와 친해지다

friendly
[fréndli] f프뤤들리 ■1268

형 친한, 친화적인

참고 business-friendly 기업하기 좋은
eco-friendly cars 환경친화적인 차량

friendship
[fréndʃip] f프뤤드쉽 ■1269

명 우정, 친선

참고 form friendship with ~와 친교를 맺다

frighten
[fráitn] f프롸이튼 ■1270

동 위협하여 ~하게 하다

참고 frightening 겁을 주는
frightened 겁이난
be frightened at 기겁을 하다

front
[frʌnt] f프런트 ■1271

명 앞, 정면, 최전선 **형** 정면의

참고 in front (of) ~의 앞에

frozen
[fróuzən] f프로우즌 ■1272

형 언, 얼어붙은, 매우 추운

참고 a frozen job market 얼어붙은 고용시장

fruit
[fruːt] f프루-트 ■1273

명 과일, 수확물

참고 bear fruit 열매를 맺다, 성과를 거두다

F

fry
[frai] f프롸이
■1274

동 기름에 튀기다, 볶다 **명** 프라이, 튀김

참고 French-fry 많은 기름에 담가 튀기다

fuel
[fjú:əl] f퓨얼
■1275

명 연료

참고 add fuel to the fire(flames)
불에 기름을 붓다, 더욱 화를 돋우다
take on fuel=take fuel on
술을 많이 마시다

fulfil
[fulfíl] f풀필
■1276

동 완수하다, 달성하다

참고 fulfill oneself in
자기의 소질을 유감없이 발휘하다

full
[ful] f풀
■1277

형 가득 찬, 충분한, 완전한

참고 be full of ~로 가득 차 있다
fully 충분히, 완전히

fun
[fʌn] f풘
■1278

명 장난, 재미, 즐거움 **형** 재미있는

참고 make fun of 놀려대다, 조롱하다

function
[fʌ́ŋkʃən] f풩(ㅋ)션
■1279

명 기능, 작용, 직능, 함수
동 작용하다, 움직이다

참고 functional 기능의, 기능위주의, 함수의

fund
[fʌnd] f풘드
■1280

명 기금, 자금
동 투자하다, 자금을 제공하다

참고 in(out of) funds
자금을 가지고(자금이 떨어지고)

F

1281 fundamental
[fÀndəméntl] 풘더멘틀

형 기초의, 근본적인

참고 fundamental solution 근본적인 해결책

1282 funding
[fÁndiŋ] 풘딩

명 자금조달

참고 funding cost 자금조달 비용

1283 funeral
[fjúːnərəl] f퓨-너럴

명 장례, 장례식

참고 a state(public) funeral 국장(사회장)

1284 funny
[fÁni] 퍼니

형 우스운, 웃기는

참고 get funny with ~에게 뻔뻔스럽게 굴다

1285 fur
[fəːr] 풔-r

명 모피, 부드러운 털

참고 make the fur fly 큰 싸움을 벌이다
the fur flies 큰 소동이 일어나다

1286 furniture
[fə́ːrnitʃər] 풔-r니춰

명 가구, 비품

참고 part of the furniture 당연한 물건(사람)

1287 further
[fə́ːrðər] 풔-r thㄷr

부 더 멀리, 한층 더, 게다가
형 더 먼, 그 이상의

참고 furthermore 더욱이, 게다가

G

gain
[gein] 게인

동 얻다, 입수하다 **명** 이득, 증가, 증대

참고 gain face 명성을 얻다
gain on 능가하다, ~에 접근하다, 침식하다

gallery
[gǽləri] 갤러뤼

명 미술관, 회랑, 방청석, 관객

참고 bring down the gallery
대중들의 갈채를 받다
play to the gallery 일반 대중에 영합하다

gallon
[gǽlən] 갤런

명 갤런(용량의 단위)

참고 영국 1갤런 = 4.5646 리터
미국 1갤런 = 3.7853 리터

gamble
[gǽmbəl] 갬블

동 도박을 하다, 내기를 걸다,
명 도박, 투기

참고 go on the gamble 도박을 하다
on the gamble 도박에 빠져서

gambling
[gǽmbəliŋ] 갬블링

명 도박, 노름

참고 gambling house 도박장

game
[geim] 게임

명 놀이, 경기, 게임

참고 the name of the game 중요한 것
play the game
정정당당하게(훌륭하게) 행동하다

gang
[gæŋ] 갱

명 한 무리, 일당, 폭력단

참고 gang up (to do) 패거리를 지어 ~하다

gap
[gæp] 갭 ■1295

명 틈, 격차, 큰 차이

참고 open a gap 기회를 주다

garage
[gərá:ʒ] 거롸-쥐 ■1296

명 차고, 자동차 정비공장

참고 underground garage 지하주차장

garbage
[gá:rbidʒ] 가-r비쥐 ■1297

명 쓰레기, 잡동사니

참고 garbage down 게걸스럽게 먹다

garden
[gá:rdn] 가-r 든 ■1298

명 마당, 정원

참고 cultivate one's (own) garden
묵묵히 자신의 일에 힘쓰다

gas
[gæs] 개스 ■1299

명 가스, 기체, 휘발유

참고 step on the gas 서두르다

gasoline
[gǽsəli:n] 개설리-인 ■1300

명 가솔린, 휘발유

참고 aircraft gasoline 항공기용 휘발유

gate
[geit] 게이트 ■1301

명 문, 입구

참고 at the gate of death 죽을 지경에 이르러
break(crash) the gate
(극장 등에) 공짜로 들어가다

G

gather
[gǽðər] 개th더r
■1302

동 모으다, 수확하다, 헤아리다

참고 gather breath (겨우) 숨을 쉬다
gather color 혈색이 좋아지다
gather flesh 살이 붙다

gaze
[geiz] 게이즈
■1303

명 응시 **동** 응시하다, 지켜보다

참고 gaze after ~의 뒷모습을 바라보다

gear
[giər] 기어r
■1304

명 톱니바퀴, 기어

참고 get(go, move) into gear
순조롭게 움직이기 시작하다
in gear 기어가 들어가서, 준비가 갖추어져
out of gear 기어가 풀려서, 원활치 못하여

gender
[dʒéndər] 젠더r
■1305

명 (문법)성, 성별

참고 gender - equality 남녀평등

gene
[dʒi:n] 쥐-인
■1306

명 유전자, 유전인자

참고 gene map 유전자 지도
gene pool 유전자 풀

general
[dʒénərəl] 쥐너뤌
■1307

형 일반의, 전체적인, 대체적인

참고 in general 대개, 일반적으로
generally 일반적으로, 보통

generate
[dʒénərèit] 쥐너뤠이트
■1308

동 낳다, 발생시키다, 일으키다

참고 generation 산출, 발생, 세대
for generations 여러 세대에 걸쳐서

generous
[dʒénərəs] 줴너뤄스 ■1309

형 풍부한, 후한, 관대한

참고 generously 관대하게

gentle
[dʒéntl] 줸틀 ■1310

형 온화한, 상냥한, 공손한

참고 gently 온화하게, 상냥하게

gentleman
[dʒéntlmən] 줸틀맨 ■1311

명 신사

참고 Ladies and Gentlemen!
(신사 숙녀) 여러분!

genuine
[dʒénjuin] 줴뉴인 ■1312

형 진짜의, 진심의

참고 genuine writing 친필
genuinely 진정으로

geography
[dʒiːágrəfi] 쥐-아그뤄퓌 ■1313

명 지리학, 지리

참고 human geography 인문지리(학)

German
[dʒə́ːrmən] 줘-r먼 ■1314

형 독일의, 독일 사람(어)의
명 독일어, 독일사람

참고 Germany 독일

gesture
[dʒéstʃər] 줴쓰춰r ■1315

명 몸짓, 손짓, 태도, 제스처

참고 fine gesture 아량, 관용

get
[get] 겟

■1316

동 얻다, 받다, ~하게하다, ~이되다

참고 get along 살아가다, 진척되다
get at 손에 넣다, 이해하다
get away 도망치다, 떠나다
get back 돌아오다
get in one's way ~의 방해가 되다
get in with ~와 친해지다
get on (탈것에)타다
get on with 사이좋게 지내다
get off 하차하다, 떠나다
get over 극복하다
get out of ~에서 나오다
get the better of ~를 이기다
get through 통과하다, 끝마치다
get tired of 싫증나다
get to ~에 이르다, ~가 되다, 착수하다
get up (잠자리에서)일어나다

ghost
[goust] 고우스트

■1317

명 유령, 환영, 희미한 흔적

참고 ghost town
유령도시(주민이 떠나 황폐해진 도시)

giant
[dʒáiənt] 좌이언트

■1318

명 거인, 거장, 대가 **형** 거대한, 위대한

참고 an economic giant 경제 대국

gift
[gift] 기프트

■1319

명 선물, 재능

참고 a gift coupon 경품권
as a gift (보통 부정문) 거저 줘도

203

girl
[gəːrl] 거-r얼 ■1320

명 소녀, 젊은 여자

참고 girlfriend 여자친구

give
[giv] 기브 ■1321

동 주다, 수여하다, 제공하다

참고 give ~ away ~을 포기하다
give forth 발하다, 내다
give in 제출하다, 굴복하다, ~에 따르다
give oneself to 몰두하다
give out 배포하다, 발표하다, 힘이 다하다
give place to ~와 교대하다
give rise to 일으키다

glad
[glæd] 글래드 ■1322

형 기쁜, 기꺼이 ~하는

참고 glad of heart 기꺼이

glance
[glæns] 글랜쓰 ■1323

명 힐끗 봄, 섬광, 번득임

참고 at a (the first) glance 첫눈에, 일견하여

glass
[glæs] 글래쓰 ■1324

명 유리(제품), 컵

참고 have a glass too much (과음하여) 취하다
glasses 안경

global
[glóubəl] 글로우벌 ■1325

형 공, 지구의, 세계적인, 포괄적인, 구형의

참고 global warming 지구온난화

glory
[glɔ́:ri] 글로-뤼 ■1326

명 영광, 영화

참고 go to glory 죽다
send to glory 죽이다

glove
[glʌv] 글러브 ■1327

명 장갑, 글러브

참고 be hand in glove with
~와 매우 친한 사이이다
fit like a glove 꼭 맞다
without gloves = with gloves off
사정없이, 가차 없이

glue
[glu:] 글루- ■1328

명 아교, 접착제
동 접착제로 붙이다, 집중하다

참고 glue up 밀폐하다

go
[gou] 고우 ■1329

동 가다, 나아가다, 움직이다, ~이 되다

참고 be going to ~할 예정이다
go down 넘어지다, 추락하다
go on 계속하다
go on a picnic 소풍가다
go through (고난을)경험하다
go to bed 잠자러 가다
go up 오르다, 파산하다

goal
[goul] 고울 ■1330

명 목표, 결승선, 골, 득점

참고 get(kick, make, score) a goal
득점하다

god
[gɑd] 갇 ■1331

명 신, 하느님, 하나님

참고 for God's sake 제발

gold
[gould] 고울드 ■1332

명 금, 금화, 부 **형** 금의, 금으로 만든

참고 (as) good as gold (어린아이가) 얌전한
go for (the) gold (성공을 위해) 전력을 다하다

golden
[góuldən] 고울든 ■1333

형 금빛의, 귀중한, 전성의

참고 golden opportunity
황금같은 기회, 최고의 기회

golf
[gɔ́lf] 골프 ■1334

명 골프

참고 golfer 골프치는 사람, 골퍼

good
[gud] 굳 ■1335

형 좋은, 훌륭한, 유능한, 선한
명 선, 미덕, 이익

참고 good at ~에 능숙하다
good for ~에 유효한, 값어치가 있는
for good (and all) 영원히
do good ~에 이롭다
hold good 유효하다
as good as ~에 못지않은, 사실상
make good 보상하다, 성공하다
have a good time 좋은 시간을 갖다

goodbye
[gùdbái] 굳바이

감 안녕 **명** 작별인사

참고 say good-bye 작별을 고하다

goods
[gudz] 굳즈

명 물건, 상품, 재산

참고 deliver(produce) the goods
약속을 이행하다

govern
[gʌ́vərn] 거붜r언

동 다스리다, 통치하다, 지배하다

참고 govern oneself 자제하다

government
[gʌ́vərnmənt] 거붜r언먼트

명 통치, 지배, 정부

참고 under the government of
~의 관리 하에

governor
[gʌ́vərnər] 거붜r너r

명 통치자, (미)주지사

참고 governor - elect 지사 당선자, 차기 지사

grab
[græb] 그랩

동 부여잡다, 가로채다

참고 make a grab at a rope
(밧줄을) 붙잡다

grace
[greis] 그뤠이쓰

명 우아, 기품, 세련미

참고 by (the) grace of ~의 덕택으로
with (a) good grace 기꺼이

grade
[greid] 그뤠이드 ■1343

명 등급, 계급, 학년 동 등급을 매기다

참고 make the grade 어려움을 이겨내다
up to the grade (품질이) 수준에 이른

gradual
[grǽdʒuəl] 그뢔쥬얼 ■1344

형 단계적인, 점진적인

참고 gradually 점차로

graduate
[grǽdʒuèit] 그뢔쥬에이트 ■1345

동 졸업하다, 자격을 얻다, 점차로 변하다

참고 graduate from 졸업하다

grain
[grein] 그뤠인 ■1346

명 곡물, 낟알

참고 against(contrary to) the grain 성미에 맞지 않게
in grain 타고난, 본질적인

gram
[græm] 그램 ■1347

명 (약어 g, gm) 그램

참고 = gramme

grammar
[grǽmər] 그뢔머r ■1348

명 문법, 어법, 문법책

참고 bad grammar 틀린 어법

grand
[grænd] 그랜드 ■1349

형 웅장한, 화려한, 저명한

참고 do the grand 젠체하다
live in grand style 호사로운 생활을 하다

G

grandchild ■1350
[ɡrǽndtʃàild] 그랜드촤일드

명 손자 손녀

참고 granddaughter 손녀
grandson 손자

grandparent ■1351
[ɡrǽndpɛ̀ərənt]
그랜드페어런트

명 조부, 조모

참고 grandfather 할아버지
grandmother 할머니

grant ■1352
[ɡrænt] 그랜트

동 주다, 수여하다, 허가하다, 인정하다
명 수여, 허가, 인가

참고 granted that ~이라고 하더라도

graphics ■1353
[ɡrǽfiks] 그래픽쓰

명 제도법, 도학, 그래프,
(영화,TV)그래픽스

참고 graphic 그림의, 도표의, 생생한, 시각예술작품

grasp ■1354
[ɡræsp] 그래스프

동 붙잡다, 의미를 파악하다
명 움켜잡기, 파악하기

참고 grasp at ~을 잡으려 하다

grass ■1355
[ɡræs] 그래쓰

명 풀, 풀밭, 잔디

참고 as green as grass 철부지의
go to grass 일을 그만두다

grave ■1356
[ɡreiv] 그뤠이브

명 무덤, 죽음, 종말 **형** 엄숙한, 중대한

참고 (as) silent as the grave
무덤과 같이 말이 없는
beyond the grave 내세에

gray
[grei] 그뤠이 ■1357

형 회색의, 우중충한 **명** 회색, 쥐색

참고 = grey
the gray past 태고

great
[greit] 그뤠이트 ■1358

형 큰, 대단한, 중요한, 위대한

참고 be great in ~에 뛰어나다
be great on ~에 열심이다, ~에 숙달돼 있다
greatly 크게, 위대하게

Greek
[gri:k] 그뤼-크 ■1359

형 그리스의, 그리스 사람의
명 그리스 사람, 그리스어

참고 the Greek Orthodox Church
그리스 정교회

green
[gri:n] 그뤼-인 ■1360

형 녹색의, 야채의, 익지 않은, 싱싱한
명 녹색, 초원, 야채

참고 a green old age 노익장

grin
[grin] 그륀 ■1361

동 이를 드러내고 웃다

참고 grin and bear it 억지로 웃으며 참다
grin from ear to ear 입이 째지게 웃다

grip
[grip] 그륖 ■1362

명 꽉 잡음, 파악, 손잡이

참고 at grips (문제와) 맞붙어, 씨름하며
in the grip of ~에 붙잡혀, 사로잡혀

grocery
[gróusəri] 그로우써뤼 ■1363

명 식품점

참고 groceries 식료 잡화류
bring home the groceries
생활비를 벌다, 목적을 달성하다

G

1364
gross
[grous] 그로우쓰

형 전체의, 합친, 큰, 뚱뚱한

참고 in the gross 대체로, 일반적으로

1365
ground
[graund] 그라운드

명 지면, 운동장, 기초, 근거

참고 on the ground of ~을 이유로

1366
group
[gru:p] 그루-읖

명 그룹, 집단

참고 in a group 한 무리가 되어
in groups 삼삼오오

1367
grow
[grou] 그로우

동 자라다, 성장하다

참고 grow up 성인이 되다, 발생하다

1368
growth
[grouθ] 그로우 th쓰

명 성장, 증가

참고 economic growth rate 경제성장률

1369
guarantee
[gæ̀rəntí:] 개뤈티-

명 보증(서), 최저보증 출연료
동 보증하다, 보장하다

참고 be(go, stand) guarantee for
~의 보증인이다(이 되다)
under(on a) guarantee of
~의 보증 아래

G

■1370 guard
[gɑːrd] 가-ㄹ드

명 경계, 보호자, 방호물
동 경계하다, 지키다

참고 keep guard 경계를 하다
stand guard 보초 서다

■1371 guardian
[gáːrdiən] 가-ㄹ디언

명 보호자, 감시인

참고 guardian angel 수호천사

■1372 guess
[ges] 게쓰

동 추측하다 **명** 추측, 추정

참고 at a guess
= by guess 추측으로, 어림잡아서

■1373 guest
[gest] 게스트

명 손님, 특별출연자

참고 guest house 숙소, 영빈관

■1374 guide
[gaid] 가이드

명 안내자, 길잡이, 지침
동 안내하다, 인도하다, 지도하다

참고 guidance 안내, 지도

■1375 guideline
[gáidlàin] 가이드라인

명 지침, 안내 밧줄

참고 the guidelines given by the government 정부가 내놓은 가이드라인

■1376 guilty
[gílti] 길티

형 유죄의

참고 Guilty(Not Guilty) 유죄(무죄)

habit
[hǽbit] 해빝 ■1377

명 습관, 관습, 기질

참고 break off a habit 습관을 없애다
early habits 일찍 자고 일찍 일어나는 습관

hair
[hɛər] 헤어r ■1378

명 머리카락, 털

참고 not a hair out of place 빈틈없는
hairdresser 미용사, 미용실

half
[hæf] 해f프 ■1379

명 절반, 30분 **형** 절반의

참고 by halves 절반만, 불완전하게

hall
[hɔːl] 호-올 ■1380

명 홀, 회관

참고 a city(town) hall 시청

halt
[hɔːlt] 호-올트 ■1381

동 멈추다, 정지시키다

참고 bring to a halt 정지시키다

hammer
[hǽmər] 해머r ■1382

명 해머, 망치

참고 bring(send) under(to) the hammer 경매에 붙이다
come(go) under the hammer 경매에 붙여지다

hand
[hænd] 핸드

■1383

명 손, 솜씨, 노력
동 건네주다, 수교하다, 손으로 돕다

참고 at hand 바로 가까이에
close at hand 바로 근처에, 가까이
at first hand 직접적으로
at second hand 간접적으로
hand down 유산으로 남기다
hand in 제출하다
hand in hand 손을 마주잡고
hand over 넘겨주다, 양도하다
on hand 가지고 있는
shake hands with 악수하다
take in hand 떠맡다, 인수하다

handicap
[hǽndikæ̀p] 핸디캡

■1384

명 핸디캡, 불리한 조건

참고 give(assign) a handicap
핸디캡을 주다

handle
[hǽndl] 핸들

■1385

동 다루다, 조종하다, 손을 대다
명 손잡이, 핸들

참고 give a handle to(for)
~에게 공격의 기회(구실)를 주다

hang
[hæŋ] 행

■1386

동 매달다, 매달리다, 걸다, 목매달다

참고 go hang 교수형에 처해지다
hang on 붙잡고 늘어지다, 전화를 끊지 않다
hang over 연기되다

happen
[hǽpən] 해픈

■1387

동 일어나다, 우연히 ~하다

참고 be likely to happen ~이 일어날 것 같다
happen to 우연히 ~하다

H

happy
[hǽpi] 해피

- 혱 행복한, 즐거운, 행운의
- 참고 happily 행복하게
  happiness 행복, 행운

harbor
[háːrbər] 하ー르버r

- 몡 항구
- 참고 = harbour
  in harbor 입항 중인, 정박 중인

hard
[haːrd] 하ー르드

- 혱 견고한, 하기 힘든, 격렬한
- 혱 굳게, 열심히, 심하게, 간신히
- 참고 hard times 불경기

hardly
[háːrdili] 하ー르 들리

- 툐 거의~하지 않다
- 참고 hardly ~ when(before) ~하자마자

hardware
[háːrdwɛ̀ər] 하ー르드웨어r

- 몡 철물, (컴퓨터) 하드웨어
- 참고 a hardware store 철물점

harm
[haːrm] 하ー르암

- 몡 해, 손해 툐 해치다, 훼손하다
- 참고 do ~ harm = do harm to ~를 해치다
  do more harm than good
  백해무익하다

harmful
[háːrmfəl] 하ー르암펄

- 혱 해로운
- 참고 harmful food 불량식품

harmless
[háːrmlis] 하-r암리스 ■1395

형 해가 없는, 무해한

참고 have(save) a person harmless
누구를 (손실·처벌 등으로부터) 무사히 면하게 하다

hat
[hæt] 햍 ■1396

명 모자

참고 by this hat 맹세코
hat in hand 모자를 손에 들고, 공손히
under one's hat 남몰래, 비밀리에

hate
[heit] 헤이트 ■1397

동 미워하다, 증오하다 **명** 미움, 증오

참고 hate out 쫓아내다

hatred
[héitrid] 헤이츠륃 ■1398

명 증오

참고 have a hatred for ~을 미워하다
in hatred of ~을 증오하여

have
[hæv] 해브 ■1399

동 가지고 있다, 품다, 손에 넣다, ~하게하다

참고 have to ~해야 한다, ~임에 틀림없다
have (something) to do with
~와 관계가 있다
have much to do with ~와 관계가 많다
have on ~을 입고 있다
don't have to ~할 필요가 없다

head
[hed] 헤드 ■1400

명 머리, 두뇌, 정상, 우두머리
동 ~로 향하다, 선두에 서다

참고 be headed for ~로 향하다
at the head of ~의 선두에 서서

H

headache ■1401
[hédèik] 헤데익

명 두통

참고 have a headache 골치가 아프다

heading ■1402
[hédiŋ] 헤딩

동 표제, 제목, 방향, 진로

참고 a three-column heading 3단 표제

headquarters ■1403
[hédkwɔ̀ːrtərz] 헫쿼-r더rz

명 본부, 사령부

참고 headquarter 본부를 설치하다

heal ■1404
[hiːl] 히-일

동 고치다, 화해시키다, 깨끗이 하다,

참고 heal up(over) 상처가 아물다, 치료하다

health ■1405
[helθ] 헬 th쓰

명 건강, 보건, 위생

참고 in bad(poor) health 건강이 좋지 않은
in good health 건강한
healthy 건강한, 튼튼한, 위생적인

hear ■1406
[hiər] 히어r

동 듣다, 들리다, 경청하다

참고 hear about ~에 관해서 자세히 듣다
hear from ~에게서 편지를 받다
hear of ~의 소식(소문)을 듣다, ~을 승낙하다

hearing ■1407
[híəriŋ] 히어뤙

명 듣기, 청각, 청문회

참고 gain(get) a hearing
들려주다, 발언의 기회를 얻다

217

heart
[hɑːrt] 하-r트 ■1408

명 심장, 가슴, 중심, 마음, 감정

참고 broken heart 실연, 비탄
by heart 암기하여
heart to heart 흉금을 터놓고
man of heart 인정 많은 사람
take heart 용기를 내다

heat
[hiːt] 히-트 ■1409

명 열, 더위, 온도, 열정 **동** 뜨겁게 하다

참고 at a heat 단숨에
dead heat 무승부
in the heat of 한창일 때에

heating
[híːtiŋ] 히-딩 ■1410

명 가열, 난방장치

참고 heating pad 전기담요(방석)

heaven
[hévən] 헤븐 ■1411

명 하늘, 천국

참고 for heaven's sake 제발
heaven and earth 천지, 우주 만물

heavy
[hévi] 헤뷔 ■1412

형 무거운, 대량의, 가혹한, 격렬한

참고 have a heavy hand 손재주가 없다
heavily 무겁게, 몹시

hedge
[hedʒ] 헤쥐 ■1413

명 산울타리, 장벽, 손실 방지책

참고 be(sit) on the hedge 형세를 관망하다

heel
[hi:l] 히-일

■1414

명 뒤꿈치, (신발, 양말의)뒤축

참고 back on one's heels 크게 당황하여
under heel ~에게 지배당하여, 굴복하여

height
[hait] 하이트

■1415

명 높음, 높이

참고 in the height of fashion
한창 유행 중인

hell
[hel] 헬

■1416

명 지옥, 지옥 같은 장소(상황)

참고 a hell of a 굉장한, 지독한
What(Why) the hell ~?
도대체 무엇(왜) ~?

help
[help] 헬프

■1417

형 돕다, 도와주다, ~에 도움이 되다
명 도움, 원조, 구조

참고 help oneself to 마음대로 먹다
helpful 도움이 되는

hence
[hens] 헨쓰

■1418

부 그러므로, 지금부터

참고 henceforth 이제부터는, 이후

here
[hiər] 히어r

■1419

부 여기에(서), 여기로, 이때, 지금

참고 here and now 지금 당장에

heritage
[héritidʒ] 헤뤼티쥐

■1420

명 유산, 상속재산

참고 World Cultural Heritage 세계문화유산

hero
[híərou] 히어로우

■1421

명 영웅, 위인, 주인공

참고 make a hero of a person
~을 떠받들다

hesitate
[hézətèit] 헤저테잍

■1422

동 주저하다, 머뭇거리다

참고 hesitation 주저, 망설임

hide
[haid] 하이드

■1423

동 숨기다, 덮다

참고 hide one's ear 귀를 막다
hide oneself 숨다

high
[hai] 하이

■1424

형 높은, 비싼, 고상한 **부** 높이, 고가에

참고 on the high horse 거만하여
play high 큰 모험을 하다

highlight
[háilàit] 하일라이트

■1425

동 강조하다, 눈에 띄게 하다
명 가장 밝은(두드러진, 중요한)부분

참고 the highlight scenes 주요장면

highly
[háili] 하일리

■1426

부 높이, 세게, 대단히, 고귀하게

참고 speak highly of 격찬하다
think highly of 존중하다

highschool
[háisku:l] 하이 스꾸-울

■1427

명 고등학교

참고 senior school 고등학교

highway
[háiwèi] 하이웨이 ■1428

명 간선도로, 큰 도로

참고 take (to) the highway 노상강도가 되다

hill
[hil] 힐 ■1429

명 언덕, 작은 산

참고 over the hill 나이 먹어, 절정기를 지나서

hint
[hint] 힌트 ■1430

명 힌트, 암시

참고 by hints 넌지시
give a hint 암시를 주다
take a(the) hint 알아차리다

hip
[hip] 힢 ■1431

명 엉덩이

참고 be joined at the hip 매우 친밀하다

hire
[háiər] 하이어r ■1432

명 고용하다, 빌려오다, 임대하다
명 고용, 임차

참고 hire and fire 임시로 고용하다
hire on 고용되다
for(on) hire 임대하여, 고용되어

historian
[histɔ́:riən] 히스또-뤼언 ■1433

명 역사가, 역사학자

참고 an art historian 미술사가

historic
[histɔ́(:)rik] 히스또-륔 ■1434

형 역사적인, 역사적으로 중요한

참고 historic sites 유적지, 사적지

221

historical
[histó(:)rikəl] 히스또-뤼컬 ■1435

형 역사(학)의, 사실(史實)에 기인하는

참고 historical view 역사관

history
[hístəri] 히스터뤼 ■1436

명 역사, 연대기, (개인의)이력

참고 go down in history 역사에 남다
make history 역사에 남을 만한 일을 하다

hit
[hit] 힡 ■1437

명 때리다, 맞히다, 명중하다
타격, 충동, 맞힘

참고 hit home 적중하다
hit on(upon) ~에 부딪치다, 우연히 발견하다,
(묘안이) 머리에 떠오르다

hobby
[hábi] 하비 ■1438

명 취미

참고 make a hobby of ~을 취미로 삼다

hold
[hould] 호울드 ■1439

동 (손에) 갖고 있다, 붙들다, 유지하다,
억누르다 명 붙잡음, 장악, 확보

참고 hold by 굳게 지키다
hold down (물가 등을) 억제하다
hold good 유효하다
hold on 계속하다, 견디다,
(전화 등을) 끊지 않고 기다리다
hold out 내밀다, 제공하다, 저항을 계속하다
on hold 통화하기를 기다리고, 보류 상태에서

holder
[hóuldər] 호울더r ■1440

명 소유자, 보유자, 케이스

참고 a record holder 기록 보유자

hole
[houl] 호울 ■1441

명 구멍, 틈, 결함, 함정

참고 blow a hole in ~에 손해를 입히다
every hole and corner 구석구석

holiday
[hálədèi] 할러데이 ■1442

명 휴일, 축일, 휴가

참고 make holiday 휴업하다

hollow
[hálou] 할로우 ■1443

형 속이 빈, 공허한

참고 hollow promises 빈 약속, 공약(空約)

holy
[hóuli] 호울리 ■1444

형 신성한, 경건한

참고 Holy Grail 성배

home
[houm] 호움 ■1445

명 자기 집, 가정, 고향
부 자기 집으로(나라로)

참고 find a home for
~에 어울리는 장소를 발견하다
from home 집(본국)을 떠나서
make oneself at home 편히 하다

homework
[hóumwə̀ːrk] 호움워-r크 ■1446

명 숙제, 집에서 하는 일

참고 do one's homework
숙제를 하다, 미리 충분히 준비하다

1447
honest
[ánist] 아니스트

🔵 형 정직한, 진실한, 정당한

참고 to be honest (with you)
(당신에게) 정직하게 말하면
honestly 정직하게

1448
honor
[ánər] 아너r

🔵 명 영예, 영광, 명성, 존경, 체면

참고 = honour
in honor of ~에 경의를 표하여, ~을 축하하여
with honor 훌륭히, 예의 바르게

1449
hook
[huk] 훅

🔵 명 갈고리, 훅

참고 get the hook 해고당하다
off the hook 책임(위기)을 벗어나

1450
hope
[houp] 호우프

🔵 동 바라다, 희망을 갖다 명 희망, 기대

참고 hope and pray 간절히 바라다
hopefully 희망을 가지고

1451
horizontal
[hɔ̀:rəzántl] 호-뤼잔틀

🔵 형 수평의, 수평선(지평선)의

참고 horizontal bar 철봉

1452
horn
[hɔ:rn] 호-r온

🔵 명 뿔, (음악)호른, 경적

참고 show one's horns 본성을 드러내다

1453
horror
[hɔ́:rər] 호-뤄r

🔵 명 공포, 전율

참고 a horror movie 공포 영화

horse ■1454
[hɔːrs] 호-r 쓰

명 말, 경주마

참고 horse and carriage 말 한 필이 끄는 마차
pay for a dead horse 헛돈을 쓰다

hospital ■1455
[háspitl] 하스피틀

명 병원

참고 go to the hospital 입원하다
leave the hospital 퇴원하다

host ■1456
[houst] 호우스트

명 주인, 호스트
형 (파티 등에서) 주인노릇을 하다

참고 be host to ~을 주최하다

hot ■1457
[hɑt] 핱

형 뜨거운, 열띤, 흥분한, 방금 들어온

참고 hot news 가장 새로운 뉴스
not so hot 별로 효과가 없는

hotel ■1458
[houtél] 호우텔

명 호텔, 여관

참고 run a hotel 호텔을 경영하다

hour ■1459
[áuər] 아우어r

명 한 시간, 시각

참고 after hours 근무시간 후에
on the hour 정시(正時)에
out of hours 근무시간 외에

house ■1460
[haus] 하우쓰

명 집, 주택, 가정, 가계, 집회장, 회관

참고 keep house 살림을 하다
the Houses of Parliament
(영국) 국회 의사당

household
[háushòuld] 하우스호울드

명 가족, 세대 **형** 가족의, 한 세대의

참고 household debt 가계 부채

housing
[háuziŋ] 하우징

명 주택공급, 주택건설

참고 the housing problem 주택 문제

how
[hau] 하우

부 어떻게, 어느 정도, 얼마나

참고 How about ~? ~은 어떻습니까?
how about ~ing
= what about ~ing ~하는 게 어떻습니까?

however
[hauévər] 하우에붜r

부 아무리~할지라도, 그렇지만

참고 However much it costs
~아무리 비싸더라도

huge
[hju:dʒ] 휴-쥐

형 거대한, 매우 큰

참고 huge amounts of money 엄청난 거액

human
[hjúːmən] 휴-먼

형 인간의, 인간적인 **명** 인간

참고 human affairs(issues) 인사(人事)

humor
[hjúːmər] ㅎ유-머r

명 유머, 익살, (일시적인)기분

참고 sense of humor 유머감각
out of humor 기분이 언짢아
humorous 재미있는, 유머러스한

hundred
[hʌ́ndrəd] 헌드뤄드

■1468

명 100(개) **형** 100의, 100개의

참고 by hundreds
= by the hundred(s) 수백씩, 많이
hundreds of 수백의

hungry
[hʌ́ŋgri] 헝그뤼

■1469

형 배고픈, 갈망하는

참고 feel hungry 허기를 느끼다
go hungry 굶주리다

hunt
[hʌnt] 헌트

■1470

동 사냥하다, 추적하다

참고 hunt down 몰아넣다, 추적하여 잡다
hunt up (숨어 있는 것을) 찾아내다

hunting
[hʌ́ntiŋ] 헌팅

■1471

명 사냥, 수색

참고 job hunting 일자리 구하기
headhunting 인재스카우트

hurry
[hʌ́ri] 허뤼

■1472

동 서두르다 **동** 서두름

참고 in a hurry 급히, 서둘러서
hurry up 서두르다

hurt
[həːrt] 허-r트

■1473

동 다치게 하다, 아프게 하다, 불쾌하게 하다

참고 feel hurt 불쾌하게 생각하다

hypothesis
[haipάθəsis] 하이파th써씨스

■1474

명 가설, 가정

참고 form a hypothesis 가설을 세우다

ice
[ais] 아이쓰
- 명 얼음, 아이스크림
- 참고 break the ice 긴장을 풀다, 돌파구를 열다

idea
[aidí:ə] 아이디-어
- 명 생각, 착상, 관념, 의견
- 참고 form an idea of ~을 마음속에 그리다
  man of ideas 아이디어가 풍부한 사람

ideal
[aidí:əl] 아이디-얼
- 형 이상의, 이상적인, 전형적인, 관념적인
- 명 이상, 이상적인 것(목표), 전형, 관념
- 참고 ideally 이상적으로, 더할 나위 없이, 관념적으로

identification
[aidèntəfikéiʃən] 아이덴터퓌케이션
- 명 동일함을 증명, 신분증명, 신원을 증명하는 것
- 참고 identical 동일한, 똑같은

identify
[aidéntəfài] 아이덴터퐈이
- 통 확인하다, 감정하다, 동일시하다
- 참고 identify oneself 자기 신분을 증명하다

identity
[aidéntəti] 아이덴터티
- 명 동일함, 동일성, 자신의 정체
- 참고 establish(prove, recognize) a person's identity 신원을 확인하다

ideology
[àidiálədʒi] 아이디알러쥐
- 명 이데올로기, 관념론
- 참고 ruling ideology 통치 이념

I

■1482
i.e.
[aii] 아이이-

명 즉, 다시말하면

참고 id est (that is)

■1483
ignore
[ignɔ́:r] 이그노-r

동 무시하다, 모른체하다

참고 ignorance 무지, 무학, 모름
Ignorance is bliss. 모르는 것이 약이다.

■1484
ill
[il] 일

형 병든, 틀린, 나쁜, 악한, 불길한

참고 ill at ease 불안한
speak(think) ill of
~을 나쁘게 말하다(생각하다)

■1485
illegal
[ilí:gəl] 일리-글

형 불법의

참고 illegally 불법적으로

■1486
illness
[ílnis] 일니쓰

명 병

참고 die of (an) illness 병사하다

■1487
illustrate
[íləstrèit] 일러스트뤠이트

동 설명하다, 삽화를 넣다

참고 illustration 삽화, 도해, 실례
in illustration of ~의 예증으로써

■1488
image
[ímidʒ] 이미쥐

명 상(像), 형태, 모습, 이미지

참고 image advertising 이미지 광고
image-building 이미지 형성

229

imagination ■1489
[imæ̀dʒənéiʃən] 이매쥐네이션

명 상상(력), 창작력

참고 impress the popular imagination 인기를 얻다

imagine ■1490
[imǽdʒin] 이매쥔

동 상상하다, 추측하다

참고 imaginary 상상의, 가상의

immediate ■1491
[imíːdiit] 이미-디잍

형 즉시의, 직접의

참고 immediately 곧바로, 인접하여

impact ■1492
[ímpækt] 임팩트

명 충돌, 충격, 영향

참고 impact on Korean economy 한국경제에 미치는 영향

impatient ■1493
[impéiʃənt] 임페이션트

형 참을 수 없는, 조급한, 몹시 하고 싶어 하는

참고 be impatient for ~이 탐나서 못 견디다
be impatient of ~을 못 견디다

imperial ■1494
[impíəriəl] 임피어뤼얼

형 제국의, 황제의, 품질이 좋은

참고 imperial tea 질 좋은 차

implement ■1495
[ímpləmənt] 임플러먼트

명 도구, 기구, 비품, 수단, 방법

참고 kitchen implements 부엌세간

I

■1496
imply
[implái] 임플라이

⑧ 함축하다, 암시하다, 의미하다, 포함하다

참고 implication 내포, 함축, 암시, 관련
by implication 함축적으로, 넌지시

■1497
import
[impɔ́:rt] 임포-rㅌ 명
[impɔ́:rt] 임포-rㅌ 동

명 수입, 수입품
동 수입하다, 가져오다, 뜻을 내포하다

참고 import tax 수입 관세

■1498
importance
[impɔ́:rtəns] 임포-r턴스

명 중요성, 중요 인물

참고 be of importance 중요하다
of no importance 보잘것없는

■1499
important
[impɔ́:rtənt] 임포-r턴트

형 중요한, 소중한, 유력한

참고 a very important person
= VIP 중요인물
importantly 중요하게

■1500
impose
[impóuz] 임포우즈

동 부과하다, 강요하다

참고 impose on(upon) 위압(강요)하다

■1501
impossible
[impásəbəl] 임파써블

형 불가능한

참고 nearly impossible
(= next to impossible) 거의 불가능한

■1502
impress
[imprés] 임프뤠스

동 깊은 인상을 주다, 감동시키다

참고 impressive 인상적인, 인상에 남는

impressed
[imprést] 임프뤠스트

형 깊은 인상을 받은

참고 be impressed by
~에 감동하다, 감명을 받다

impression
[impréʃən] 임프뤠션

명 인상, 감동, 감명, 느낌

참고 an agreeable impression 호감
make an impression on
인상을 주다, 감동시키다

improve
[imprúːv] 임프루-브

동 개선하다, 개량하다, 나아지다

참고 improve on 개량(개선)하다
improve in 좋아지다, 실력이 향상되다

improvement
[imprúːvmənt] 임프루-브먼트

명 개량, 개선, 향상

참고 technological improvement
기술의 진보

inability
[ìnəbíləti] 인어빌러디

명 무능, 무력

참고 ⇔ ability

inadequate
[inǽdikwit] 인애디퀕

형 부적당한, 불충분한

참고 ⇔ adequate

incentive
[inséntiv] 인쎈티브

형 격려하는, 자극적인, 유인하는

참고 incentive pay 장려금

I

inch ■1510
[intʃ] 인취

명 1인치, 소량

참고 by inches
= inch by inch 조금씩, 차츰
every inch 철두철미, 구석구석까지

incident ■1511
[ínsədənt] 인써던트

명 일어난 일, 사건

참고 without incident 무사히

include ■1512
[inklúːd] 인클루-드

동 포함하다, 포함시키다

참고 including ~을 포함하여

income ■1513
[ínkʌm] 인컴

명 수입, 소득

참고 earned(unearned) income
근로(불로) 소득

incorporate ■1514
[inkɔ́ːrpərèit]
인코-r퍼뤠이트

동 법인으로 만들다, 통합하다

참고 incorporated
법인조직의, 합병한, 유한책임의

increase ■1515
[inkríːs] 인크뤼-스 **동**
[ínkriːs] 인크뤼-스 **명**

동 늘리다, 늘다, 강해지다
명 증가, 증대, 증진

참고 on the increase 증가하여, 증대하여
increasingly 점점, 더욱더

indeed ■1516
[indíːd] 인디-드

부 실로, 참으로

참고 A friend in need is a friend indeed. 어려울 때의 친구가 참된 친구다.

1517
independence
[ìndipéndəns] 인디펜던스

명 독립, 자립

참고 declare one's independence
독립을 선언하다

1518
independent
[ìndipéndənt] 인디펜던트

형 독립한, 자주의, 자력의

참고 independent of ~으로부터 독립하여
independently 독립하여, 별개로

1519
index
[índeks] 인덱스

명 색인, 지표, 지수

참고 uncomfortable(discomfort) index
불쾌지수

1520
Indian
[índiən] 인디언

형 인도의, 인도사람의, 인디언의
명 인도사람, 인도어, 인디언

참고 India 인도

1521
indicate
[índikèit] 인디케이트

동 가리키다, 나타내다, 표시하다, 암시하다

참고 indicated 지시된, 표시된

1522
indication
[ìndikéiʃən] 인디케이션

명 지시, 표시, 징조

참고 give an indication of
~의 조짐을 보이다

1523
indicator
[índikèitər] 인디케이터r

명 지시자, 지표

참고 inflation indicator 인플레이션 지표

I

1524 indirect
[ìndərékt] 인더렉트

형 간접적인, 우회하는

참고 make an indirect allusion 넌지시 말하다
indirectly 간접적으로, 넌지시

1525 individual
[ìndəvídʒuəl] 인더뷔쥬얼

형 개인의, 개개의, 독특한 **명** 개인

참고 individual investors 개인 투자자

1526 indoor
[índɔ̀ːr] 인도-r

형 실내의

참고 indoor-outdoor 실내외 겸용의

1527 indoors
[índɔ̀ːrz] 인도-rz

부 실내에서

참고 stay(keep) indoors 외출하지 않다

1528 induce
[indjúːs] 인듀-스

동 설득하여 ~하게하다, 유발하다

참고 an induced current 유도 전류

1529 industrial
[indʌ́striəl] 인더스트뤼얼

형 공업의, 산업의

참고 industrial disputes 노동 쟁의
industrial diamonds 공업용 다이아몬드

1530 industry
[índəstri] 인더스트뤼

명 공업, 산업, 산업계

참고 key industries 기간산업

1531
inevitable [inévətəbəl] 인에붜더블

형 피할 수 없는, 부득이한

참고 inevitably 불가피하게

1532
infant [ínfənt] 인풘트

명 유아, 소아 형 유아의, 초기의

참고 an infant industry 신생 산업

1533
infect [infékt] 인풰트

동 감염시키다, 영향을 미치다

참고 infected 감염된, 오염된

1534
infection [infékʃən] 인풱션

명 전염, 감염

참고 infectious 전염성의, 옮기 쉬운
an infectious disease 전염병

1535
inflation [infléiʃən] 인f플레이션

명 부풀림, 통화팽창, 인플레이션

참고 annual inflation rate 연간 물가 상승률

1536
influence [ínfluəns] 인f플루언쓰

명 영향, 영향력, 세력, 세력가
동 영향을 미치다

참고 have influence on(upon)
~에 영향을 끼치다, 감화를 주다
have influence with(over)
~을 움직이는 힘이 있다

I

inform
[infɔ́ːrm] 인포-r옴
■1537

동 알리다, 통지하다

참고 be informed of ~을 통지받다

informal
[infɔ́ːrməl] 인포-r멀
■1538

형 비공식의, 격식을 차리지 않은, 평이한

참고 informal English 알기 쉬운 영어

information
[ìnfərméiʃən] 인f퍼r메이션
■1539

명 정보, 전달, 지식

참고 ask for information 문의하다
for your information 참고가 되도록

inherit
[inhérit] 인헤륕
■1540

동 상속하다, 물려받다

참고 an inherited quality 유전 형질(形質)

initial
[iníʃəl] 이니셜
■1541

형 처음의, 최초의, 머리글자의
명 머리글자

참고 initially 처음에

initiate
[iníʃièit] 이니쉬에이트
■1542

동 시작하다, 일으키다, 입문시키다

참고 initiate military service
군복무를 시작하다

initiative
[iníʃièitiv] 이니쉬에이디브
■1543

명 시작, 주도(권), 독창력, 발의권

참고 have the initiative 주도권을 쥐고 있다
take the initiative 솔선해서 하다

1544
injure
[índʒər] 인줘r

동 상처를 입히다, 훼손하다

참고 injurer 가해자

1545
injured
[índʒərd] 인줘r드

형 상처 입은, 감정이 상한

참고 the dead and the injured 사상자

1546
injury
[índʒəri] 인줘r뤼

명 상해, 부상, 손상

참고 be an injury to ~을 해치다

1547
ink
[iŋk] 잉크

명 잉크, 먹물

참고 red-ink 손실, 적자

1548
inner
[ínər] 이너r

형 내부의, 내적인, 은밀한

참고 the inner life 정신생활

1549
innocent
[ínəsnt] 이너쓴트

형 순진한, 순수한, 결백한

참고 play innocent 모르는 체하다

1550
innovation
[ìnəvéiʃən] 이너붸이션

명 혁신, 신제도

참고 an innovation – leading company 혁신 주도 기업

input
[ínpùt] 인풋 ■1551

명 입력, 투입

참고 input device (컴) 입력장치

inquire
[inkwáiər] 인콰이어r ■1552

동 묻다, 조사하다

참고 inquire after 안부를 묻다
inquire into 조사하다

inquiry
[inkwáiəri] 인콰이어뤼 ■1553

명 연구, 조사, 문의

참고 make inquiries 질문하다(about), 조사하다 (into)
on inquiry 물어 보니

insect
[ínsekt] 인쎅트 ■1554

명 곤충, 벌레

참고 insect pests 해충

insert
[insə́ːrt] 인써-r트 ■1555

동 끼워넣다, 삽입하다

참고 insertion 삽입, 끼워 넣기

inside
[ínsàid] 인싸이드 ■1556

전 ~안쪽에, 내부에
부 내부로, 옥내에서, 마음속으로
명 안 쪽, 내부
형 안쪽의, 비밀의

참고 inside out 뒤집어서, 구석까지 샅샅이
on the inside
안쪽 사정을 알 수 있는 위치에서, 남몰래

insight
[ínsàit] 인싸이트
■1557
명 통찰, 통찰력
참고 gain(have) an insight into ~을 간파하다

insist
[insíst] 인씨스트
■1558
동 주장하다, 우기다, 강요하다
참고 insistent 주장하는, 강요하는

inspection
[inspékʃən] 인스펙션
■1559
명 검사, 조사, 시찰
참고 make an inspection of 검사하다

inspector
[inspéktər] 인스펙터r
■1560
명 검사자, 검열관
참고 school inspector 장학사(관)

inspire
[inspáiər] 인쓰파이어r
■1561
동 고무하다, 고취하다, 영감을 불어넣다
참고 inspired 영감을 받은
inspiring 영감을 주는, ~한 감정을 일으키는

install
[instɔ́:l] 인쓰또-올
■1562
동 설치하다, 취임시키다
참고 install new software
새로운 소프트웨어를 설치하다

installation
[instəléiʃən] 인스털레이션
■1563
명 설치, 임명, 설비된 장치
참고 water installations 수리 시설

I

instance
[ínstəns] 인스턴스
■1564

명 실례, 사례

참고 for instance 예를 들면
in most instances 대개의 경우에는

instant
[ínstənt] 인스턴트
■1565

형 즉시의, 긴급한 **명** 순간, 찰나

참고 for an instant 잠시 동안, 일순간
in an instant 눈 깜짝할 사이에

instead
[instéd] 인쓰떼드
■1566

부 그 대신에

참고 instead of ~대신에, ~하지 않고

institute
[ínstətjù:t] 인스터튜-트
■1567

동 세우다, 설립하다, 제정하다, 시행하다
명 협회, 연구소

참고 Korea Development Institute
한국개발연구원(KDI)

institution
[ìnstətjú:ʃən] 인쓰터튜-션
■1568

명 제도, 시설, 기관, 학회

참고 a public institution 공공 기관

institutional
[ìnstətjú:ʃənəl] 인스터튜-셔널
■1569

형 제도상의, 기관의

참고 institutional advertisement
기업 이미지 부각을 위함을 위한 광고

instruction
[instrʌ́kʃən] 인쓰트뤡션
■1570

명 교수, 교육, 가르침, 지시, 명령

참고 give instructions to ~에게 지령하다

1571
instrument
[ínstrəmənt] 인스츠뤄먼트

명 기계, 기구, 악기

참고 financial instrument 금융기관

1572
insult
[insʌ́lt] 인썰트 **동**
[ínsʌlt] 인썰트 **명**

동 모욕을 주다 **명** 모욕, 무례

참고 add insult to injury
혼내 주고 모욕까지 하다, 설상가상으로

1573
insulting
[insʌ́ltiŋ] 인썰팅

형 모욕적인

참고 insulting remarks 모욕적인 언사

1574
insurance
[inʃúərəns] 인슈어뤈스

명 보험

참고 accident insurance 상해보험
insurance for life 종신 보험
life insurance 생명 보험

1575
integrate
[íntəgrèit] 인터그뤠이트

동 통합하다, 전체로 합치다

참고 integration 통합, 집성, 완성

1576
intellectual
[intəléktʃuəl] 인털렉튜얼

형 지적인, 총명한

참고 the intellectual class 지식 계급

1577
intelligence
[intélədʒəns] 인텔러쥔스

명 지능, 이해력, 지성, 정보(기관)

참고 an intelligent agent 첩보원
the Supreme Intelligence 신(神)

242

intelligent
[intélədʒənt] 인텔러젼트
■1578

형 지적인, 이해력이 뛰어난

참고 intelligent robot 지능형 로봇

intend
[inténd] 인텐드
■1579

동 ~할 작정이다, 의도하다

참고 intended 고의의, 의도된, 예정된

intense
[inténs] 인텐스
■1580

형 강렬한, 맹렬한

참고 intense debate 격렬한 논쟁

intent
[intént] 인텐트
■1581

명 의지, 의향, 의도 **형** 집중된, 열심인

참고 with evil(good) intent 악의(선의)로
with intent to ~할 목적으로

intention
[inténʃən] 인텐션
■1582

명 의향, 의도, 의지

참고 by intention 고의로
with the intention of ~ing ~할 작정으로

interaction
[ìntərǽkʃən] 인터랙션
■1583

명 상호작용

참고 cultural interaction 문화 교류

interest
[íntərist] 인터뤼스트
■1584

형 관심(사), 흥미, 이익, 이자, 중요성
흥미를 일으키다, 관계시키다

참고 in the interests of ~을 위하여
public interests 공익

interested
[íntəristid] 인터뤼스티드

형 흥미를 가진, 하고 싶어 하는

참고 be interested in ~에 흥미가 있다
be interested to ~하고 싶다

interesting
[íntəristiŋ] 인터뤼스팅

형 흥미있는

참고 an interesting result 흥미로운 결과

interfere
[ìntərfíər] 인터r퓌어r

동 간섭하다, 방해하다

참고 interfere with ~을 방해하다, 간섭하다

interim
[íntərim] 인터림

형 중간의, 임시의

참고 an interim government 임시 정부

interior
[intíəriər] 인티어뤼어r

명 내부, 실내장식, 내륙, 오지
형 안의, 내부의, 비밀의, 내륙의

참고 interior decoration 실내장식

internal
[intə́:rnl] 인터-r늘

형 내부의, 내면의, 국내의

참고 internal troubles 내분

international
[ìntərnǽʃənəl] 인터r내셔널

형 국제적인, 국제의

참고 International Olympic Committee
국제 올림픽 위원회(IOC)

Internet
[íntərnèt] 인터r넷

명 인터넷

참고 wireless Internet 무선 인터넷

interpret
[intə́ːrprit] 인터r프뤼트

동 해석하다, 통역하다, 이해하다

참고 interpretation 해석, 설명, 통역

interrupt
[ìntərʌ́pt] 인터뤞트

동 해석, 설명, 통역가로막다, 중단시키다

참고 interrupt a speaker 연설을 방해하다

interruption
[ìntərʌ́pʃən] 인터뤞션

명 중단, 방해, 중지

참고 without interruption 끊임없이

interval
[íntərvəl] 인터r벌

명 간격, 사이, 틈

참고 at intervals 띄엄띄엄, 때때로
in the interval 그 사이에

intervention
[ìntərvénʃən] 인터r뷀션

명 개입, 간섭, 중재

참고 armed intervention = intervention by arms 무력간섭

interview
[íntərvjùː] 인터r뷰-

명 회견, 인터뷰, 대담, 면접
동 회견하다, 면접하다, 인터뷰하다

참고 have(hold) an interview with ~와 회견하다

introduce
[ìntrədjúːs] 인트뤄듀-스 ■1599

동 안으로 들이다, 들여오다, 받아들이다, 소개하다, 발표하다

참고 introduce oneself 자기 소개를 하다

introduction
[ìntrədʌ́kʃən] 인트뤄덕션 ■1600

명 도입, 소개, 입문, 서론

참고 self-introduction statement 자기소개서

invasion
[invéiʒən] 인붸이젼 ■1601

명 침입, 침략, 침해

참고 make an invasion upon ~에 침입하다

invent
[invént] 인붼트 ■1602

동 발명하다, 고안하다, 조작하다

참고 invention 발명(품), 창안, 날조

invest
[invést] 인붸스트 ■1603

동 투자하다, 지출하다

참고 invested capital 투입 자본

investigate
[invéstəgèit] 인붸스터게이트 ■1604

동 조사하다, 수사하다

참고 investigation 조사, 연구, 수사
under investigation 조사 중

investment
[invéstmənt] 인붸스트먼트 ■1605

명 투자, 투자액

참고 make an investment in ~에 투자하다

I

1606
investor
[invéstər] 인붸스터r

명 투자자

참고 investor relations
투자가에 대한 홍보활동 (IR)

1607
invitation
[invətéiʃən] 인붜테이션

명 초대, 안내, 초대장

참고 at(on)the invitation of ~의 초대로
send out invitations 초대장을 보내다

1608
invite
[inváit] 인봐이트

동 초대하다, 이끌다, 권유하다

참고 inviting 초대하는, 마음을 끄는

1609
involve
[inválv] 인발브

동 포함하다, 관련시키다, 필요로 하다

참고 be involved in
~에 말려들어 있다, 깊이 관련되어 있다

1610
Iraqi
[irá:ki] 이롸-키

형 이라크 사람(말)의
명 이라크 사람(말)

참고 Iraq 이라크

1611
Irish
[áiriʃ] 아이뤼쉬

형 아일랜드(사람, 말)의
명 아일랜드 사람(말)

참고 Irish Republic 아일랜드 공화국

1612
iron
[áiərn] 아이어r언

명 철, 다리미
동 다림질하다, 수갑을 채우다

참고 (as) hard as iron 단단한, 엄격한
in irons 수갑(족쇄)을 차고

247

I

irritate
[írətèit] 이뤄테이트 ■1613

동 짜증나게 하다, 화나게 하다, 자극하다

참고 irritating 짜증나게 하는, 자극하는
irritated 신경질 난, 자극받은

island
[áilənd] 아일런드 ■1614

명 섬, 섬처럼 고립된 것

참고 a desert island 무인도

isle
[ail] 아일 ■1615

명 섬((詩)), 작은 섬

참고 the British Isles 영국제도

isolate
[áisəlèit] 아이썰레이트 ■1616

동 고립시키다, 분리하다

참고 isolation 고립, 고독, 분리
keep ~ in isolation ~을 분리시켜 두다

Israeli
[izréili] 이즈뤠일리 ■1617

형 이스라엘 사람의 명 이스라엘 사람

참고 Israel 이스라엘

issue
[íʃuː] 이슈- ■1618

명 유출, 발행(물), 결과, 논쟁점
동 발행하다, 유래하다, 결국 ~이 되다

참고 at issue 논쟁중의, 미해결의
make an issue of ~을 문제화하다

Italian
[itǽljən] 이탤리언 ■1619

형 이탈리아 (사람, 말)의,
명 이탈리아 사람(말)

참고 Italy 이탈리아

J

jacket
[dʒǽkit] 좨킽 ■1620

명 재킷, 상의

참고 a life jacket 구명대

jail
[dʒeil] 줴일 ■1621

명 감옥, 교도소

참고 break jail 탈옥하다

jam
[dʒæm] 쟴 ■1622

명 잼

참고 a bit of jam 유쾌한 것

January
[dʒǽnjuèri] 좨뉴에뤼 ■1623

명 1월

참고 약어 Jan

Japanese
[dʒæ̀pəníːz] 좨퍼니-즈 ■1624

형 일본의, 일본 사람(말)의
명 일본인(말)

참고 Japan 일본

jealous
[dʒéləs] 줼러스 ■1625

형 질투심이 많은, 시샘하는, 방심하지 않는

참고 be jealous of 시기하다

jeans
[dʒíːn] 쥐-인즈 ■1626

명 진으로 만든 의복류, 바지

참고 jeanswear 진웨어 (진으로 만든 평상복)

249

jelly
[dʒéli] 젤리 ■1627

명 젤리

참고 beat ~ to a jelly ~(누구)를 녹초가 되도록 두들겨 주다

jet
[dʒet] 젵 ■1628

명 분사, 분출, 제트기

참고 at a single jet 단숨에

jew
[dʒu:] 쥬- ■1629

명 유대인

참고 (as) rich as a Jew 큰 부자인

jewel
[dʒú:əl] 쥬-얼 ■1630

명 보석, 보석 같은 존재

참고 a jewel of ~보석과 같이 귀중한

Jewish
[dʒú:iʃ] 쥬-이쉬 ■1631

형 유대인의, 유대인 같은

참고 Jewish calendar 유대력

job
[dʒɑb] 잡 ■1632

명 일, 직무, 직업

참고 a bad job 난처한(어려운)상태, 실패
a good job 좋은 상태, 잘된 일
out of a job 실직하여

join
[dʒɔin] 조인 ■1633

동 결합하다, 합류하다, 가입하다

참고 join with the enemy 적과 손을 잡다

J

joint
[dʒɔint] 죠인트 ■1634

형 공동의, 합동의
명 이음매, 접합, 관절

참고 joint offense 공범
jointly 연대하여, 공동으로

joke
[dʒouk] 죠우크 ■1635

명 농담, 조크 동 농담하다, 장난치다

참고 as(for) a joke 농담 삼아서
be(go) beyond a joke
웃을 일이 아니다, 중요한 일이다

journal
[dʒə́:rnəl] 줘-r늘 ■1636

명 신문, 잡지, 기관지, 일지

참고 science journal Nature
과학저널 '사이언스'

journalist
[dʒə́:rnəlist] 줘-r늘리스트 ■1637

명 저널리스트, 보도기자

참고 photo journlist 사진기자

journey
[dʒə́:rni] 줘-r니 ■1638

명 여행, 여정

참고 make(take) a journey 여행을 하다
on a journey 여행 중에

joy
[dʒɔi] 죠이 ■1639

명 기쁨, 환희

참고 both in joy and in sorrow
기쁠 때나 슬플 때나
for joy 기뻐서

judge
[dʒʌdʒ] 저쥐 ■1640

명 판사, 심판관
동 재판하다, 심리하다, 판단하다

참고 (as) grave as a judge 자못 엄숙한
judging from ~으로 판단하건대

judicial
[dʒuːdíʃəl] 쥬-디셜 ■1641

형 사법의, 재판의

참고 a judicial power 사법권

juice
[dʒuːs] 쥬-스 ■1642

명 주스, 즙

참고 juicy 즙이 많은, 수분이 많은, 흥미 있는

July
[dʒuːlái] 쥬-울라이 ■1643

명 7월 (약어 Jul.)

참고 약어 Jul.

jump
[dʒʌmp] 쩜프 ■1644

동 뛰어오르다, 도약하다
명 도약, 비약, 급등

참고 jump in(into) ~에 뛰어들다
at a jump 일약, 한 번 뛰어

junction
[dʒʌŋkʃən] 정(ㅋ)션 ■1645

명 접합, 연합

참고 a junction station 환승역

June
[dʒuːn] 쥬-운 ■1646

명 6월

참고 약어 Jun.

junior
[dʒúːnjər] 쥬-니어r ■1647

명 손아래의, 연하의, 후배의
연소자, 후배, 아들

참고 junior college 2년제 대학

J

jurisdiction
[dʒùərisdíkʃən] 쥬어뤼스딕션

명 재판권, 사법권, 관할(권)

참고 have(exercise) jurisdiction over
~을 관할하다

jury
[dʒúəri] 쥬어뤼

명 배심, 배심원단

참고 on a jury 배심원으로서

just
[dʒʌst] 져스트

부 정확히, 바로, 이제 방금, 오로지
형 올바른, 정당한, 당연한

참고 just as ~와 꼭 마찬가지로, 마침 ~할 때
just as it is 있는 바로 그대로

justice
[dʒʌ́stis] 져스티스

명 정의, 공평, 정당, 사법, 재판

참고 administer justice 법을 집행하다
in justice to a person = to do a person justice ~을 공평하게 평하자면

justification
[dʒʌ̀stəfikéiʃən] 져스터퓌케이션

명 정당화

참고 in justification of ~을 정당화하기 위하여

justified
[dʒʌ́stəfàid] 져스터퐈이드

형 정당성이 증명된, 납득이 되는

참고 be justified in ~ing ~하는 것은 정당하다

justify
[dʒʌ́stəfài] 져스터퐈이

동 정당화하다, 정당함을 증명하다

참고 justify oneself
자기 행동의 정당성을 증명하다

253

keen
[kiːn] 키-인 ■1655

형 날카로운, 예리한, 예민한, 열심인

참고 be keen on ~에 열중하고 있다

keep
[kiːp] 키-잎 ■1656

동 보유하다, 계속하다, 유지하다

참고 keep from 금하다, 억제하다
keep in mind 명심하다
keep out 못 들어오게 하다, 막다

key
[kiː] 키- ■1657

명 열쇠, 실마리, 해답, (음악) 조(調)
형 기본적인, 중요한

참고 hold(have) the key of
(해결의) 열쇠를 거머쥐다

keyboard
[kíːbɔ̀ːrd] 키-보-r드 ■1658

명 건반, 자판, 키보드

참고 keyboard layout 자판 배열

kick
[kik] 킥 ■1659

동 차다, 걷어차다 명 차기, 킥

참고 kick off 걷어차다, (축구) 킥오프하다, 처음 차다

kid
[kid] 키드 ■1660

명 아이, 어린이, 새끼염소

참고 a new kid on the block
신출내기, 신참자

kill
[kil] 킬 ■1661

동 죽이다, 없애다

참고 kill or cure 죽기 아니면 살기로
kill oneself 자살하다
to kill 홀딱 반할 정도로, 멋지게, 대단히

K

killer
[kílər] 킬러r
■1662
명 살인자
참고 serial killer 연쇄 살인범

killing
[kíliŋ] 킬링
■1663
명 죽이는, 치명적인
참고 killing fields 대량 학살 현장

kilogram
[kíləgræ̀m] 킬러그램
■1664
명 킬로그램
참고 약어 kg ; 1,000g
= kilogramme, kilo

kilometer
[kilάmitər] 킬라미더r
■1665
명 킬로미터(약어 k, km)
참고 약어 km ; 1,000m
= kilometre

kind
[kaind] 카인드
■1666
명 종류, 종(種), 성질, 본질 **형** 친절한
참고 a kind of 일종의, ~같은 것(사람)
kind of 거의, 약간, 어느 쪽인가 하면

kindly
[káindli] 카인들리
■1667
부 친절하게, 상냥하게
참고 take (it) kindly
기꺼이 받아들이다, 선의로 해석하다

kindness
[káindnis] 카인드니스
■1668
명 친절, 상냥함
참고 have a kindness for ~에게 호의를 갖다
out of kindness 호의에서

king
[kiŋ] 킹 ■1669

명 왕, 군주, 거물

참고 the king of beasts 백수(百獸)의 왕 (사자)
the king of day 태양
the king of the castle 조직의 중심인물

kingdom
[kíŋdəm] 킹덤 ■1670

명 왕국, 왕토, 영역, 분야

참고 come into one's kingdom 권력을 잡다

kiss
[kis] 키쓰 ■1671

동 입 맞추다 **명** 입맞춤, 키스

참고 the kiss of death 죽음의 키스, 치명적인 행위(관계)
kiss and tell 비밀을 발설하다

kit
[kit] 킽 ■1672

명 도구 한 벌, 연장통

참고 first-aid kit 구급상자

kitchen
[kítʃən] 킽췬 ■1673

명 부엌, 주방

참고 kitchenware 부엌세간

knee
[niː] 니- ■1674

명 무릎, 무릎부분

참고 knee to knee 무릎을 맞대고, 나란히
on one's knees 무릎을 꿇고

knife
[naif] 나이프 ■1675

명 칼, 식칼, 나이프

참고 knife in the teeth 적의(敵意)
under the knife 수술을 받고

K

knit
[nit] 닡 ■1676

동 뜨다, 짜다, (눈살을)찌푸리다

참고 knitted 짠, 뜬
knitting 뜨개질, 접합, 밀착

knock
[nɑk] 낙 ■1677

동 두드리다, 부딪치다   명 노크, 타격

참고 knock down 때려눕히다

knot
[nɑt] 낱 ■1678

명 매듭, 고, 무리, 노트(속도 단위)

참고 cut the knot
현명한 판단으로 어려움을 돌파하다
in knots 삼삼오오

know
[nou] 노우 ■1679

동 알다, 알고 있다, ~에 정통하다

참고 as you know 아시다시피
for all I know 아마
know A from B A와 B를 구별하다
know how to ~에 능숙하다

knowledge
[nálidʒ] 날리쥐 ■1680

명 지식, 학식, 학문, 인식

참고 have some knowledge of
~을 다소 알고 있다

known
[noun] 노운 ■1681

형 알려진, 이미 알고 있는

참고 make known 알리다, 공표하다

label
[léibəl] 레이블 ■1682

명 라벨, 분류표시, 상표
동 라벨을 붙이다

참고 put a label on 라벨을 붙이다

labor
[léibər] 레이버r ■1683

명 노동, 애씀, 고역, 노동자

참고 = labour
be in labor 분만 중이다

laboratory
[lǽbərɔ̀:tri] 래버뤄토-뤼 ■1684

명 실험실, 연구실

참고 = lab
a language laboratory 어학 연습실

lack
[læk] 랙 ■1685

명 부족 **동** 필요로 하다, ~이 모자라다

참고 for lack of ~이 부족하여
lacking 부족한, 모자라서

lady
[léidi] 레이디 ■1686

명 여자, 숙녀, 부인, 귀부인

참고 the first lady 대통령 부인

lake
[leik] 레이크 ■1687

명 호수, 연못

참고 man-made lake 인공호수

lamp
[læmp] 램프 ■1688

명 등불, 램프

참고 pass(hand)on the lamp
지식(의 빛)을 후세에 전하다

L

land
[lænd] 랜드 ■1689

명 육지, 국토, 나라
동 상륙시키다, 상륙하다, 내리다

참고 by land 육로로
on land or at sea 세계 도처에서

landing
[lǽndiŋ] 랜딩 ■1690

명 상륙, 착륙

참고 emergency(forced) landing 불시착

landlord
[lǽndlɔ̀:rd] 랜드로-r드 ■1691

명 지주, 집주인

참고 landlady 안주인, 여주인, 여자지주

landscape
[lǽndskèip] 랜드스케이프 ■1692

명 풍경, 경치, 조망

참고 landscape painting 풍경화

lane
[lein] 레인 ■1693

명 좁은 길, 골목, 통로, 차선

참고 blind lane 막다른 골목
exclusive bus lanes 버스 전용 차선

language
[lǽŋgwidʒ] 랭귀쥐 ■1694

명 언어, 말

참고 in plain language 솔직히 말해서
spoken language 구어
written language 문어

large
[lɑ:rdʒ] 라-r쥐 ■1695

형 큰, 넓은

참고 at large 상세히, 충분히, 마음대로, 일반적으로
in (the) large 대규모로, 대체로, 일반적으로
largely 크게, 대부분

last
[læst] 래스트 ■1696

- 형 최후의, 최근의, 최상의
- 부 맨 나중에, 최근에
- 명 결말, 죽음　동 지속하다, 견디다

참고 at last 마침내, 드디어

late
[leit] 레이트 ■1697

- 형 늦은, 최근의, 죽은　부 늦게, 최근에

참고 of late 최근에(lately)
till late 늦게까지

later
[léitər] 레이터r ■1698

- 형 더 늦은, 더 나중의　부 뒤에, 나중에

참고 late의 비교급
later on 나중에
sooner or later 조만간

latest
[léitist] 레이디스트 ■1699

- 형 최신의, 최근의, 가장 늦은
- 명 최신 뉴스(유행)

참고 late의 최상급
at (the) latest 늦어도

Latin
[lǽtin] 래틴 ■1700

- 형 라틴어의, 라틴 사람의
- 명 라틴어, 라틴계 사람

참고 Latin America 라틴아메리카 (스페인어, 푸르투갈어를 사용하는 중남미 나라들)

latter
[lǽtər] 래터r ■1701

- 형 뒤의, 나중의, 후자의, 요즈음의

참고 late의 비교급
the latter half of this year 올 하반기

laugh
[læf] 래f프 ■1702

- 동 웃다, 흥겨워하다　명 웃음, 농담

참고 laugh at 웃다, 우스워하다, 비웃다
laugh out 폭소를 터뜨리다

260

laughter
[lǽftər] 래f프터r

명 웃음, 웃음소리

참고 burst into laughter 폭소를 터뜨리다

launch
[lɔːntʃ] 로-온취

동 진수시키다, 진출시키다, 착수하다
명 (배의)진수, 발사

참고 launch (out) into ~을 시작하다, 착수하다

law
[lɔː] 로-

명 법, 법칙, 법률, 법학

참고 be at law 소송(재판) 중이다
give the law to ~을 복종시키다

lawyer
[lɔ́ːjər] 로-여r

명 법률가, 변호사

참고 counselor, advocate, attorney 변호사

lay
[lei] 레이

동 두다, 놓다, 눕히다, 넘어뜨리다, 제시하다, 낳다

참고 lay down 계획을 세우다, 주장하다, 버리다
lay out 펼치다, 진열하다, (도시 등을) 설계하다

layer
[léiər] 레이어r

명 층, 쌓은 켜, 계획자

참고 ozone layer 오존 층

lazy
[léizi] 레이지

형 게으른, 나른한

참고 lazybones 게으름뱅이

lead
[liːd] 리-드 ■1710

- 동 이끌다, 인도하다, 안내하다
- 명 선도, 지휘, 앞섬

참고 lead off 시작하다, 개시하다
lead on (계속하여) 안내하다, 꾀다, 속이다

leader
[líːdər] 리-더r ■1711

- 명 지도자, 리더

참고 leadership 지도, 지도력, 지도자의 지위(임무)

leading
[líːdiŋ] 리-딩 ■1712

- 형 이끄는, 지도하는, 탁월한, 주요한

참고 leading indicator(s) 선행지표
leading motive 행위의 주된 동기

leaf
[liːf] 리-f프 ■1713

- 명 잎, 나뭇잎

참고 in leaf 잎이 나서
in full leaf 완전히 자란

league
[liːg] 리-그 ■1714

- 명 연맹, 리그, 동질의 그룹

참고 in league with 동맹(연합)하여

lean
[liːn] 리-인 ■1715

- 동 기대다, 의지하다

참고 lean against 비우호적이다
lean on 기대다, 의지하다

leap
[liːp] 리-잎 ■1716

- 동 껑충뛰다, 도약하다

참고 leap at 기꺼이 응하다
leap off 뛰어내리다

L

learn
[ləːrn] 러-r언 ■1717

동 배우다, 익히다

참고 learn ~ by heart 암기하다
learn to 하게 되다

learning
[láːrniŋ] 러-r닝 ■1718

명 배움, 학습, 학문

참고 a man of learning 학자

lease
[liːs] 리-쓰 ■1719

명 차용계약, 임대차 **동** 임대(임차)하다

참고 by(on)lease 임대(임차)로

least
[liːst] 리-스트 ■1720

형 가장 작은, 가장 적은
대명사 최소, 최소량(액)
부 가장 작게, 가장 적게

참고 at least 적어도, 어쨌든, little의 최상급

leather
[léðər] 레th더r ■1721

명 가죽, 가죽제품

참고 hell for leather 전속력으로

leave
[liːv] 리-브 ■1722

동 출발하다, 떠나다, 그만두다, 남겨두다

참고 leave off 그만두다, 금하다
leave out 생략하다, 제외하다

lecture
[léktʃər] 뤡춰r ■1723

명 강의, 강연, 훈계

참고 have(get) a lecture from 훈계를 듣다

left
[left] 레프트 ■1724

- 형 왼쪽의, 좌파의 부 왼쪽으로
- 명 왼쪽, 좌파

참고 on the left hand of ~의 왼쪽에

leg
[leg] 레그 ■1725

- 명 다리

참고 in high leg 의기양양하여
stand on one's own legs
혼자 힘으로 하다

legal
[líːgəl] 리-걸 ■1726

- 형 법률(상)의, 적법한

참고 legally 합법적으로

legislation
[lèdʒisléiʃən] 레쥐쓸레이션 ■1727

- 명 법률제정, 입법(행위)

참고 legislative 입법상의, 입법권이 있는
a legislative body 입법부

leisure
[líːʒər] 리-저 ■1728

- 명 여가, 자유 시간

참고 at leisure 서두르지 않고, 천천히
at one's leisure 한가한 때에

lemon
[lémən] 레먼 ■1729

- 명 레몬

참고 hand a person a lemon
(거래에서) ~을 속이다

lend
[lend] 렌드 ■1730

- 동 빌리다, 빌려주다, 제공하다

참고 lend itself to ~에 쓸모 있다, 적합하다
lend an ear 귀를 기울이다

L

length
[leŋkθ] 렝(ㅋ)th쓰

명 길이, 기간, 구간, 범위

참고 at great length 장황하게
at length 드디어, 마침내, 충분히

less
[les] 레쓰

형 보다 적은, 보다 작은
대명사 보다 적은 것(수, 양, 금액)
부 보다 적게, ~만 못하게

참고 more or less 얼마간, 다소(rather)

lesser
[lésər] 레써r

형 더욱 작은, 더욱 적은(가치나 중요성)

참고 lesser known 무명의, 덜 알려진, 생소한

lesson
[lésn] 레쓴

명 학과, 수업, 레슨, 교훈

참고 take(have) a violin lesson
바이올린 레슨을 받다

lest
[lest] 레스트

접 ~하지 않도록, ~하지 않을까

참고 lest ~ should

let
[let] 렡

동 시키다, ~하게하다, 빌리다, 세주다

참고 let alone ~은 말할 것도 없이
let go 놓아주다, 눈감아 주다

letter
[létər] 레더r

명 글자, 문자, 편지

참고 to the letter 문자 그대로, 엄밀히

level
[lévəl] 레벨 ■1738

명 수평, 높이, 수준
형 수평의, 같은 수준의

참고 on the level 공평하게, 정직하게

liability
[làiəbíliti] 라이어빌러디 ■1739

명 책임 있음, 책임, ~하는 경향이 있음

참고 liability insurance 책임보험

liable
[láiəbəl] 라이어블 ■1740

형 책임이 있는, 의무가 있는, ~하기 쉬운

참고 be liable to ~하기 쉬운

liberal
[líbərəl] 리버뤌 ■1741

형 자유주의의, 자유를 존중하는

참고 liberal democracy 자유 민주주의

liberty
[líbərti] 리버rㄷi ■1742

명 자유, 해방

참고 at liberty 자유로이, 마음대로
set at liberty 풀어 주다

library
[láibrèri] 라이브뤠뤼 ■1743

명 도서관, 도서실, 장서, 문고

참고 the Library of Congress
(미) 국회 도서관

license
[láisəns] 라이쎈스 ■1744

명 면허, 인가, 면허증

참고 under license 허가를 받고
= licence

L

lid ■1745
[lid] 리드
- 명 뚜껑, 눈꺼풀
- 참고 keep the lid on ~을 감추어 두다

lie ■1746
[lai] 라이
- 동 거짓말하다, 속이다 명 거짓말, 속임
- 참고 tell a lie 거짓말하다

lie ■1747
[lai] 라이
- 동 눕다, (~한 상태로)있다, ~에 위치하다
- 참고 lie down 눕다, 굴복하다
  lie in ~ 에 놓여 있다

life ■1748
[laif] 라이f프
- 명 생명, 수명, 목숨, 생활, 인생
- 참고 come to life 소생하다, 활기를 띠다
  for one's life 필사적으로

lifetime ■1749
[láiftàim] 라이f프타임
- 명 일생, 평생
- 참고 lifetime education system 평생 학습 제도

lift ■1750
[lift] 리f프트
- 동 들어 올리다, 향상시키다
- 명 올림, 들어 올림, 승진, 출세
- 참고 lift one's hand 맹세하다, 선서하다

light ■1751
[lait] 라이트
- 명 빛, 광선, 불꽃
- 형 밝은, 연한, 가벼운, 경쾌한
- 동 불을 켜다(켜지다), 밝아지다
- 참고 in (the) light of ~에 비추어서

lightly
[láitli] 라이들리 ■1752

부 가볍게, 경쾌하게

참고 Lightly come, lightly go.
쉽게 얻은 것은 쉽게 없어진다.

like
[laik] 라이크 ■1753

전 ~와 같이, ~처럼, ~할 것 같은
형 같은, 비슷한, ~와 닮은
동 ~하고 싶다 **접** 마치 ~처럼

참고 as you like 마음대로

likely
[láikli] 라이클리 ■1754

형 있음직한, ~할 것 같은
부 아마, 십중팔구

참고 as likely as not 아마

limit
[límit] 리밑 ■1755

명 한계 **동** 한계를 정하다, 제한하다

참고 The sky's the limit.
제한 없다, (내기에) 얼마든지 걸겠다.
to the limit 극단적으로, 최대한

limitation
[lìmətéiʃən] 리머테이션 ■1756

명 제한, 한정, 한도

참고 without limitation 무제한으로

limited
[límitid] 리미티드 ■1757

형 한정된, 좁은

참고 limited ideas 편협한 생각

line
[lain] 라인 ■1758

명 줄, 선, 노선

참고 in line with ~와 조화하여
in (the) line of duty 직무 중에

L

1759 link
[liŋk] 링크

- 명 고리, 고리 모양의 것, 연결된 것
- 동 연결하다
- 참고 link up with ~와 연결(연합, 동맹)하다

1760 lion
[láiən] 라이언

- 명 사자, 용맹한 사람
- 참고 like a lion 용맹스럽게
  lion's skin 허세, 호가호위(狐假虎威)

1761 lip
[lip] 립

- 명 입술, 입
- 참고 hang on a person's lips=hang on the lips of ~의 말에 귀 기울이다

1762 liquid
[líkwid] 리퀴드

- 명 액체, 유동체 형 액체의, 유동성의
- 참고 liquid assets 유동 자산

1763 list
[list] 리스트

- 명 목록, 일람표, 명부
- 동 목록에 올리다, 일람표를 만들다
- 참고 close the list 모집을 마감하다

1764 listen
[lísən] 리쓴

- 동 듣다, 귀 기울이다, 경청하다
- 참고 listen for 들으려고 귀를 기울이다
  listen in (라디오를)청취하다

1765 liter
[líːtər] 리-터r

- 명 리터
- 참고 약어 l ; 1,000 cc
  = litre

1766
literally
[lítərəli] 리더뤌리

- 부 글자 그대로, 사실상
- 참고 literal 문자의, 문자상의, 글자그대로의

1767
literary
[lítərèri] 리더뤠뤼

- 형 문학의, 문학적인
- 참고 a literary critic 문학 평론가

1768
literature
[lítərətʃər] 리더뤄쳐r

- 명 문학, 문예, 문헌
- 참고 light literature 대중 문학
  yellow-covered literature 저속 문학

1769
little
[lítl] 리틀

- 형 작은, 어린, 하찮은
- 대명사 조금, 얼마 쯤
- 부 거의 ~하지 않다, 전혀 ~않다
- 참고 some little 꽤 많은, 다소의

1770
live
[laiv] 라이브

- 형 살아있는, 생생한, 진짜의
- 부 생방송으로
- 참고 live-action 생중계의, 실황의

1771
live
[liv] 리브

- 형 살다, 살아있다, 생활하다
- 참고 live for ~을 위해 살다, 헌신하다
  live on ~을 먹고 살다
  live through 살아남다, 목숨을 부지하다

1772
lively
[láivli] 라이블리

- 형 생기 넘치는, 생생한
- 참고 be lively with ~으로 활기에 차 있다

L

living ■1773
[lívin] 리빙

- 형 살아 있는, 활기찬, 생활의
- 참고 in the land of the living 살아서

load ■1774
[loud] 로우드

- 명 적재화물, 짐, 부담 동 싣다, 태우다
- 참고 load up 짐을 잔뜩 싣다

loan ■1775
[loun] 로운

- 명 대부, 대여
- 참고 on loan 대부하여, 차입하여
  public(government) loan 공(국)채
  raise a loan 공채를 모집하다

local ■1776
[lóukəl] 로우컬

- 형 공간의, 지방의, 국부적인, 좁은
- 참고 local community 지역 사회
  locally 장소(위치)상으로, 지방적으로

locate ■1777
[lóukeit] 로우케이트

- 동 위치를 정하다, 위치를 알아내다
- 참고 locate oneself 위치를 차지하다
  located ~에 위치한

location ■1778
[loukéiʃən] 로우케이션

- 명 장소, 위치, 위치선정
- 참고 on location 야외촬영중이다

lock ■1779
[lak] 락

- 동 잠그다, 가두다, 고정시키다
- 명 자물쇠, 안전장치
- 참고 on(off) the lock 자물쇠를 채우고(채우지 않고)
  lock up 문을 닫다, 감금하다, 고정시키다

lodge
[lɑdʒ] 라쥐 ■1780

- 명 오두막집, 작은집, 지부
- 통 투숙하다, 묵다
- 참고 lodging 하숙, 숙박, 숙박소

log
[lɔ(:)g] 로-그 ■1781

- 명 통나무, 항해일지, (컴퓨터) 경과 기록
- 참고 (as) easy as rolling off a log 통나무 굴리듯이 아주 쉬운

logic
[lάdʒik] 라쥑 ■1782

- 명 논리학, 논리
- 참고 deductive(inductive) logic 연역(귀납)논리학

logical
[lάdʒikəl] 라쥐컬 ■1783

- 형 논리적인, 논리(학)상의
- 참고 logical thinking 논리적 사고

lonely
[lóunli] 로운리 ■1784

- 형 고독한, 고립된
- 참고 a lonely road 인적이 없는 길

long
[lɔ:ŋ] 로-옹 ■1785

- 형 긴, 오래 걸리는, 오래 계속되는
- 부 오래, ~동안 쭉, 멀리
- 참고 as long as ~만큼 오래, ~하는 동안
  for a long time 오랫동안
- 형 간절히 바라다, 동경하다
- 참고 long for 열망하다

look
[luk] 룩 ■1786

동 바라보다, 조사하다, ~으로 보이다
명 바라봄, 표정

참고 look at ~을 쳐다보다
look for ~ 을 찾다

loose
[lu:s] 루-쓰 ■1787

형 풀린, 느슨한, 치밀하지 못한

참고 break loose 속박에서 벗어나다
set loose (풀어) 놓아 주다
loosely 느슨하게, 대충

lord
[lɔ:rd] 로-ㄹ드 ■1788

명 주인, 지배자, 군주

참고 the Lord 하느님
live like a lord 호화롭게 살다

lose
[lu:z] 루-즈 ■1789

동 잃다, 놓쳐버리다, 지다

참고 lose heart 낙담하다
lose oneself in 몰두하다, 길을 잃다

loss
[lɔ(:)s] 로-쓰 ■1790

명 분실, 손실, 실패

참고 at a loss 당황하여, 어찌할 바를 몰라

lost
[lɔ(:)st] 로-쓰트 ■1791

형 잃은, 길을 잃은, 진, 빼앗긴, 죽은

참고 be(get) lost in thought 생각에 몰두하다
get lost 길을 잃다, 어찌할 바를 모르다

lot
[lɑt] 랕 ■1792

명 제비뽑기, 운명, 몫, 토지의 한 구획, 많음 **부** 대단히, 크게

참고 a lot of = lots of 많은

loud ■1793
[laud] 라우드

- 형 시끄러운, 큰 소리의 부 큰소리로
- 참고 loud and clear 분명하게, 강조하여
  loudly 큰소리로, 소리 높여

love ■1794
[lʌv] 러브

- 명 사랑, 연애 동 사랑하다, 좋아하다
- 참고 fall in love with 사랑에 빠지다
  for love 좋아하여, 무료로

lovely ■1795
[lʌ́vli] 러블리

- 형 사랑스러운, 귀여운
- 참고 have a lovely time 즐거운 시간을 보내다

lover ■1796
[lʌ́vər] 러붜r

- 명 연인, 애인, 애호자
- 참고 cat lover 고양이 애호가

low ■1797
[lou] 로우

- 형 낮은, 천한, 싼, 뒤떨어진,
- 부 낮게, 싸게
- 참고 feel low 우울하다
  bring low 몰락하게 하다

lower ■1798
[lóuər] 로우어r

- 동 낮추다, 떨어뜨리다
- 참고 lower oneself 고집을 꺾다, 굴복하다

loyal ■1799
[lɔ́iəl] 로이얼

- 형 충성스러운, 충실한
- 참고 loyalty 충성, 충절, 성실

luck
[lʌk] 럭 ■1800

명 운, 행운, 요행

참고 in(out of, off) luck 운이 좋아(나빠서)

lucky
[lʌ́ki] 럭키 ■1801

형 행운의, 운이 좋은

참고 a lucky day 길일(吉日)

luggage
[lʌ́gidʒ] 러기쥐 ■1802

명 수화물

참고 luggage locker 수화물 일시 보관함

lump
[lʌmp] 럼프 ■1803

명 덩어리, 한조각

참고 a lump of sugar 각설탕 1개
in(by)the lump 통틀어, 몽땅

lunch
[lʌntʃ] 런취 ■1804

명 점심

참고 lunch in(out) 집(밖)에서 점심을 먹다

lung
[lʌŋ] 렁 ■1805

명 폐, 허파

참고 have good lungs 목소리가 크다

luxury
[lʌ́kʃəri] 럭셔뤼 ■1806

명 사치, 사치품, 고급품

참고 luxury tax 특별소비세

machine ■1807
[məʃíːn] 머쉬-인

명 기계, 기계장치, 기구, 기관

참고 by machine 기계로

machinery ■1808
[məʃíːnəri] 머쉬-너뤼

명 기계류, 기계장치

참고 install machinery 기계를 설치하다

mad ■1809
[mæd] 매드

형 미친, 몹시 흥분한, 열광한

참고 (as) mad as mad 노발대발하여
go(run) mad 미치다

magazine ■1810
[mǽgəzíːn] 매거지-인

명 잡지, 창고

참고 a weekly(monthly) magazine 주간(월간) 잡지

magic ■1811
[mǽdʒik] 매짘

명 마법, 마술, 신비한 힘
형 마술의, 신비한

참고 as (if) by magic
= like magic 신기하게도

magistrate ■1812
[mǽdʒəstrèit] 매줘스트뤠이트

명 (사법권을 가진) 행정장관, 치안판사

참고 the Chief(First) Magistrate 원수, 대통령

magnificent ■1813
[mægnífəsənt] 매그니퓌쓴트

형 장대한, 웅장한

참고 magnificent view 장관

M

1814
mail
[meil] 메일

- 명 우편, 우편물
- 통 우송하다, 이메일로 보내다
- 참고 by mail 우편으로

1815
main
[mein] 메인

- 형 주요한, 주된
- 참고 for the main part 대부분은, 대체로
  mainly 주로, 대개는

1816
maintain
[meintéin] 메인테인

- 통 계속하다, 유지하다, 주장하다, 부양하다, 지지하다
- 참고 maintain one's family 가족을 부양하다

1817
maintenance
[méintənəns] 메인터넌스

- 명 지속, 유지, 보수, 부양, 주장
- 참고 car maintenance 차량정비

1818
major
[méidʒər] 메이줘r

- 형 큰 쪽의, 대부분의, 중요한, 주요한
- 참고 30 major conglomerates 30대 재벌

1819
majority
[mədʒɔ́(:)rəti] 머죠-뤄티

- 명 대부분, 대다수, 다수파, (이긴)득표차
- 참고 in the majority of cases 대개의 경우에

1820
maker
[méikər] 메이커r

- 명 제작자, 제조업자, 제조회사
- 참고 a trouble maker 말썽꾸러기, 문제아

make
[meik] 메이크 ■1821

동 만들다, 만들어내다, ~이 되다, ~하게하다 **명** 제작, 제조

참고 make believe ~인 체하다
make ~ from ~을 재료로 하여 만들다 (재료의 화학적 변화)
make ~ of ~으로 만들다 (재료의 물리적 변화)

make-up
[méikʌ̀p] 메이크엎 ■1822

명 조립, 구성, 화장, 분장

참고 heavy make-up 짙은 화장

male
[meil] 메일 ■1823

형 남자의, 남성적인, 수컷의
명 남성, 남자, 수컷

참고 male-dominated 남성 주도형의

mall
[mɔːl] 모-올 ■1824

명 쇼핑 몰, 쇼핑센터, 그늘진 산책로

참고 shopping mall 쇼핑 몰

man
[mæn] 맨 ■1825

명 남자, 사람, 인간

참고 a man of hands 손재주가 있는 사람
a man of letters 문필가

manage
[mǽnidʒ] 매니쥐 ■1826

동 잘 다루다, 조종하다, 그럭저럭 해내다, 경영하다

참고 manage to 가까스로 ~하다

M

■1827
management
[mǽnidʒmənt] 매니쥐먼트

- 명 조종, 처리, 경영, 관리, 경영진
- 참고 personnel management 인사 관리

■1828
manager
[mǽnidʒər] 매니쥐r

- 명 지배인, 경영(관리)자, 매니저
- 참고 a general manager 총지배인

■1829
manner
[mǽnər] 매너r

- 명 방법, 태도, 풍습, 예절
- 참고 in a manner 어떤 의미로는, 어느 정도는
  in no manner 결코 ~가 아닌

■1830
manual
[mǽnjuəl] 매뉴얼

- 형 손의, 손으로 만든
- 명 소책자, 취급 설명서, 안내서
- 참고 manual worker 육체노동자

■1831
manufacture
[mæ̀njəfǽktʃər] 매뉴풱춰r

- 동 제작하다, 제조하다
- 명 제조, 제조업, 제품
- 참고 manufacturer 제조업자, 생산자
  manufacturing 제조(공업)

■1832
many
[méni] 메니

- 형 많은, 다수의
- 대명사 많은 사람들, 많은 것
- 참고 as many 같은 수의, 동수의
  as many as 동수의, ~이나 되는

■1833
map
[mæp] 맵

- 명 지도
- 참고 off the map 잊혀진, 사라진, 중요하지 않은
  on the map 중요한, 유명한

March
[mɑːrtʃ] 마-r취
- 명 3월
- 참고 약어 Mar.

march
[mɑːrtʃ] 마-r취
- 동 행진하다, 나아가다, 행군시키다
- 명 행진, 진전
- 참고 march on 계속 행진하다

margin
[mάːrdʒin] 마-r쥔
- 명 가장자리, 한계, 여백, 여유, 이문
- 참고 by a narrow margin 아슬아슬하게
  marginal 가장자리의, 주변적인, 한계의

marine
[məríːn] 머뤼-인
- 형 바다의, 선박의, 해양무역의
- 명 해병대
- 참고 a marine chart 해도

mark
[mɑːrk] 마-r크
- 형 표, 기호, 점수, 흔적
- 명 ~에 표시를 하다, 기록하다, 채점하다
- 참고 have a mark on ~을 좋아하다
  man of mark 주요 인물

market
[mάːrkit] 마-r킽
- 명 시장, 매매, 거래
- 참고 at the market 시가로
  play the market 주식 투자를 하다

marketing
[mάːrkitiŋ] 마-r키딩
- 명 매매, 시장거래, 마케팅
- 참고 marketing research 시장조사

M

1841
marriage
[mǽridʒ] 매뤼쥐

명 결혼, 결혼식

참고 marriage of convenience 정략결혼

1842
married
[mǽrid] 매뤼드

형 결혼한

참고 get married to ~와 결혼하다

1843
marry
[mǽri] 매뤼

동 결혼하다, 결혼시키다, 결합시키다

참고 marry for money 돈을 보고 결혼하다
marry money 부자와 결혼하다

1844
mask
[mæsk] 매스크

명 탈, 가면, 위장

참고 under the mask of
~의 가면을 쓰고, ~을 핑계로

1845
mass
[mæs] 매쓰

명 큰 덩어리, 다량, 다수, 대중, 대부분
형 대량의, 대중의

참고 in a mass 하나로 합쳐서
in the mass 통틀어, 대체로

1846
massive
[mǽsiv] 매씨브

형 대량의, 대규모의, 큰 덩어리의

참고 massive job creation plan
대규모 일자리 창출 계획

1847
master
[mǽstər] 매스터r

명 주인, 지배자, 선생, 스승, 대가

참고 be master of ~의 소유자이다, ~에 정통하다
be master of oneself 자제하다

match
[mætʃ] 매취
■1848

명 어울리는 짝, 경쟁상대, 경기
동 어울리다, ~에 필적하다, 경쟁시키다

참고 be a match for ~에 필적하다
match up to 일치하다

mate
[meit] 메이트
■1849

명 상대, 짝, 동료
동 동료로 만들다, 짝지어주다

참고 go mates with ~와 동료가 되다

material
[mətíəriəl] 머티어뤼얼
■1850

형 재료, 물질, 자료
형 물질의, 구체적인, 중요한

참고 in a material way 구체적으로

mathematics
[mæ̀θəmǽtiks] 매 th써매딕스
■1851

명 수학

참고 = maths, math
applied mathematics 응용 수학

matter
[mǽtər] 매러r
■1852

명 물질, 재료, 문제, 사건, 중요한 일
동 문제가 되다, 중요하다

참고 (as) a matter of fact 사실상

mature
[mətjúər] 머츄어r
■1853

형 익은, 성숙한, 신중한

참고 mature market 성숙기에 이른 시장

maturity
[mətjúərəti] 머츄어뤄디
■1854

명 성숙, 완성, (어음의)만기

참고 come to(reach) maturity 성숙하다

maximum
[mǽksəməm] 맥써멈 ■1855

형 최대의, 최고의 명 최대, 최대량(수)

참고 maximum-security 가장 경계가 엄한

May
[mei] 메이 ■1856

형 5월

참고 the May of my life 나의 청춘
the Queen of (the) May
= MAY QUEEN 5월의 여왕

maybe
[méibi:] 메이비- ■1857

부 어쩌면, 아마

참고 (유의어) perhaps

mayor
[méiər] 메이어r ■1858

명 시장, 읍장, 면장

참고 a deputy mayor 부시(읍, 면)장

meal
[mi:l] 미-일 ■1859

명 식사, 한 끼니

참고 eat between meals 간식을 먹다
have(take) a meal 식사하다

mean
[mi:n] 미-인 ■1860

동 의미하다, 의미를 가지다,
~할 작정이다

참고 be meant to ~하기로 되어 있다

meaning
[mí:niŋ] 미-닝 ■1861

명 의미, 취지, 의의, 중요성

참고 with meaning 의미심장하게

means
[miːnz] 미-인즈 ■1862

명 방법, 수단, 재력, 재산

참고 by all means 반드시, 어떤 일이 있어도
by means of ∼에 의하여, ∼으로
by no means 결코 ∼이 아닌

meantime
[míːntàim] 미-인타임 ■1863

부 그 사이에, 그 동안에, 동시에,
명 그 동안

참고 for the meantime 우선, 당분간
in the meantime 그럭저럭하는 동안에

measure
[méʒər] 메줘r ■1864

동 측정하다, 평가하다
명 측정, 계량, 치수, 크기, 수단, 대책

참고 in a great(large) measure 상당히, 대부분
in a(some) measure 다소, 얼마간

measurement
[méʒərmənt] 메줘r먼트 ■1865

명 측량, 측정, 치수, 크기, 넓이

참고 the metric system of measurement 미터법

meat
[miːt] 미-트 ■1866

명 고기

참고 the meat of a story 이야기의 요점

mechanism
[mékənìzəm] 메커니즘 ■1867

명 기계(장치), 구조, 매커니즘

참고 mechanical 기계의, 기계적인

media
[míːdiə] 미-디어 ■1868

명 매스미디어, 대중매체

참고 media blitz 매스컴에 의한 대대적인 선전

M

medical
[médikəl] 메디컬
■1869
- 형 의학의, 의료의
- 참고 a medical certificate 진단서

medicine
[médəsən] 메더쓴
■1870
- 명 약, 의학
- 참고 take medicine 약을 복용하다

medieval
[mìːdíːvəl] 미-디이-벌
■1871
- 형 중세의
- 참고 medieval architecture 중세건축

medium
[míːdiəm] 미-디엄
■1872
- 형 중간의, 보통의
- 동 중간, 매개물, 매체, 수단
- 참고 by(through) the medium of ~의 매개로, ~을 통하여

meet
[miːt] 미-트
■1873
- 동 만나다, 접촉하다, 마주치다, 회견하다
- 참고 meet with ~을 겪다, ~와 (우연히) 만나다, 회담하다

meeting
[míːtiŋ] 미-딩
■1874
- 명 만남, 모임, 회합
- 참고 call a meeting 회의를 소집하다
  open a meeting 개회사를 하다

melt
[melt] 멜트
■1875
- 동 녹다, 녹이다, 누그러지다
- 참고 melt away 서서히 사라지다

1876
member
[mémbər] 멤버r

명 일원, 회원

참고 membership 회원자격(지위), 회원 수
have a large membership
회원 수가 많다

1877
memory
[méməri] 메머뤼

명 기억, 기억력, 추억, 기념(물)

참고 in memory of ~을 기념하여
to the memory of ~을 추모하여

1878
mental
[méntl] 멘틀

형 마음의, 정신의

참고 mentally 정신적으로

1879
mention
[ménʃən] 멘션

동 언급하다, ~라고 말하다

참고 not to mention ~은 말할 것도 없고
worth mentioning 특히 언급할 만한

1880
menu
[ménjuː] 메뉴-

명 식단표, 메뉴, 요리

참고 menu bar (컴) 메뉴 막대, 메뉴 바

1881
merchant
[mə́ːrtʃənt] 머-r춴트

명 상인, 소매상인

참고 merchant of death
죽음의 상인 (무기 제조회사, 무기상)

1882
mere
[miər] 미어r

형 단순한, 단지 ~에 불과한, 순전한

참고 mere nothing 아무 것도 아닌 것

M

1883
merely
[míərli] 미어r(을)리

튀 단지, 그저

참고 not merely ~ but (also)
~뿐만 아니라 ~도

1884
merger
[məːrdʒər] 머-r줘-

명 (기업의) 흡수, 합병

참고 giant merger 대형합병

1885
merit
[mérit] 메맅

명 장점, 우수성, 공적

참고 make a merit of
~을 자기 공로인양 자랑하다

1886
mess
[mes] 메쓰

명 엉망진창, 더러운 것, 혼란, 분규

참고 a mess (of ~) 다량의, 많은
in a mess
뒤죽박죽이 되어, 곤란에 빠져서, 당황하여

1887
message
[mésidʒ] 메씨쥐

명 전갈, 전언, 통신, 교훈

참고 get the message 진의를 파악하다

1888
metal
[métl] 메들

명 금속

참고 base metals 비(卑)금속 (구리·쇠·납 등)

1889
meter
[míːtər] 미-러r

명 1미터(100cm)

참고 = metre
metric 미터(법)의

287

method ■1890
[méθəd] 메 th쎄드

명 방법, 방식, 순서, 체계
참고 without method 체계가 없이 엉망으로

midday ■1891
[míddèi] 미드데이

명 정오의, 한낮의
참고 at midday 정오에

middle ■1892
[mídl] 미들

형 중앙, 중부, 중도
형 한가운데의, 중간의, 보통의
참고 in the middle of ~의 도중에, ~의 한가운데에

midnight ■1893
[mídnàit] 미드나잍

명 한밤중
참고 at midnight 한밤중에

mild ■1894
[maild] 마일드

형 온화한, 관대한, 따듯한, 순한
참고 mild weather 포근한 날씨

mile ■1895
[mail] 마일

명 마일(약 1.609km), 먼 거리
참고 miss by a mile 목표에서 완전히 벗어나다
run a mile 달아나다, 피하다

military ■1896
[mílitèri] 밀리테뤼

형 군의, 군대의
참고 military review 열병식

M

milk
[milk] 밀크
■1897

명 젖, 우유

참고 split milk 엎질러진 우유, 돌이킬 수 없는 일

mill
[mil] 밀
■1898

명 제분기, 분쇄기, 제분소, 제조공장

참고 draw water to one's mill 아전인수하다
go through the mill 시련을 겪다

milligram
[míligræm] 밀리그램
■1899

명 밀리그램 (1그램의 1/1000)

참고 = milligramme
약어 mg, 1그램의 1/1000

millimeter
[mílimìːtər] 밀리미–러r
■1900

명 (약어 mm) 밀리미터
(1미터의 1/1000)

참고 = millimetre
약어 mm, 1미터의 1/1000

million
[míljən] 밀리언
■1901

명 백만

참고 in a million 극히 드문, 최고의

mind
[maind] 마인드
■1902

명 마음, 정신, 사고방식
주의하다, 돌보다, 걱정하다

참고 keep ~ in mind 기억해 두다
make up one's mind 결심하다

mineral
[mínərəl] 미너럴
■1903

명 광물, 광석 형 광물의, 광물을 함유한

참고 miner 광부, 광산업자

minimum
[mínəməm] 미너멈 ■1904

형 최소의 **명** 최소, 최소(최저)한도

참고 to a minimum 최소한도로

minister
[mínistər] 미니스터r ■1905

명 성직자, 장관, 공사

참고 the Prime Minister 국무총리, 수상
ministry 내각, 성직자, 목사의 직무

minor
[máinər] 마이너 ■1906

형 작은, 보다 작은, 중요하지 않은

참고 a minor party 소수당

minority
[minɔ́:riti] 미노-뤄티
[mainɔ́:riti] 마이노-뤄티 ■1907

명 소수, 소수파

참고 minority shareholders 소액주주

minute
[mínit] 미닡 ■1908

명 분, 잠시, 순간, 메모, 각서

참고 (at) any minute 언제라도
up to the minute 최신의

mirror
[mírər] 미뤄r ■1909

명 거울, 본보기

참고 with mirrors 거울에 비추어

miss
[mis] 미쓰 ■1910

동 놓치다, 못 맞히다, 빠뜨리다
명 실수, 실패

참고 miss out 기회를 놓치다, 실패하다
miss one's way 길을 잃다

Miss
[mis] 미쓰
■1911

명 (미혼여성에 대해) ~양, ~씨, 아가씨

참고 미혼, 기혼을 가리지 않을 경우 Ms.(미즈)를 사용함

missile
[mísəl] 미썰
■1912

명 미사일

참고 a cruise missile 순항 미사일

missing
[mísiŋ] 미씽
■1913

명 있어야 할 곳에 없는, 행방불명의

참고 go missing 행방불명이 되다

mission
[míʃən] 미션
■1914

명 사절(단), 사명, 임무, 전도

참고 on a mission 임무를 띠고
a military mission 군사 사절단

mistake
[mistéik] 미쓰떼이크
■1915

명 잘못, 실수 **동** 틀리다, 잘못 생각하다

참고 beyond mistake 틀림없이
mistake A for B   A를 B로 오해하다

mistaken
[mistéikən] 미쓰떼이큰
■1916

형 잘못된, 틀린

참고 beyond mistake 틀림없이

mix
[miks] 믹쓰
■1917

동 섞다, 사이좋게 어울리다 **명** 혼합

참고 be mixed up 혼란해지다
mix like oil and water
기름과 물처럼 서로 어울리지 않다

mixed
[mikst] 믹쓰트
- 형 섞인, 혼성의
- 참고 mixed-up 혼란한, 정신착란의
  mixed-use 다목적 이용의

mixture
[míkstʃər] 믹쓰춰r
- 명 혼합, 혼합물
- 참고 without mixture 순수한

mobile
[móubi:l] 모우비-일
- 명 움직일 수 있는, 이동이 쉬운
- 참고 mobile phone 이동전화

mode
[moud] 모우드
- 명 양식, 형식, 방식
- 참고 a mode of living 생활양식

model
[mádl] 마들
- 명 모형, 모범, 모델
- 참고 make a model of ~을 본보기로 삼다

modern
[mádərn] 마더r언
- 형 근대의, 현대의, 현대식의
- 참고 modern dance 현대 무용

modest
[mádist] 마디스트
- 형 겸손한, 적당한, 삼가는
- 참고 modesty 겸손, 조심성, 정숙

M

modify ■1925
[mάdəfài] 마더퐈이

동 수정하다, 변경하다, (문법)수식하다

참고 modification 수정, 변경

molecule ■1926
[mάləkjùːl] 말러큐-울

명 (화학, 물리) 분자

참고 molecular 분자의, 분자로된

moment ■1927
[móumənt] 모우먼트

명 순간, 시기, 기회, 중요성

참고 at any moment 언제 라도
for a moment 잠시 동안

Monday ■1928
[mΛ́ndei] 먼데이

명 월요일 (약어 Mon.)

참고 Mondays 월요일 마다

monetary ■1929
[mάnətèri] 마너테뤼

형 화폐의, 통화의, 금융의

참고 a monetary reform 화폐개혁

money ■1930
[mΛ́ni] 머니

명 돈, 화폐, 재산

참고 put money into ~에 투자하다
put money on ~에 돈을 걸다

monitor ■1931
[mάnitər] 마니터r

명 충고자, 감독자, (학급의)반장, (컴)모니터, (방송)모니터 요원
동 감시하다, 모니터하다

참고 monitoring 감시, 관찰

293

monopoly ■1932
[mənápəli] 머나펄리

명 독점, 전매
참고 make a monopoly of ~을 독점하다

month ■1933
[mʌnθ] 먼th쓰

명 달, 월
참고 by the month 월세로

monthly ■1934
[mʌ́nθli] 먼th쓸리

형 매달의, 월 1회의, 한달 동안의
참고 a monthly magazine 월간 잡지

mood ■1935
[mu:d] 무-드

명 기분, 분위기, 변덕
참고 a man of moods 변덕꾸러기

moon ■1936
[mu:n] 무-운

명 달, 위성
참고 ask for the moon 무리한 요구를 하다

moral ■1937
[mɔ́(:)rəl] 모-럴

형 도덕의, 윤리상의, 도덕적인
참고 draw the moral 교훈을 얻다
morally 도덕적으로

more ■1938
[mɔ:r] 모-어r

형 더 많은, 더 큰, 그 이상의
대명사 보다 많은 양(수)
부 보다 많이, 보다 크게, 더욱 더
참고 more or less 다소간, 얼마간

M

1939
morning
[mɔ́ːrniŋ] 모-r닝

명 아침, 오전

참고 all (the) morning 아침(오전) 내내
in the morning 아침에, 오전에

1940
mortality
[mɔːrtǽləti] 모-r탤러디

명 죽어야할 운명(성질), 사망

참고 mortal
죽을 수밖에 없는 운명의, 인간의, 치명적인

1941
mortgage
[mɔ́ːrgidʒ] 모-r기쥐

명 저당, 저당 잡힘, 저당권, 주택융자

참고 hold a mortgage on ~을 저당잡고 있다

1942
most
[moust] 모우스트

형 가장 큰, 가장 많은, 대부분의
대명사 최대량(수), 최대한도, 대부분
부 가장, 매우, 대단히

참고 for the most part 대부분, 대개

1943
mother
[mʌ́ðər] 머th더r

명 어머니

참고 God's Mother = the Mother of God 성모 마리아

1944
motion
[móuʃən] 모우션

명 활동, 운동, 동작

참고 in motion 움직이고 있는, 운전 중의
make a motion(s) 몸짓으로 신호하다

1945
motive
[móutiv] 모우디브

명 동기, 동인

참고 an ulterior motive 속마음, 저의

motor
[móutər] 모우더r ■1946

명 전동기, 모터

참고 motorcycle 오토바이

mount
[maunt] 마운트 ■1947

동 오르다, 올라타다, 장치하다
명 오르기, 탈것, 언덕, 산

참고 mount a horse 말에 오르다

mountain
[máuntən] 마운튼 ■1948

명 산, 산맥

참고 have a mountain to climb
앞날이 험난하다
move mountains 기적을 행하다

mouse
[maus] 마우쓰 ■1949

형 생쥐, (컴)마우스

참고 (as) quiet as a mouse 아주 온순한
like a drowned mouse
물에 빠진 생쥐처럼, 초라한 몰골로

mouth
[mauθ] 마우th쓰 ■1950

명 입, 입술, 입구

참고 from mouth to mouth 입에서 입으로
with one mouth 이구동성으로

move
[mu:v] 무-브 ■1951

동 이동시키다, 움직이다, 감동시키다
명 움직임, 이동, 행동

참고 move in 끼어들다, 이사 오다
move on 계속 앞으로 나아가다

movement
[mú:vmənt] 무-브먼트 ■1952

명 움직임, 활동, (사회)운동

참고 the movement of the age
시대의 동향, 풍조

M

movie
[múːvi] 무-뷔
■1953

명 영화, 영화관

참고 go to the movies 영화 보러 가다
movie theater 영화관

moving
[múːviŋ] 무-빙
■1954

형 움직이는, 움직이게 하는, 감동시키는

참고 a moving spirit 주동자, 중심인물

Mr.
[mister] 미스터r
■1955

명 (남자 성명, 직책 앞에 붙여) ~씨, ~님, ~군, ~귀하

참고 Mr. President 대통령 각하
Mr. Speaker 의장님

Mrs.
[misiz] 미씨즈
■1956

명 (결혼한 여성 혹은 그 남편의 이름 앞에) ~부인, ~씨, ~여사

참고 Ms. (= Ms)
(여성이 기혼인지 미혼인지 가리지 않고)
~씨, ~님

much
[mʌtʃ] 머취
■1957

형 많은, 다량의, 다액의
대명사 많은 것, 다량, 많음
부 매우, 크게

참고 as much ~ as ~ ~와 같은 정도의
much more 훨씬 더 많이, 더군다나

297

mud
[mʌd] 머드 ■1958

명 진흙, 진창, 시시한 것

참고 stick in the mud
진창에 빠지다, 궁지에 몰리다

multiply
[mʌ́ltəplài] 멀터플라이 ■1959

형 증가시키다, 늘리다, 곱하다

참고 multiple 복합의, 다수의

murder
[mə́ːrdər] 머-r더r ■1960

명 살인 **동** 죽이다, 살해하다

참고 murder in the first degree
(미국) 제1급살인

murmur
[mə́ːrmər] 머-r머r ■1961

명 중얼거림, 희미한 소리

참고 without a murmur 불평 한마디 없이

muscle
[mʌ́səl] 머쓸 ■1962

명 근육, 근력, 힘, 압력

참고 not move a muscle 꼼짝도 하지 않다

museum
[mjuːzíːəm] 뮤-지-엄 ■1963

명 박물관, 미술관, 기념관

참고 the National Museum of Korea
국립중앙박물관

music
[mjúːzik] 뮤-직 ■1964

명 음악, 음악 작품, 악보

참고 folk music 민속 음악
musician 음악가, 연주가

musical
[mjúːzikəl] 뮤-지컬
■1965

형 음악의, 음악적인
명 음악극(영화), 뮤지컬

참고 be of a musical turn 음악에 재능이 있다

mutter
[mʌ́tər] 멑어r
■1966

동 중얼거리다, 속삭이다

참고 mutter against ~에게 불평을 말하다

mutual
[mjúːtʃuəl] 뮤-츄얼
■1967

형 서로의, 상호의

참고 mutual fund 뮤추얼 펀드
mutual savings bank 상호저축은행

mystery
[místəri] 미쓰터뤼
■1968

명 신비, 불가사의, 비밀, 추리소설

참고 make a mystery of ~을 비밀로 하다
mysterious 신비한, 수수께끼같은

myth
[miθ] 미th쓰
■1969

명 신화, 전설

참고 the Greek myths 그리스 신화

nail
[neil] 네일
■1970

명 손톱, 발톱, 못, 징

참고 (as) hard as nails 튼튼한, 냉혹한
to the(a) nail 철저하게, 끝까지

naked
[néikid] 네이키드
■1971

형 벌거숭이의, 적나라한, 있는 그대로의

참고 naked ape 벌거벗은 원숭이, 인간
the naked heart 진심

name
[neim] 네임
■1972

명 이름, 명성 **통** 이름붙이다, 지명하다

참고 by the name of ~이라는 이름으로
in one's own name 자기 명의로, 독립하여

namely
[néimli] 네임리
■1973

부 즉, 다시 말하면

참고 = that is to say

narrow
[nǽrou] 내로우
■1974

형 폭이 좁은, 부족한, 한정된, 편협한, 간신히 이룬

참고 a narrow man 생각이 좁은 사람
in a narrow sense 좁은 의미로

nasty
[nǽsti] 내스티
■1975

형 더러운, 역겨운, 불쾌한

참고 a nasty trick 비열한 술책

nation
[néiʃən] 네이션
■1976

명 국민, 국가

참고 the Western nations 서방 국가들

N

national ■1977
[nǽʃənəl] 내셔늘

- 명 국민의, 국가의, 국가적인, 전국적인
- 참고 a national enterprise 국영 기업
  nationalist 민족주의자, 국가주의자

native ■1978
[néitiv] 네이디브

- 형 출생지의, 타고난, 그 지방 고유의, 모국어를 하는
- 참고 native and foreign 국내외의

natural ■1979
[nǽtʃərəl] 내춰럴

- 형 자연의, 있는 그대로의, 당연한
- 참고 an natural enemy 천적

naturally ■1980
[nǽtʃərəli] 내춰럴리

- 부 자연히, 타고나기를, 당연히
- 참고 come naturally to ~에게 아주 수월하다

nature ■1981
[néitʃər] 네이춰r

- 명 자연, 자연계, 본질
- 참고 by nature 날 때부터, 본래
  in nature 사실상

navy ■1982
[néivi] 네이뷔

- 명 해군
- 참고 navy blue 짙은 감색

near ■1983
[niər] 니어r

- 형 가까운, 친한, 닮은
- 부 가까이, 이웃하여
- 전 ~가까이에, ~할 무렵
- 참고 near escape (touch) 위기일발, 구사일생

301

nearly
[níərli] 니어r올리
■1984

부 거의, 매우 가까이, 하마터면

참고 not nearly 도저히(결코) ~아니다

neat
[niːt] 니-트
■1985

형 산뜻한, 깔끔한, 솜씨가 좋은

참고 a neat solution 깔끔한 해결책
neatly 산뜻하게

necessary
[nésəsèri] 네써쎄뤼
■1986

형 필요한, 필연적인

참고 if necessary 필요하다면
necessarily 필연적으로, 반드시

necessity
[nisésəti] 니쎄서디
■1987

명 필수품, 필연, 필요, 필요성

참고 by necessity 필연적으로, 부득이
of necessity 필연적으로

neck
[nek] 넥
■1988

명 목

참고 bend one's neck to ~에 굴복하다
neck of the bottle 가장 힘든 시기

need
[niːd] 니-드
■1989

동 ~을 필요로 하다, ~할 필요가 있다
조동사 ~할 필요가 있다
명 요구, 필요, 결핍, 궁핍

참고 in need of ~ ~을 필요로 하다

needle
[níːdl] 니-들
■1990

명 바늘

참고 (as) sharp as a needle
매우 예민한, 빈틈이 없는

N

negative ■1991
[négətiv] 네거디브

형 부정적인, 거부하는, 소극적인

참고 negative campaign
주로 상대후보 공격에 집중하는 선거운동

neglect ■1992
[niglékt] 니글렉트

동 무시하다, 방치하다, (의무를)게을리 하다

참고 negligence 태만, 부주의

negotiate ■1993
[nigóuʃièit] 니고우쉬에이트

동 협상하다, 교섭하다

참고 negotiator 협상자, 교섭자

negotiation ■1994
[nigòuʃiéiʃən] 니고우쉬에이션

명 협상, 절충

참고 be in negotiation with ~와 협상 중이다
under negotiation 협상 중

neighbor ■1995
[néibər] 네이버r

명 이웃, 이웃사람, 동료

참고 = neighbour
next-door neighbor 옆집 사람

neighborhood ■1996
[néibərhùd] 네이버r훋

명 근처, 이웃, 이웃 주민(지역)

참고 = neighbourhood
in the neighborhood of
~의 근처에, 대략

neither ■1997
[níːðər] 니-th더r

형 어느 쪽의 ~도 ...아니다
대명사 어느 쪽도 ~아니다
부 ~도 ~도 아니다

참고 neither A nor B A와 B 모두 아니다

nephew
[néfjuː] 네f퓨-
■1998

명 조카, 생질

참고 niece 조카딸, 질녀

nerve
[nəːrv] 너-r브
■1999

명 신경, 신경질, 신경과민, 담력, 용기

참고 a war of nerves 신경전
be all nerves 신경이 몹시 예민한 상태이다

nervous
[nə́ːrvəs] 너-r붜스
■2000

형 신경의, 신경질의, 신경과민의

참고 feel nervous about ~을 걱정하다
nervously 신경질적으로, 초조하게

nest
[nest] 네스트
■2001

명 보금자리, 둥지
동 둥지를 짓다, 편안하게 자리 잡다

참고 feather one's nest (부정하게) 돈을 모으다

net
[net] 네트
■2002

명 그물, 올가미, 인터넷

참고 cast a net 그물을 던지다

network
[nétwəːrk] 네트워-r크
■2003

명 망상조직, 방송망, 네트워크

참고 an integrated logistics network
통합 물류망

never
[névər] 네붜r
■2004

부 일찍이(한번도) ~한 적이 없다, 결코 ~않다

참고 It **never** rains but it pours.
비가 오기만하면 퍼붓는다.

N

2005
nevertheless
[nèvərðəlés] 네붜r th털레쓰

부 그럼에도 불구하고

참고 (유의어) none the less, for all that

2006
new
[nju:] 뉴-

형 새로운, 최근의, 신선한

참고 newly 최근에, 새로이

2007
news
[nju:z] 뉴-즈

명 새 소식, 뉴스

참고 make news 신문에 날 일을 하다

2008
newspaper
[njúːzpèipər] 뉴-즈페이퍼r
[njúːspèipər] 뉴-쓰페이퍼r

명 신문

참고 write for a newspaper 신문에 기고하다

2009
next
[nekst] 넥스트

형 다음의, 다음에 오는, 바로 옆의
대명사 다음 사람(것), 옆의 것
부 다음에, 옆에

참고 next to ~다음에, ~옆에

2010
nice
[nais] 나이쓰

형 좋은, 기분 좋은, 유쾌한

참고 nicely 좋게, 훌륭하게

2011
niece
[niːs] 니-쓰

명 조카딸, 질녀

참고 nephew 조카, 생질

night
[nait] 나이트 ■2012

명 밤, 어둠

참고 all night (long)
= all the night through 밤새도록
over night 다음날 아침까지

nightmare
[náitmɛ̀ər] 나잍메어r ■2013

명 악몽

참고 nightmarish 악몽 같은

no
[nou] 노우 ■2014

형 ~이 없는, 하나도 ~없는, 조금도 ~없는
부 아니, 아니오, 결코 ~않는

참고 no longer = not any longer 이제 더 이상 ~아니다

nobody
[nóubʌdi] 노우바디 ■2015

대명사 아무도 ~않다

참고 = no one
nobody's fool 보기보다 똑똑한 사람
nobody else 그 밖에 아무도 ~않다

nod
[nad] 나드 ■2016

동 (머리를) 끄덕이다, 인사하다
명 끄덕임, 묵례

참고 give the nod 승인하다
get the nod 승인되다, 선발되다

noise
[nɔiz] 노이즈 ■2017

명 소리, 소음

참고 a big noise (경멸의 뜻으로) 명사(名士), 거물
make a noise 떠들어대다

N

noisy
[nɔ́izi] 노이지 ■2018

형 시끄러운

참고 noisily 시끄럽게, 요란하게

none
[nʌn] 넌 ■2019

대명사 아무도 ~않다, 조금도 ~않다

참고 none the less 그럼에도 불구하고

nonsense
[nάnsens] 난쎈스 ■2020

명 무의미한 말, 허튼 소리(짓)

참고 make (a) nonsense of ~을 망쳐놓다

normal
[nɔ́ːrməl] 노-r멀 ■2021

형 정상의, 표준의, 보통의
명 정상, 표준, 기준

참고 normal curve (통계학) 정규곡선
normally 정상적으로

north
[nɔːrθ] 노-r th쓰 ■2022

명 북, 북쪽, 북부 형 북쪽의
부 북쪽으로

참고 in the north of ~의 북부에
on the north of ~의 북쪽에 접하여

northern
[nɔ́ːrðərn] 노-r th더r언 ■2023

형 북쪽에 있는, 북쪽의

참고 northern Seoul 서울 북부

nose
[nouz] 노우즈 ■2024

명 코, 후각

참고 win(lose) by a nose
근소한 차이로 이기다(지다)

not
[nɑt] 낱 ■2025

부 ~아니다, ~없다

참고 not at all 조금도 ~않다, 전혀 ~아니다
not only A but also B
= B as well as A A뿐만 아니라 B도

notably
[nóutəbli] 노우더블리 ■2026

부 현저하게, 두드러지게

참고 notable 주목할 만한, 현저한, 저명한

note
[nout] 노우트 ■2027

명 기록, 메모, 주석, 원고, 주목, 주의, 지폐
통 적어두다, 주목하다

참고 make a note of 필기하다
make note of (연설 등의) 원고를 만들다

nothing
[nʌ́θiŋ] 나th씽 ■2028

대명사 아무것도 ~하지 않음
통 무, 존재하지 않는 것

참고 nothing but 단지, 겨우

notice
[nóutis] 노우디스 ■2029

명 통지, 통보, 주의, 주목
통 통지하다, 주목하다, 알아채다

참고 give notice of ~의 통지를 하다
take notice of ~에 주의하다

noticeable
[nóutisəbəl] 노우디써블 ■2030

형 눈에 띠는, 주목할 만한

참고 noticeable change 현저한 변화

N

notion
[nóuʃən] 노우션
■2031

명 관념, 개념, 생각

참고 have a (good) notion of
~을 (잘) 알고 있다

novel
[nával] 나블
■2032

명 소설

참고 a historical novel 역사 소설

November
[nouvémbər] 노우뷈버r
■2033

명 11월

참고 약어 Nov.
on November 1 11월 1일에

now
[nau] 나우
■2034

부 지금, 당장, 현재

참고 even now 지금도, 아직도
from now on 지금부터는, 앞으로는
now and again 이따금

nowhere
[nóuhwɛ̀ər] 노우ㅎ웨어r
■2035

부 아무데도 ~없다

참고 be(come in) nowhere
(경기에서) 입상하지 못하다, 실패하다

nuclear
[njúːkliər] 뉴-클리어r
■2036

형 핵의, 원자력의, 핵무기의

참고 go nuclear 핵보유국이 되다

N

number ■2037
[nʌ́mbər] 넘버r

형 수, 숫자, 번호, 다수

참고 약어 No., no.
a great(large) number of 다수의, 많은
a number of 얼마간의, 다수의

numerous ■2038
[njúːmərəs] 뉴-머뤄쓰

형 다수의, 수 많은

참고 a numerous army 대군

nurse ■2039
[nəːrs] 너-r쓰

명 간호사, 유모, 보모

참고 nurse-child 수양아들(딸)

nursery ■2040
[nə́ːrsəri] 너-r써뤼

명 육아실, 탁아소

참고 nursery rhyme 자장가

nut ■2041
[nʌt] 넛

명 견과, 어려운 문제

참고 a hard nut to crack
처치 곤란한 문제(사람)

O

oak ■2042
[ouk] 오우크

명 오크, 오크 재, 오크 제품

참고 oak office furniture
오크재(材) 사무용가구

obey ■2043
[oubéi] 오우베이

동 복종하다, 따르다

참고 obedience 복종, 순종
blind obedience 맹종

object ■2044
[ábdʒikt] 아브쥐크트 명
[əbdʒékt] 어브쮀크트 동

명 물건, 대상 동 반대하다, 항의하다

참고 for that object 그것을 목표로

objection ■2045
[əbdʒékʃən] 어브쮁션

명 반대, 반감

참고 have an objection to ~에 이의가 있다
make (take) an objection to
~에 이의를 제기하다

objective ■2046
[əbdʒéktiv] 어브쮁티브

명 목적, 목표
형 목표의, 객관적인, 사실에 근거한

참고 long-term objective 장기적인 목표
objective evidence 객관적인 증거

observation ■2047
[àbzərvéiʃən] 아브저r붸이션

명 관찰, 관측, 관찰력, 주목

참고 keep observation on ~을 주시하다
under observation 감시 하에

observe ■2048
[əbzə́ːrv] 어브저-r브

동 지키다, 준수하다, 관찰하다,
알아차리다, ~이라고 말하다

참고 observer 관찰자, 감시자, 입회인, 옵서버

311

obtain
[əbtéin] 어브테인
■2049

동 손에 넣다, 획득하다

참고 obtain a license 면허를 따다

obvious
[ábviəs] 압뷔어쓰
■2050

형 명백한, 명확한, 알기 쉬운, 노골적인

참고 obviously 명백하게

occasion
[əkéiʒən] 어케이젼
■2051

명 경우, 때, 기회, 이유, 근거

참고 for the occasion 임시로
on(upon) occasion 수시로, 때때로

occasional
[əkéiʒənəl] 어케이져널
■2052

형 때때로의, 가끔의, 임시의

참고 occasionally 때때로, 이따금, 가끔

occupation
[àkjəpéiʃən] 아큐페이션
■2053

명 직업, 점유, 거주, 점령

참고 military occupation 군사 점령

occupy
[ákjəpài] 아큐파이
■2054

동 차지하다, 전념하다, ~에 종사하다

참고 occupy oneself by(with) ~ing ~몰두하다
be occupied with ~에 종사하다

occur
[əkə́ːr] 어커-r
■2055

동 일어나다, 생겨나다

참고 occur to 생각이 떠오르다

O

2056
ocean
[óuʃən] 오우션

명 대양, 해양

참고 the Atlantic Ocean 대서양
the Pacific Ocean 태평양

2057
o'clock
[əklák] 어클락

부 ~시

참고 of the clock의 단축형

2058
October
[ɑktóubər] 악토우버r

명 10월

참고 약어 Oct.
in October 10월에

2059
odd
[ɑd] 아드

형 이상한, 기묘한, 홀수의, 이따금의

참고 at odd times 이따금씩, 때때로

2060
oddly
[ádli] 아들리

부 기묘하게, 이상하게, 홀수로

참고 oddly enough 이상한 이야기지만

2061
offend
[əfénd] 어펜드

동 기분을 상하게 하다, 성나게 하다, (법을)위반하다

참고 offensive 무례한, 모욕적인, 공격적인

2062
offender
[əféndər] 어펜더r

명 범죄자, 위반자

참고 a first offender 초범자
an old (a repeated) offender 상습범

offense
[əféns] 어휀쓰 ■2063

🟢 공격, 무례, 모욕, 위반

📘 = offence
a minor offense 경범죄
capital offense 사형죄

offer
[ɔ́(:)fər] 오퍼r ■2064

🟢 제공하다, 제출하다, 제의하다, (어떤 값으로) 내놓다
🟢 제공, 제출, 제의, 오퍼, 매매제의

📘 make an offer 제의하다

office
[ɔ́(:)fis] 오-퓌쓰 ■2065

🟢 사무실, 직무, 공직, 관직

📘 enter (upon) office 공직에 취임하다
take office 취임하다

officer
[ɔ́(:)fisər] 오-퓌써r ■2066

🟢 장교, 고급선원, 공무원, (회사의)간부

📘 military officer 육군 장교
a public officer 공무원

official
[əfíʃəl] 어퓌셜 ■2067

🟢 공(公)의, 공무의, 공식의
🟢 공무원, (회사, 단체의)임원, 직원

📘 an official record 공인 기록
officially 공무상, 공식으로

often
[ɔ́:fən] 오f픈 ■2068

🟢 자주, 종종

📘 more often than not 자주, 대개
not often 드물게

oil
[ɔil] 오일 ■2069

🟢 기름, 석유

📘 oil and water 서로 어울리지 않는 것(사람)
smell of the oil 애쓴 흔적이 엿보이다

314

O

old
[ould] 오울드 ■2070

형 나이 먹은, 낡은, 노년의, 노련한, ~살의

참고 for an old song 헐값으로
old-fashioned 구식의, 유행에 뒤진

once
[wʌns] 원쓰 ■2071

부 이전에, 한때, 한 차례, 일단 ~하면
접 일단 ~하면, ~하자마자

참고 once upon a time 옛날 옛적에
at once 동시에, 당장

one
[wʌn] 원 ■2072

형 한 사람의, 하나의, 어떤, 같은
명 1, 하나, **대명사** 하나, 한 개, 한사람, 한쪽의 것, 세상사람, 누구나

참고 one after another
잇따라, 차례로, (셋이상이)서로서로
one after the other 교대로, 서로 번갈아
one another 서로

oneself
[wʌnsélf] 원쎌프 ■2073

대명사 자기 자신을, 자기 자신에게, (강조) 몸소, 스스로

참고 by oneself 자기 혼자서, 혼자 힘으로
for oneself 자기를 위하여
in oneself 원래, 그 자체는
of oneself 저절로, 자기 스스로

onion
[ʌ́njən] 어니언 ■2074

명 양파

참고 know one's onions 자기 일에 능하다

only
[óunli] 오운리
- 형 유일한, 단지 ~뿐인
- 부 오직, 단지 ~일뿐

참고 have only to do
= only have to do ~하기만 하면 되다

open
[óupən] 오우픈
- 형 열린, 공개된
- 동 열다, 개시하다, 공개하다

참고 be open to ~에 노출되어 있는
openly 공공연하게, 숨김없이

opening
[óupəniŋ] 오우프닝
- 명 열기, 개방, 개시 형 시작의, 개시의

참고 an opening address(speech) 개회사

opera
[ápərə] 아퍼뤄
- 명 오페라, 가극

참고 opera house 오페라극장, 극장

operate
[ápərèit] 아퍼뤠잍
- 동 작동하다, 작용하다, 수술하다, 다루다, 경영하다, 군사작전을 하다

참고 operating 수술의(에 필요한), 경영의(에 필요한), 조작(운전)상의

operation
[àpəréiʃən] 아퍼뤠이션
- 명 작용, 운전, 작동, 수술, 군사행동

참고 in operation 운전 중, 활동 중, 시행 중
put into operation 실시(시행)하다

operator
[ápərèitər] 아퍼뤠이더r
- 명 (기계, 설비 등의) 조작자, 수술자, 경영자

참고 mobile operator 이동통신사업자

O

2082
opinion
[əpínjən] 어**피**니언

명 견해, 의견, 평가

참고 a matter of opinion
서로 의견이 갈리는 문제
in the opinion of ~의 의견으로는

2083
opponent
[əpóunənt] 어**포**우넌트

형 반대하는, 대립하는

참고 a worthy opponent 만만치 않은 상대

2084
opportunity
[àpərtjúːnəti] 아퍼r**튜**-너디

명 기회

참고 have an (the) opportunity for(of)
~ing ~할 기회가 있다
take an(the) opportunity 기회를 포착하다

2085
oppose
[əpóuz] 어**포**우즈

동 ~에 반대하다, ~에 대항하다

참고 opposing 반대되는, 대립하는

2086
opposed
[əpóuzd] 어**포**우즈드

형 반대의, 대립된

참고 be opposed to
~에 반대이다, ~과 대립하다

2087
opposite
[ápəzit] 아퍼지트

형 반대편의, 마주보고 있는
부 반대 위치에, 맞은편에
명 반대의 것, 적수, 상대
전 ~의 맞은편에

참고 on the opposite side 반대쪽에

opposition
[àpəzíʃən] 아퍼지션 ■2088

명 반대, 적대, 저항

참고 in opposition 야당의
in opposition to ~에 반대하여

option
[ápʃən] 앞션 ■2089

명 선택권, 선택할 수 있는 것

참고 at one's option ~의 마음대로
have no option but to do
~하는 수밖에 없다

oral
[ɔ́:rəl] 오-릴 ■2090

형 구두의, 구술의, 입의

참고 an oral test 구술시험

orange
[ɔ́(:)rindʒ] 오륀쥐 ■2091

명 오렌지 **형** 오렌지의, 오렌지색의

참고 peel an orange 오렌지 껍질을 벗기다

order
[ɔ́:rdər] 오-r더r ■2092

명 순서, 차례, 서열, 질서, 명령, 주문
동 명령하다, 주문하다, 정리(정돈)하다

참고 in order to ~하기 위해서
out of order 부적절한, 고장난

ordinary
[ɔ́:rdənèri] 오-r더네뤼 ■2093

형 보통의, 평범한

참고 in the ordinary way
보통은, 여느 때 같이

organ
[ɔ́:rgən] 오-r건 ■2094

명 (파이프)오르간, 기관(器官), 기관(機關)

참고 an intelligence organ 정보기관

O

organic ■2095
[ɔːrgǽnik] 오-r개닉
- 형 생물의, 기관(器管)의, 유기적인
- 참고 organic farming 유기 농업

organize ■2096
[ɔ́ːrgənàiz] 오-r거나이즈
- 동 조직하다, 체계화하다
- 참고 organization 조직, 조직체, 단체

organized ■2097
[ɔ́ːrgənàizd] 오-r거나이즈드
- 형 조직화된, 유직적인
- 참고 organized crime 조직범죄

origin ■2098
[ɔ́ːrədʒin] 오-뤄쥔
- 명 기원, 발단, 원인, 태생
- 참고 country of origin labeling 원산지 표시

original ■2099
[ərídʒənəl] 어뤼줘늘
- 형 최초의, 본래의, 특이한, 독창적인
- 명 원형, 원문, 원서, 독창적인 사람
- 참고 original sin (신학)원죄
  originally 원래, 처음에는, 독창적으로

other ■2100
[ʌ́ðər] 어th더r
- 형 다른, 그 밖의
- 대명사 다른 것(사람), 그 밖의 것(사람)
- 참고 each other 서로
  on the other hand 한편으로는

otherwise ■2101
[ʌ́ðərwàiz] 어th더r와이즈
- 부 만약 그렇지 않으면, 다른 방법으로, 다른 점에서
- 참고 and otherwise 그 밖에, 기타

2102
outcome
[áutkʌm] 아웉컴

명 결과, 성과

참고 the outcome of this election 이번 선거의 결과

2103
outdoor
[áutdɔ̀ːr] 아웉도-어r

형 집밖의, 옥외의

참고 outdoors 문밖에서, 옥외에서

2104
outer
[áutər] 아우더r

형 밖의, 외부의, 변두리의

참고 outer space 우주공간

2105
outline
[áutlàin] 아웉라인

동 ~의 윤곽을 그리다,
명 윤곽, 약도, 개요

참고 give an outline of ~의 개요를 말하다
in outline 개략의, 윤곽으로 나타낸

2106
output
[áutpùt] 아웉풑

명 생산, 산출, 생산물

참고 industrial output 산업생산

2107
outside
[àutsáid] 아웉싸이드

명 바깥쪽, 외관, 표면
형 바깥쪽의, 외부의, 표면상의
전 ~의 밖에, ~밖으로, ~의 범위를 넘어
부 밖에, 외부에

참고 on the outside 외관상, 겉으로

O

outstanding ■2108
[àutstǽndiŋ] 아울스탠딩

- 형 눈에 띄는, 탁월한, 미해결의
- 참고 an outstanding grade 뛰어난 성적

oven ■2109
[ʌ́vən] 어븐

- 명 솥, 가마, 오븐
- 참고 in the same oven 같은 처지

overall ■2110
[óuvərɔ̀:l] 오우붜로-올

- 형 전체에 걸친, 종합적인
- 부 전반적으로, 끝에서 끝까지
- 참고 over all 전체에 걸쳐, 전체적으로

overcome ■2111
[òuvərkʌ́m] 오우붜r컴

- 동 극복하다, 이겨내다
- 참고 overcome many difficulties 온갖 어려움을 이겨내다

overlook ■2112
[òuvərlúk] 오우붜r(을)룩

- 동 내려다보다, 감시하다, 돌보다, 간과하다, 눈감아주다
- 참고 overlook a fault 잘못을 눈감아 주다

overnight ■2113
[óuvərnàit] 오우붜r나이트

- 형 밤을 새는, 하룻밤사이의, 일박의
- 참고 an overnight millionaire 벼락 부자

overseas ■2114
[óuvərsí:z] 오우붜r씨-즈

- 형 해외의, 해외로부터의, 국제적인
- 참고 overseas trade 해외무역

owe
[ou] 오우 ■2115

동 빚지고 있다, ~의 덕택이다

참고 owe A to B
A는 B 덕분이다
owing to ~ 때문에

own
[oun] 오운 ■2116

형 자기 자신의, 독특한, 자신이 하는
대명사 자신의 것, 자신의 가족
동 소유하다, 인정하다

참고 of one's own 자기 소유의
on one's own 스스로, 혼자 힘으로

owner
[óunər] 오우너r ■2117

명 임자, 소유자

참고 ownership 소유권

oxygen
[ɑ́ksidʒən] 앜씨젼 ■2118

명 산소

참고 biochemical(biological) oxygen demand
생화학적(생물학적) 산소요구량 (BOD)

P

pace
[peis] 페이쓰 ■2119

명 걸음, 걸음걸이, 걷는 속도, 보폭

참고 keep(hold) pace with ~와 보조를 맞추다

pack
[pæk] 팩 ■2120

동 짐을 꾸리다, 채워 넣다
명 짐, 꾸러미

참고 pack off 해고하다, 쫓아내다
pack up 짐을 꾸리다, 포장하다

package
[pǽkidʒ] 패키쥐 ■2121

명 꾸러미, 소포, 일괄
동 포장하다, 일괄하다

참고 package deal 일괄 교섭

packaging
[pǽkidʒiŋ] 패키징 ■2122

명 포장, 짐 꾸리기

참고 packaging box 수소용 포장 상자

packet
[pǽkit] 패킽 ■2123

명 한 묶음, 한 다발, 소포

참고 sell ~ a packet ~에게 거짓말하다

page
[peidʒ] 페이쥐 ■2124

명 (약어 p) 페이지, 쪽, 면

참고 page by page 한 페이지씩
take a page from the book 모방하다

pain
[pein] 페인 ■2125

명 고통, 아픔, 고생

참고 pains and penalties 형벌
painful 아픈, 고통스러운

paint
[peint] 페인트 ■2126

- 명 그림물감, 페인트, 도료
- 동 그리다, 페인트칠하다, 묘사하다
- 참고 paint in 그려 넣다
  paint it red 기사를 선정적으로 쓰다

painter
[péintər] 페인터r ■2127

- 명 화가, 페인트공
- 참고 a lady painter 여류화가

painting
[péintiŋ] 페인팅 ■2128

- 명 그림그리기, 채색, 그림
- 참고 ceiling painting 천장화
  wall painting 벽화

pair
[pɛər] 페어r ■2129

- 명 (두개로 된)한 쌍, 한 벌, 한 쌍의 남녀
- 참고 a pair of shoes 구두 한 켤레
  another pair of shoes 별개 문제

palace
[pǽlis] 팰리쓰 ■2130

- 명 궁전, 궁궐
- 참고 palace guard 근위병

pale
[peil] 페일 ■2131

- 형 창백한, 희미한, 엷은
- 참고 look pale 안색이 좋지 않다

palm
[pɑ:m] 파－암 ■2132

- 명 손바닥
- 참고 read a person's palm ~의 손금을 보다

P

pan
[pæn] 팬 ■2133

명 납작한 냄비, 오븐용 접시

참고 a frying pan 프라이 팬
pots and pans 취사도구

panel
[pǽnl] 패늘 ■2134

명 (건축)패널, 네모꼴의 물건, 토론자단, 심사원단

참고 on the panel 토론자단(심사원단)에 참가하여

panic
[pǽnik] 패닉 ■2135

명 돌연한 공포, 공황

참고 in (a) panic 공포에 싸여
get into a panic 공황 상태에 빠지다

pants
[pænts] 팬츠 ■2136

명 바지, 팬티

참고 in long pants 어른이 되어
in short pants 아직 미숙한

paper
[péipər] 페이퍼r ■2137

명 종이, 벽지, 신문(지), 서류, 논문, 어음, 수표

참고 on paper 서류상으로

paragraph
[pǽrəgræf] 패뤄그래f프 ■2138

명 절, 단락

참고 an editorial paragraph
(신문의) 짧은 논평

parallel
[pǽrəlèl] 패뤌렐 ■2139

형 평행의, 나란한, 같은 방향의, 유사한

참고 in parallel ~와 병행하여, 동시에

325

pardon
[páːrdn] 파ー르든 ■2140

명 용서, 허용, 사면
동 용서하다, 사면하다

참고 ask for pardon 용서를 구하다

parent
[pɛ́ərənt] 페어뤈트 ■2141

명 어버이, 선조

참고 our first patrents 아담과 이브

parish
[pǽriʃ] 패뤼쉬 ■2142

명 교구, 본당, 교회의 신도

참고 parish church (영국)교구교회

park
[pɑːrk] 파ー르크 ■2143

명 공원, 유원지, 경기장, 주차장
동 주차시키다, 두다, 두고 가다

참고 an amusement park 유원지
park oneself (어떤 곳에) 잠시 앉다

parliament
[páːrləmənt] 파ー르알러먼트 ■2144

명 의회, 국회, 하원

참고 한국국회 the National Assembly

parliamentary
[pùːrləméntəri] 파ー르알러멘츠뤼 ■2145

형 의회의, 의회에서 제정한

참고 parliamentary language
의회에서 쓰는 말

part
[pɑːrt] 파ー르트 ■2146

명 일부, 부분, 요소, 역할

참고 great part of ~의 대부분
for the most part 대부분, 대체로
take part in ~에 참가하다

P

2147
partial
[pɑ́ːrʃəl] 파-r셜

형 일부분의, 부분적인, 불공평한

참고 ⇔ impartial 공정한

2148
participate
[pɑːrtísəpèit] 파-r티써페이트

동 참가하다, 관여하다

참고 participate in a conversation
대화에 참가하다
participant 참가자

2149
participation
[pɑːrtìsəpéiʃən]
파-r티써페이션

명 참가, 참여, 관여

참고 participation sport 참가 스포츠

2150
particle
[pɑ́ːrtikl] 파-r디클

명 극소량, 극히 작은 조각, 미립자

참고 an elementary particle 소립자

2151
particular
[pərtíkjələr] 퍼r티큘러r

형 특별한, 특정한, 개별적인, 상세한

참고 a particular report 상세히 기술한 보고서
particularly 특히, 각별히, 상세히

2152
partly
[pɑ́ːrtli] 파-r들리

부 부분적으로, 어느 정도는

참고 partly because 일부는 ~이유 때문에

2153
partner
[pɑ́ːrtnər] 파-r드너r

명 상대, 짝, 동료, 협력자, 배우자

참고 lifetime partner 평생 배필

partnership
[páːrtnərʃip] 파-r드너r쉽 ■2154

명 공동, 협력, 제휴

참고 in partnership with ~와 협력하여

party
[páːrti] 파-r디 ■2155

명 파티, 모임, 일행, 정당

참고 give(have) a party 파티를 열다

pass
[pæs] 패쓰 ■2156

동 지나가다, 통과하다, 합격하다

참고 come to pass 발생하다, 실현되다
pass for ~으로 통한다
pass through 경험하다, 겪다

passage
[pǽsidʒ] 패씨쥐 ■2157

명 통행, 통과, 경과, (인용한) 한 구절

참고 a bird of passage 철새, 방랑자
on passage (배가) 항해 중인

passenger
[pǽsəndʒər] 패썬줘r ■2158

명 승객, 여객

참고 passenger list 승객명부

passing
[pǽsiŋ] 패씽 ■2159

명 통과, 경과, 가결, 합격
형 지나가는, 눈앞의, 일시적인, 합격의

참고 in passing ~하는 김에

passion
[pǽʃən] 패션 ■2160

명 열정, 격정, 열망

참고 have a passion for ~을 매우 좋아하다

P

2161
passport
[pǽspɔ̀:rt] 패쓰포-r트

명 여권, 패스포트, 허가증, 수단
참고 issue a passport 여권을 발급하다

2162
past
[pæst] 패스트

형 지나간, 과거의
명 과거, 지나간 일
전 ~을 지나서, ~을 넘어서
부 지나서, 지나쳐서

참고 in past years
= in years past 지난 몇 해 동안에
in the past 여태까지, 과거에

2163
patch
[pætʃ] 패취

명 헝겊조각, 반창고, 단편, 파편
참고 in patches 부분적으로, 군데군데

2164
path
[pæθ] 패th쓰

명 길, 작은 길, 경로
참고 beat a path 길을 내다, 쇄도하다(to)

2165
patience
[péiʃəns] 페이션쓰

명 인내, 참을성, 끈기
참고 have no patience with ~을 참을 수 없다

2166
patient
[péiʃənt] 페이션트

명 환자, 병자,
형 인내심이 강한, 참을성 있는

참고 patient zero (미국) 에이즈환자 1호

pattern
[pǽtərn] 패더r언 ■2167

명 무늬, 모양, 패턴, 본보기, 모범

참고 after the pattern of ~을 본떠

pause
[pɔ:z] 포-즈 ■2168

동 중단하다, 잠시 멈추다 **명** 중지, 중단

참고 in(at) pause 중지하여
without pause 쉬지 않고, 주저 없이

pay
[pei] 페이 ■2169

동 빚을 갚다, 대금을 치르다, 지불하다, ~에게 이익을 주다
명 지불, 지급, 급료, 임금

참고 pay in 은행에 입금하다
pay off 전액을 지불하다, 해고하다

payment
[péimənt] 페이먼트 ■2170

명 지불, 지급, 납부, 상환, 보수

참고 make payment 지불하다

peace
[pi:s] 피-쓰 ■2171

명 평화, 화평, 평온

참고 at peace 평화롭게, 사이 좋게

peaceful
[pí:sfəl] 피-쓰풜 ■2172

형 평화로운, 평화적인, 평온한

참고 peaceful coexistence 평화공존

P

peak ■2173
[piːk] 피-크

명 끝, 첨단, 산꼭대기, 절정

참고 peak experience 신비체험

peasant ■2174
[pézənt] 페즌트

명 농부, 촌사람

참고 a poor peasant 영세 농민

peer ■2175
[piər] 피어r

동 자세히 들여다보다
명 동등(대등)한 사람

참고 without a peer 비길 데 없는

pen ■2176
[pen] 펜

명 펜, 문장, 문체, 작가

참고 drive a pen 쓰다

penalty ■2177
[pénəlti] 페널티

명 형벌, 처벌, 벌금

참고 pay the penalty 벌금을 내다

pencil ■2178
[pénsəl] 펜쓸

명 연필, 연필모양의 것

참고 pencil sharpener 연필깎개

penny ■2179
[péni] 페니

명 1페니(영국의 화폐)

참고 (약어 p) 복수형 pennies, pence
not worth a penny 한 푼의 가치도 없다

2180
pension
[pénʃən] 펜션

명 연금

참고 live on one's pension 연금으로 생활하다
pensioner 연금수령자

2181
people
[pí:pl] 피-플

명 사람들, 국민, 민중

참고 go to the people
(정치 지도자가) 국민의 신임을 묻다
the best people 상류 사회 사람들

2182
pepper
[pépər] 페퍼r

명 후추, 신랄함, 혹평

참고 pepper mill 후추 빻는 기구

2183
perceive
[pərsí:v] 퍼r씨-브

동 지각하다, 인지하다, 이해하다

참고 perception 지각, 인식

2184
percent
[pərsént] 퍼r쎈트

명 퍼센트, 백분(율) 형 백에 대하여
부 퍼센트의, 백분의

참고 = per cent
one and a half percent 1.5%

2185
percentage
[pərséntidʒ] 퍼r쎈티쥐

명 백분율, 비율

참고 play the percentages
앞을 계산하고 행동하다

2186
perfect
[pə́:rfikt] 퍼-r풱트

형 완전한, 완벽한, 정확한

참고 perfect competition 완전경쟁
perfectly 완전히, 완벽하게

P

perform
[pərfɔ́:rm] 퍼r f포-r옴
■2187

동 이행하다, 실행하다, 공연하다, 연주하다

참고 perform a contract 계약을 이행하다

performance
[pərfɔ́:rməns] 퍼r f포-r먼스
■2188

명 이행, 실행, 성과, 공연, 연주

참고 performance pay 성과급

performer
[pərfɔ́:rmər] 퍼r f포-r머r
■2189

명 실행자, 행위자, 연주자

참고 performing arts 공연 예술

perhaps
[pərhǽps] 퍼r햅쓰
■2190

부 아마, 어쩌면, 가능하시다면

참고 maybe, possibly

period
[píəriəd] 피어뤼어드
■2191

명 기간, 시대, 시기, 끝, 종결

참고 by periods 주기적으로
come to a period 끝나다

permanent
[pə́:rmənənt] 퍼-r머넌트
■2192

형 영속하는, 항구적인, 오래가는

참고 Permanent Five Members
유엔 상임이사국 (미국, 영국, 러시아, 프랑스, 중국)
permanently 영구히

permission
[pə:rmíʃən] 퍼-r미션
■2193

명 허가, 허락, 승인

참고 with your permission 당신의 허락을 받아
without permission 허락 없이, 무단으로

2194
permit [pəːrmít] 퍼-r미트

- 동 허락하다, 허가하다, 용납하다
- 참고 permitter 허가자

2195
persist [pəːrsíst] 퍼-r씨쓰트

- 동 주장하다, 고집하다, 지속하다
- 참고 persist in one's opinion
  자기 생각을 고집하다

2196
person [pə́ːrsən] 퍼-r쓴

- 명 사람, 인간, 신체, 개성
- 참고 in person 본인이 직접
  in the person of
  ~이라는 사람으로, ~의 자격으로

2197
personal [pə́ːrsənəl] 퍼-r써늘

- 형 개인의, 일신상의, 본인이 직접 하는
- 참고 personal abuse 인신공격
  personally
  몸소, 직접, 개인적으로, 인간으로서

2198
personality [pə̀ːrsənǽləti] 퍼-r써낼러디

- 명 개성, 성격, 인격, 인간성
- 참고 personality disorder 인격장애

2199
personnel [pə̀ːrsənél] 퍼-r써넬

- 명 전 직원, 인원
- 참고 the personnel department 인사부

2200
perspective [pəːrspéktiv] 퍼-r쓰펙티브

- 명 원근법, 투시화법, 원경, 전망, 시각, 관점
- 참고 in perspective
  원근법에 의하여, 전체적 시야로

P

2201
persuade
[pərswéid] 퍼-r쓰웨이드

동 설득하다, 납득시키다

참고 persuade oneself 확신하다

2202
pet
[pet] 페트

명 애완동물, 페트, 귀여운 사람

참고 make a pet of ~을 귀여워하다

2203
petrol
[pétrəl] 페츠뤌

명 휘발유, 가솔린

참고 = gasoline

2204
phase
[feiz] 풰이즈

명 면, 양상, 상태, 단계, 국면

참고 enter upon(on) a new phase
새로운 국면에 들어서다

2205
phenomenon
[finάmənàn] 쀠나머난

명 현상, 사상(事象), 사건

참고 복수형 phenomena
(복수형 ~s) : 이상한 물건(일), 비범한 인물

2206
philosophy
[filάsəfi] 쀨라써쀠

명 철학

참고 philosophy of life 인생관

2207
phone
[foun] f포운

명 전화, 전화기

참고 = telephone
phone booth 공중전화박스

photo ■2208
[fóutou] f포우도우

명 사진

참고 photo map 사진지도

photocopy ■2209
[fóutoukàpi] f포우도우카피

명 복사 **동** 복사하다

참고 photo copier 복사기

photograph ■2210
[fóutəgræf] f포우더그რ래f프

명 사진 **동** 사진을 찍다

참고 take a good photograph 사진을 잘 받다
take a photograph of ~을 촬영하다

photography ■2211
[fətágrəfi] 풔타그뤄f퓌

명 사진술, 사진촬영

참고 photographer 촬영자, 카메라맨

phrase ■2212
[freiz] f프뤠이즈

명 구(句), 숙어, 말씨, 어법, 명언, 경구

참고 in a simple phrase 간단한 말로 하면

physical ■2213
[fízikəl] 퓌지컬

형 육체의, 물질의, 자연의, 물리적인

참고 physical evidence 물적 증거

physically ■2214
[fízikəli] 퓌지컬리

부 물리적으로, 물질적으로, 구체적으로, 육체적으로

참고 physically challenged 신체에 장애를 가진

P

physics
[fíziks] 퓌직스
■2215

명 물리학

참고 physicist 물리학자

piano
[piǽnou] 피애노우
■2216

명 피아노

참고 play (on) the piano 피아노를 치다

pick
[pik] 피크
■2217

동 골라잡다, 따다, 뜯다

참고 pick out 고르다
pick up 줍다, 도중에 (차에) 태우다

picture
[píktʃər] 픽춰r
■2218

명 그림, 사진, 영화

참고 get the picture 이해하다
give a picture of 묘사하다
picture to oneself 상상하다

piece
[pi:s] 피-쓰
■2219

명 조각, 일부분, 한 개 (a piece of)

참고 a piece of cake 간단히 할 수 있는 쉬운 일
go to pieces 엉망이 되다

pig
[pig] 피그
■2220

명 돼지

참고 make a pig of oneself 욕심을 부리다

pile
[pail] 파일
■2221

명 쌓아올린 더미, 대량
동 쌓아올리다, 쌓이다

참고 make one's (a) pile 큰돈을 벌다
pile up 쌓아올리다, 축적하다

2222
pill [pil] 필

명 알약, 싫은 것

참고 a pill to cure an earthquake 아무 소용이 없는 대책

2223
pilot [páilət] 파일러트

명 (비행기, 우주선) 조종사

참고 drop the pilot 좋은 지도자를 배척하다

2224
pin [pin] 핀

명 핀, 안전핀
핀으로 고정하다, 꼭 누르다

참고 put in the pin (나쁜 버릇을)고치다, 그만두다

2225
pink [piŋk] 핑크

형 분홍색의, 흥분한
명 분홍색, 최고의 상태

참고 get pink on ~에 흥분하다

2226
pint [paint] 파인트

명 (약어 pt) 1파인트

참고 액량의 단위, 영국 0.568리터 미국 0.473리터

2227
pipe [paip] 파이프

명 관, 담뱃대, 피리

참고 smoke a pipe 담배 한 대 피우다

2228
pit [pit] 피트

명 구멍, 함정, 구덩이

참고 dig a pit for 함정을 파다

P

pitch
[pitʃ] 피취 ■2229

동 던지다, 투구하다, 높이를(수준을) 정하다, 단단히 고정시키다

참고 pitch on(upon) 부딪히다, 우연히 만나다, 선정하다

pity
[piti] 피디 ■2230

명 동정, 연민, 애석한 일

참고 It is a pity to ~ ~은 유감스러운 일이다
feel pity for ~을 불쌍히 여기다

place
[pleis] 플레이쓰 ■2231

명 장소, 지점, 공간, 자리, 지위, 입장
동 두다, 배치하다, 임명하다

참고 in place of ~의 대신에
take place (사건이) 일어나다

plain
[plein] 플레인 ■2232

형 평범한, 솔직한, 분명한

참고 in plain words 쉽게 말해서

plan
[plæn] 플랜 ■2233

명 계획, 방법, 도면
동 계획하다, 설계하다

참고 plan on ~하려고 생각하다
plan out 안을 세우다

plane
[plein] 플레인 ■2234

명 평면, 면, 수준, 단계, 비행기

참고 by plane 비행기로

planet
[plǽnət] 플래닡 ■2235

명 행성

참고 our planet 지구

planning
[plǽniŋ] 플래닝 ■2236

명 계획, 입안

참고 planning permission 건축허가

plant
[plænt] 플랜트 ■2237

명 식물, 공장, (대학, 연구소의)건물
동 심다, 주입하다

참고 in plant 자라고 있는

plastic
[plǽstik] 플래스틱 ■2238

명 플라스틱(제품), 신용카드
형 플라스틱의, 가소성의, 유연한

참고 a plastic character 유연한 성격

plate
[pleit] 플레이트 ■2239

명 접시, 요리 1인분, 금속판, 간판

참고 on a plate 쉽게, 간단히

platform
[plǽtfɔːrm] 플랱f포-r옴 ■2240

명 대(臺), 연단, (역의) 플랫폼, (정당의)강령

참고 mount the platform 연단에 오르다

play
[plei] 플레이 ■2241

동 놀다, 행동하다, 경기를 하다, 연주하다, 연극하다
명 놀이, 행동, 경기, 연주, 연극

참고 play ball 시합을 시작하다
play a part 역할을 하다

P

player
[pléiər] 플레이어r
■2242

- 명 선수, 연주자, 배우
- 참고 Player of the Year
  (스포츠) 올해의 최우수선수

plead
[pli:d] 플리-드
■2243

- 동 변호하다, 주장하다, 변명하다, 간청하다
- 참고 plead against ~을 반박하다

pleasant
[plézənt] 플레즌트
■2244

- 형 즐거운, 좋은, 유쾌한, 상냥한
- 참고 have a pleasant time
  즐거운 시간을 보내다
  pleasantly 즐겁게, 상냥하게

please
[pli:z] 플리-즈
■2245

- 명 제발, 죄송하지만
- 형 즐겁게 하다, 만족시키다, 마음에 들다
- 참고 if you please 제발, 미안합니다만

pleased
[pli:zd] 플리-즈드
■2246

- 형 기뻐하는, 마음에 드는
- 참고 be pleased at (with, in) ~을 기뻐하다
  pleasing 기뻐하는, 즐거운

pleasure
[pléʒər] 플레줘r
■2247

- 명 기쁨, 쾌감, 즐거운 일
- 참고 take (a) pleasure in
  ~을 좋아하다, 기꺼이 ~하다
  with pleasure 기꺼이

plenty
[plénti] 플렌티
■2248

- 명 많음, 풍부, 다량 형 많은, 충분한 부 충분히
- 참고 plenty of 많은

341

2249
plot
[plɑt] 플랕

명 음모, 책략, 줄거리 동 몰래 계획하다, 꾀하다, 줄거리를 만들다

참고 lay a plot 음모를 꾸미다

2250
plug
[plʌg] 플러그

명 마개, (전기)플러그

참고 pull the plug 일에서 손을 떼다

2251
plus
[plʌs] 플러쓰

전 ~에 더하여, ~에 덧붙여
명 +부호, 나머지, 여분
형 플러스의, 여분의 부 게다가

참고 plus pole 양극

2252
P.M.
[píːém] 피-엠

형 부 오후(의)

참고 post meridiem

2253
pocket
[pákit] 파킽

명 호주머니, 포켓

참고 be in pocket 수중에 돈이 있다
out of pocket 수중에 돈이 없는, 손해를 보는

2254
poem
[póuəm] 포우엄

명 시

참고 compose a poem 시를 짓다

2255
poet
[póuit] 포우잍

명 시인

참고 poetess 여류시인

P

poetry
[póuitri] 포우잍츄뤼

명 시, 시가, 시집

참고 epic poetry 서사시

point
[pɔint] 포인트

명 점, 뾰족한 끝, 특징, 요점, 목적, 득점
동 뾰족하게 하다, 지적하다, 강조하다

참고 make a point of ~ing
반드시 ~하다, 강조하다
make it a point to~ 반드시 ~하다

pointed
[pɔ́intid] 포인티드

형 뾰족한, 예리한, 명확한

참고 pointed criticism 예리한 비평

poison
[pɔ́izən] 포이즌

명 독약, 폐해
동 독을 넣다, 독살하다, 못쓰게 만들다

참고 take poison 독물을 마시다

poisonous
[pɔ́izənəs] 포이즈너쓰

형 유독한, 유해한

참고 poisonous wastes 유독 폐기물

pole
[poul] 포울

명 막대기, 장대, 폴, 극, 극지

참고 pole jump 장대높이뛰기

police
[pəlíːs] 펄리-쓰
■2262

명 경찰, 경찰관

참고 go to the police 경찰에 알리다
police station 경찰서

policeman
[pəlíːsmən] 펄리-쓰먼
■2263

명 경찰관

참고 a traffic policeman 교통경찰

policy
[páləsi] 팔러씨
■2264

명 정책, 방책, 수단

참고 Honesty is the best policy.
정직이 최선의 방책.

polish
[páliʃ] 팔리쉬
■2265

명 광택, 광택제, 세련, 우아
동 닦다, 윤내다, 세련되게 하다

참고 polish off 재빨리 끝내다, 적을 무찌르다
polish up 윤내다, 끝마무리하다

polite
[pəláit] 펄라이트
■2266

형 공손한, 예의바른, 품위 있는

참고 do the polite 애써 공손하게 행동하다
politely 공손히, 품위 있게

political
[pəlítikəl] 펄리디컬
■2267

형 정치의, 정치에 관한, 정치적인

참고 a political writer 정치 평론가

politically
[pəlítikəli] 펄리디컬리
■2268

부 정치상, 정략적으로

참고 politically correct 정치적으로 타당한

P

2269 politician
[pəlitíʃən] 팔러티션

명 정치가

참고 journalist-turned-politician 언론인 출신의 정치인

2270 politics
[pálitiks] 팔러틱쓰

명 정치, 정치학, 정치운동, 정강, 정견

참고 party politics 당리당략

2271 poll
[poul] 포울

명 투표, 투표결과, 여론조사

참고 at the head of the poll 최고 득표로
go to the polls 투표하러 가다

2272 pollution
[pəlúːʃən] 펄루-션

명 오염, 공해

참고 pollution index 오염지수

2273 polytechnic
[pàlitéknik] 팔리테크닉

형 여러 공예의, 종합 기술의

참고 a polytechnic school 기술학교

2274 pond
[pɑnd] 판드

명 못, 연못

참고 pondage 저수량

2275 pool
[puːl] 푸-울

명 물웅덩이, 저수지, 풀(수영용)

참고 an indoor swimming pool 실내수영장

2276
poor [puər] 푸어r
- 형 가난한, 초라한, 불충분한, 서투른
- 참고 (as) poor as a church mouse (Job) 매우 가난한

2277
pop [pɑp] 팦
- 명 펑하는 소리, 발포
- 동 펑하고 터지다, 불쑥 나타나다(나가다)
- 참고 pop off 갑자기 사라지다

2278
pope [poup] 포웊
- 명 로마교황, 교황같은 인물
- 참고 pope mobile 교황전용차

2279
popular [pápjələr] 파퓰러r
- 형 인기 있는, 대중의, 대중적인
- 참고 in popular language 쉬운 말로

2280
population [pàpjəléiʃən] 파퓰레이션
- 명 인구, 주민
- 참고 population pyramid 인구 피라미드

2281
port [pɔːrt] 포−r트
- 명 항구, 피난처, 항구도시, 공항
- 참고 make (a) port 입항하다
  in port 입항하여, 정박 중의

2282
portfolio [pɔːrtfóuliòu] 포−r트f포울리오우
- 명 손가방, 화첩, 대표작품선집, 유가증권명세표
- 참고 portfolio investment 유가증권 간접투자

P

portrait
[pɔ́ːrtrit] 포-r츠뤁

명 초상화, 인물사진, 생생한 묘사

참고 a portrait painter 초상화가

pose
[pouz] 포우즈

동 자세를 취하다, ~인체하다
명 자세, 포즈

참고 pose for 자세를 취하다
pose as ~ 인체 하다

position
[pəzíʃən] 퍼지션

명 위치, 자세, 처지, 입장, 지위

참고 in my position 내 입장으로는
out of position 위치에서 벗어나

positive
[pázətiv] 파저티브

형 긍정적인, 적극적인, 확신하는, 명확한

참고 positive proof 확증

possess
[pəzés] 퍼제쓰

동 소유하다, 지니다, 유지하다

참고 be possessed of ~을 소유하고 있다
be possessed with ~에 사로잡혀있다

possession
[pəzéʃən] 퍼제션

명 소유, 점유, 소유물

참고 get(take) possession of ~을 손에 넣다

possibility
[pàsəbíləti] 파써빌러디

명 가능성, 실현가능한 일

참고 by some possibility 혹시

possible
[pásəbəl] 파써블 ■2290

🔵 가능한, 일어날 수 있는

📘 as ~ as possible 가능한 한 ~
if possible 가능하다면
possibly 어쩌면, 아마, 어떻게든지

post
[poust] 포우스트 ■2291

1. 🔵 기둥, 말뚝
   🔵 (전단을) 붙이다, 게시하다
2. 🔵 지위, 근무처, 초소
   🔵 배치하다, 파견하다
3. 🔵 우편, 우편물, 우체국
   🔵 우체통에 넣다, 우송하다

📘 by post 우편으로

post office
[poust ɔ́(ː)fis] 포우스트 오-퓌쓰 ■2292

🔵 우체국

📘 post office box 사서함 (P.O.B.)

pot
[pɑt] 팥 ■2293

🔵 항아리, 독, 한 잔의 분량

📘 a pot(s) of money 큰 돈

potato
[pətéitou] 퍼테이도우 ■2294

🔵 감자

📘 hot potato 뜨거운 감자, 다루기 어려운 것

potential
[pəténʃəl] 퍼텐셜 ■2295

🔵 잠재적인, 가능성이 있는
🔵 가능성, 잠재력

📘 potential adversary 가상의 적국
potentially 잠재적으로, 어쩌면

P

pound
[paund] 파운드
■2296

명 파운드 (영국 등의 화폐단위)

참고 pound of flesh 가혹한 요구

pour
[pɔːr] 포-r
■2297

동 쏟다, 붓다, 퍼붓다

참고 pour over 엎지르다

poverty
[pávərti] 파붜r디
■2298

명 빈곤, 가난, 결핍

참고 poverty lawyer 무료변호사, 국선변호인

powder
[páudər] 파우더r
■2299

명 가루, 분말, 분(화장품), 화약

참고 take a powder 급히 도망치다, 떠나가다

power
[páuər] 파우어r
■2300

명 힘, 능력, 권력, 동력, 효력

참고 come to(into) power 정권을 잡다
party in power 집권당, 여당
powerful 강력한, 유력한, 효과가 있는

practical
[prǽktikəl] 프랙티컬
■2301

형 실제적인, 실용적인, 실질적인

참고 for (all) practical purposes 실제로는
practical art (수예, 목공 등)실용적인 기술
practically 실제적으로, 사실상

practice
[prǽktis] 프랙티쓰
■2302

명 실천, 실습, 실행, 습관, 관습
동 실행하다, 연습하다, 습관으로 하다

참고 = practise
put(bring) into(in) practice 실행하다

praise
[preiz] 프뤠이즈 ■2303

명 칭찬, 찬양, 찬미
동 칭찬하다, 찬미하다

참고 in praise of ~을 칭찬하여
precisely 정확하게, 정밀하게, 틀림없이

pray
[prei] 프뤠이 ■2304

동 빌다, 기원하다, 기도하다

참고 pray for ~를 위해 기도하다

prayer
[prɛər] 프뤠어r ■2305

명 기도, 기원

참고 prayer beads 묵주

precise
[prisáis] 프뤼싸이쓰 ■2306

형 정확한, 정밀한, 명확한

참고 at the precise moment 바로 그때에
precisely 정확하게, 정밀하게, 틀림없이

predict
[pridíkt] 프뤼딕트 ■2307

동 예언하다, 예보하다

참고 predictable 예언할 수 있는

prefer
[prifə́ːr] 프리풔-r ■2308

동 오히려 ~을 좋아하다

참고 preference 더 좋아함, 더 좋아하는 것
have a preference for ~을 더 좋아하다
in preference to ~에 우선하여

pregnancy
[prégnənsi] 프뤠그넌씨 ■2309

명 임신, 풍만

참고 the fifth month of pregnancy
임신 5개월

P

pregnant ■2310
[prégnənt] 프뤠그넌트

형 임신한, ~이 가득한

참고 a pregnant year 풍년

---

prejudice ■2311
[prédʒədis] 프뤠쥬디쓰

명 편견, 선입관

참고 have a prejudice against
~을 까닭 없이 싫어하다
without prejudice 편견 없이

---

preliminary ■2312
[prilímənèri] 프륄리머네뤼

형 예비의, 준비의, 서문의, 시초의

참고 preliminary to ~에 앞서서

---

premier ■2313
[primíər] 프뤼미어r

명 수상, 국무총리
형 첫째의, 으뜸의, 최초의

참고 take the premier place
수석을 차지하다

---

premise ■2314
[prémis] 프뤠미쓰

명 전제

참고 make a premise 전제를 달다

---

premium ■2315
[príːmiəm] 프뤼-미엄

명 할증금, 프리미엄, 수수료, 사례금

참고 at a premium
프리미엄이 붙어, 액면가 이상으로

---

preparation ■2316
[prèpəréiʃən] 프뤠퍼뤠이션

명 준비, 각오, 예비, 예습

참고 in preparation for ~에 대비하여
make preparations 준비를 하다

351

prepare
[pripɛ́ər] 프뤼페어r ■2317

동 준비하다, 준비시키다, 각오하다, 입안하다

참고 prepare for ~을 준비를 하다
prepared 준비된, 각오가 되어 있는

presence
[prézəns] 프뤠즌쓰 ■2318

명 존재, 현존, 출석, 참석

참고 in the presence of ~의 면전에서

present
[prézənt] 프뤠즌트 명 형
[prizént] 프뤼젠트 동 ■2319

형 존재하는, 출석한, 현재의
명 현재, 오늘날, 선물
동 선물하다, 바치다, 제출하다, 나타내다

참고 for the present 당분간, 현재로서는

presentation
[prì:zentéiʃən] 프뤼-젠테이션 ■2320

명 제출, 증정, 발표, 설명회

참고 on presentation 제시하는 대로

preserve
[prizə́:rv] 프뤼저-r브 ■2321

동 보존하다, 보호하다, 간직하다, 저장하다

참고 preserve from ~로부터 지키다

president
[prézidənt] 프뤠저던트 ■2322

명 대통령, 장(회장, 총장, 사장...)

참고 president-elect 대통령당선자

presidential
[prèzidénʃəl] 프뤠저덴셜 ■2323

형 대통령의, 대통령 선거의

참고 a presidential election 대통령선거

P

press
[pres] 프뤠쓰 ■2324

- 명 누름, 출판물, 신문, 보도기관
- 동 누르다, 강요하다, 강조하다, 인쇄하다

참고 press down 억누르다
out of press 절판(絕版)되어

pressure
[préʃər] 프뤠셔r ■2325

- 형 누르기, 압력, 압박, 곤경

참고 pressure of the times 불경기
put pressure on(upon)
~에게 압력을 가하다

pretend
[priténd] 프뤼텐드 ■2326

- 동 가장하다, ~인체하다, 속이다, 감히 ~하다

참고 pretend illness 꾀병을 앓다

pretty
[príti] 프뤼디 ■2327

- 부 꽤, 상당히, 매우
- 형 예쁜, 귀여운, 멋진

참고 pretty much 꽤 많이, 거의
pretty soon 얼마 안 있어, 곧

prevent
[privént] 프뤼붼트 ■2328

- 동 방해하다, 막다, 보호하다

참고 prevent ~ from ~ 때문에 못하다,
~하지 못하게 하다

previous
[príːviəs] 프뤼-뷔어쓰 ■2329

- 명 이전의, 앞의

참고 previous to ~이전에
previously 사전에, 미리

price
[prais] 프라이쓰 ■2330

- 명 가격, 대가, 시가, 대가, 희생

참고 at any price 어떤 대가를 치르더라도
at the price of ~을 희생하여

353

pride
[praid] 프라이드
■2331

명 자존심, 긍지, 자만심

참고 take (a) pride in ~을 자랑하다

priest
[pri:st] 프뤼-스트
■2332

명 성직자, 사제, 옹호자

참고 a priest of science 과학의 옹호자

primary
[práimèri] 프롸이머뤼
■2333

형 첫째의, 주요한, 최초의, 초급의

참고 primary election (미국) 예비선거
primarily 첫째로, 우선

prime
[praim] 프라임
■2334

형 제1의, 주요한, 기초적인, 근본적인
명 초기, 전성기

참고 prime rate 은행의 우대금리

prime minister
[pràim mínistər]
프라임 미니스터r
■2335

명 수상, 국무총리

참고 prime ministry 수상의 지위

primitive
[prímətiv] 프뤼머디브
■2336

형 원시의, 원시적인, 미발달된, 기본의

참고 primitive culture 원시문화

prince
[prins] 프륀쓰
■2337

명 왕자, 군주, 공작, 귀공자

참고 (as) happy as a prince 매우 행복한
live like a prince 호화롭게 살다

P

2338
princess
[prínses] 프륀쎄쓰

- 명 공주, 왕비, 왕자비
- 참고 the Princess of Wales 영국 왕세자비

2339
principal
[prínsəpəl] 프륀써플

- 형 주요한, 중요한, 원금의
- 명 우두머리, 장(장관, 사장, 교장..), 원금
- 참고 principal and interest 원금과 이자

2340
principle
[prínsəpl] 프륀써플

- 명 원리, 원칙, 주의
- 참고 in principle 원칙적으로
  on principle 원칙에 따라

2341
print
[print] 프륀트

- 동 인쇄하다, 출판하다, 인상을 주다
- 명 인쇄, 인쇄물, 흔적
- 참고 in print 인쇄되어
  print out 인쇄 출력하다

2342
printer
[príntər] 프륀터r

- 동 프린터, 인쇄기, 인쇄업자
- 참고 printer port (컴퓨터) 프린터 포트

2343
printing
[príntiŋ] 프륀팅

- 명 인쇄, 인쇄물, 쇄
- 참고 printing paper 인쇄용지

2344
prior
[práiər] 프롸이어r

- 형 이전의, 앞선
- 참고 prior to ~에 앞서

355

priority
■2345
[praió(ː)rəti] 프라이오-뤄디

명 (시간적으로)먼저임, (중요도에서) 우위, 우선권

참고 according to priority 순서에 따라
give priority to ~에게 우선권을 주다

prison
■2346
[prízn] 프뤼즌

명 교도소, 구치소

참고 be(lie) in prison 수감 중이다
break (out of) prison 탈옥하다

prisoner
■2347
[príznər] 프뤼즈너r

명 죄수, 포로

참고 a prisoner of love 사랑의 포로
hold ~ prisoner 포로로 잡아두다

private
■2348
[práivit] 프라이빝

형 사적인, 개인에 속하는, 비공개의

참고 private detective 사설탐정
private education 사교육
privately 비공식적으로, 내밀히

privilege
■2349
[prívəlidʒ] 프뤼빌리쥐

명 특권, 특전, 면책

참고 writ of privilege 특사장(特赦狀)

prize
■2350
[praiz] 프라이즈

명 상, 상품, 당첨

참고 the Nobel prize 노벨상

probability
■2351
[pràbəbíləti] 프라버빌러티

명 있음직함, 가망, 개연성

참고 The probability is that 아마 ~일 것이다
in all probability 아마도, 십중팔구는

probable
[prábəbl] 프롸버블
■2352

형 있음직한, 예상되는

참고 probable error 확률 오차
probably 아마, 필시

probe
[proub] 프로우브
■2353

명 조사, 탐사, 탐침
동 면밀히 조사하다

참고 probe into the causes 원인을 탐구하다

problem
[prábləm] 프롸블럼
■2354

명 문제

참고 have a problem with ~에 문제가 있다

procedure
[prəsí:dʒər] 프뤄씨-줘r
■2355

명 순서, 차례, 절차, 진행

참고 legal procedure 소송 절차

proceed
[prəsí:d] 프뤄씨-드
■2356

동 나아가다, 착수하다, 계속하다, 생기다

참고 proceed on ~에 의거하여 행동하다

proceeding
[prəsí:diŋ] 프뤄씨-딩
■2357

명 진행, 행동, 소송절차, 변론

참고 summary proceedings 즉결 심판 절차

process
[práses] 프롸쎄쓰
■2358

명 진행, 경과, 과정, 공정, 소송절차
동 처리하다, 소송을 제기하다

참고 in (the) process of ~의 진행 중에

processor ■2359
[prásesər] 프라쎄써r

명 (컴퓨터)처리기, 가공업자

참고 multiprocessor 다중처리기

produce ■2360
[prədjúːs] 프뤄듀-쓰

동 생산하다, 산출하다, 일으키다, 연출하다

참고 produce on the line
일관 작업으로 대량 생산하다

producer ■2361
[prədjúːsər] 프뤄듀-써r

명 생산자, 제작자, (TV, 영화) 프로듀서

참고 producer(s') goods (경제학)생산재

product ■2362
[prádəkt] 프롸덕트

명 생산물, 제작물, 결과, 성과

참고 gross national product
국민 총생산 (GNP)

production ■2363
[prədʌ́kʃən] 프뤄덕션

명 생산, 산출, 제작, 제공

참고 production line 생산공정

productivity ■2364
[prʌ̀dʌktívəti] 프롸덕티뷔티

명 생산성, 생산력

참고 labor productivity 노동 생산성

profession ■2365
[prəféʃən] 프뤄풰션

명 직업, 공언, 고백

참고 occupation 에 비해 전문적인 직업을 뜻함

P

■2366 professional
[prəféʃənəl] 프뤄 풰셔널

- 형 (지적)직업의, 전문직의, 프로의
- 명 지적직업인, 전문가, 직업선수

참고 professional etiquette 동업자간의 의리

■2367 professor
[prəfésər] 프뤄 풰써r

- 명 교수, 교사

참고 (full) professor 정교수, associate professor 부교수

■2368 profile
[próufail] 프로우파일

- 명 옆모습, 윤곽, 인물소개

참고 in profile 옆모습은

■2369 profit
[práfit] 프롸핕

- 명 이익, 이득, 수익

참고 sell at a profit ~의 이익을 얻고 팔다
make a profit on ~으로 이득을 보다

■2370 program
[próugræm] 프로우그램

- 명 프로그램, 예정표, 계획, 예정
- 동 계획하다, 프로그램을 짜다

참고 program director (라디오, TV)프로그램 편성자

■2371 progress
[prágres] 프롸그뤠쓰

- 명 전진, 진행, 진보, 발달, 경과, 과정
- 동 진행되다, 진보하다

참고 in progress 진행 중
make progress 전진하다, 진보하다

■2372 project
[prádʒekt] 프롸쮁트 명
[prədʒékt] 프뤄쮁트 동

- 명 기획, 계획, 계획사업
- 동 산출하다, 계획하다, 추정하다

참고 draw up a project 계획을 세우다

359

2373
prominent
[prámənənt] 프라머넌트

형 현저한, 두드러진, 탁월한

참고 a prominent writer 탁월한 작가

2374
promise
[prámis] 프라미쓰

동 약속하다, 기대하다, 희망이 있다
명 약속, 계약, 기대, 희망

참고 keep one's promise 약속을 지키다
make a promise 약속을 하다

2375
promote
[prəmóut] 프뤄모우트

동 증진하다, 촉진하다, 장려하다, 승진시키다

참고 promoter 촉진자, 장려자, (주식회사)발기인

2376
promotion
[prəmóuʃən] 프뤄모우션

명 촉진, 장려, 승진

참고 get promotion 승진하다

2377
prompt
[prampt] 프롬프트

명 즉석의, 신속한, 즉시 ~하는
동 자극하다, 고무하다

참고 prompter 격려자, 프롬프터
(배우에게 대사를 알려주는 자)
promptly 신속히, 재빠르게

2378
pronounce
[prənáuns] 프뤄나운쓰

동 발음하다, 선언하다, 선고하다, 공표하다

참고 pronounce against ~에 반대하다
pronounce for ~에 찬성하다

2379
pronunciation
[prənÀnsiéiʃən]
프뤄넌씨에이션

명 발음(법)

참고 What is the pronunciation of ~?
~의 발음은 어떻게 합니까?

proof
[pru:f] 프루-f프

명 증거, 증거물, 시험, 테스트

참고 make proof of ~임을 증명하다

proper
[prápər] 프라퍼r

형 적당한, 알맞은, 예의바른, 고유의

참고 in the proper way 적당한 방법으로

properly
[prápərli] 프라퍼r을리

부 적당히, 당연히, 제대로, 단정하게

참고 properly speaking 정확히 말하면

property
[prápərti] 프라퍼r디

명 재산, 소유물, 부동산, 소유권, 특성

참고 literary property 저작권
property in copyright 판권 소유

proportion
[prəpɔ́:rʃən] 프뤄포-r션

명 부분, 몫, 크기, 비율, 조화, 균형

참고 a large proportion of ~의 대부분
in proportion to(as) ~에 비례하여

proposal
[prəpóuzəl] 프뤄포우절

명 신청, 제안, 청혼

참고 have proposals of ~의 제의를 받다
make a proposal to 청혼하다

propose
[prəpóuz] 프뤄포우즈

동 신청하다, 제안하다, 꾀하다, 추천하다, 청혼하다

참고 propose Mr. Kim as president
김씨를 회장으로 추천하다

2387 proposition
[pràpəzíʃən] 프라퍼지션

명 제안, 제의, 계획, 진술, (논리)명제

참고 make ~ a proposition ~에게 제안하다

2388 prosecution
[pràsikjúːʃən] 프라씨큐-션

명 실행, 수행, 기소, 고소, 검찰

참고 a witness for the prosecution 검찰 측의 증인

2389 prospect
[práspekt] 프라쓰펙트

명 전망, 가망, 예상, 기대

참고 in prospect 예상하여

2390 protect
[prətékt] 프뤄텍트

동 보호하다, 지키다

참고 protected trade 보호무역

2391 protection
[prətékʃən] 프뤄텍션

명 보호, 방호

참고 protectionism 보호무역주의
protectionist 보호무역주의자

2392 protein
[próutiːin] 프로우티-인

명 단백질

참고 protein engineering (생화학)단백질 공학

2393 protest
[próutest] 프로우테스트 **명 동**
[prətést] 프뤄테스트 **동**

명 항의, 항변, 주장
동 항의하다, 이의를 제기하다, 주장하다

참고 make a protest with ~에 항의하다
without protest 항의하지 않고

proud
[praud] 프라우드 ■2394

명 자존심이 있는, 자랑으로 여기는

참고 be proud of 자랑하다, 자랑으로 여긴다
proud hearted 거만한
proudly 자랑스럽게, 거만하게

prove
[pru:v] 프루-브 ■2395

부 증명하다, ~임이 밝혀지다, 시험하다

참고 prove oneself 자기가 ~임을 입증하다
It goes to prove ~라는 것이 밝혀지다

provide
[prəváid] 프뤄봐이드 ■2396

동 준비하다, 공급하다, 규정하다

참고 be provided with ~을 가지고 있다
provided (= providing)
만일 ~이라면, ~을 조건으로

province
[práviːns] 프롸뷘쓰 ■2397

명 지방, 시골, 행정구역단위(주, 성, 도), 범위, 분야

참고 province-wide 지방 전체의

provision
[prəvíʒən] 프뤄뷔전 ■2398

명 준비, 공급, 규정, 조항

참고 make provision 준비하다
(복수형) provisions 식량

provoke
[prəvóuk] 프뤄보우크 ■2399

명 불러일으키다, 화나게 하다, 유발하다

참고 provoke a person to fury
누구를 매우 화나게 하다
provocation 성나게 함, 자극

psychological
[sàikəládʒikəl] 싸이컬라쥐컬 ■2400

형 심리학의, 심리적인

참고 psychological novel 심리소설

2401
psychology
[saikálədʒi] 싸이칼러쥐

명 심리학, 심리(상태)

참고 mass psychology 군중 심리(학)

2402
pub
[pʌb] 펍

명 선술집, 대폿집

참고 pub crawl 술집 옮겨 다니며 계속 술 마시기

2403
public
[pʌ́blik] 퍼블릭

형 공공의, 공적인, 공개의
명 공중, 일반대중, ~계(界)

참고 go public 주식을 공개하다, (비밀을) 공표하다
in public 공공연히
publicly 공공연하게, 공개적으로

2404
publication
[pʌ̀bləkéiʃən] 퍼블러케이션

명 발표, 공표, 출판, 간행(물)

참고 in the publication 'Science'
'사이언스'지(誌)에

2405
publicity
[pʌblísəti] 퍼블리써디

명 널리 알려짐, 평판, 광고, 홍보

참고 give publicity to ~을 공표하다, 광고하다

2406
publish
[pʌ́bliʃ] 퍼블리쉬

동 발표하다, 널리알리다, 출판하다

참고 publish in(by) the official gazette 관보로 발표하다

2407
publisher
[pʌ́bliʃər] 퍼블리셔r

명 출판업자, 출판사, 신문업자, 신문사주

참고 publishing 출판(업)
Publishing house 출판사

P

pull
[pul] 풀
■2408

- 동 끌다, 끌어당기다
- 명 끌기, 잡아당기기

참고 pull out (마개를)뽑다, 철수시키다, 손떼다
pull up 끌어올리다, 차를 세우다

pump
[pʌmp] 펌프
■2409

- 명 펌프, 양수기
- 동 물을 퍼 올리다, 공기를 주입하다

참고 prime the pump 경기 부양책을 쓰다

punch
[pʌntʃ] 펀취
■2410

- 동 구멍을 뚫다, 주먹으로 치다
- 명 구멍 뚫는 기구, 주먹질, 타격

참고 beat ~ to the punch
~의 기선을 제압하다

punish
[pʌ́niʃ] 퍼니쉬
■2411

- 동 벌하다, 처벌하다, 혼내주다

참고 to punish pro-Japanese activities 친일파를 처벌하기 위하여

punishment
[pʌ́niʃmənt] 퍼니쉬먼트
■2412

- 명 벌, 형벌, 처벌

참고 capital punishment 법정최고형(극형)

pupil
[pjúːpəl] 퓨-펄
■2413

- 명 학생, 제자

참고 pupil teacher (초등학교)교생

purchase
[pə́ːrtʃəs] 퍼-r춰쓰
■2414

- 명 구입, 매입, 획득
- 동 구입하다, 획득하다

참고 purchaser 구매자

P

2415
pure
[pjuər] 퓨어r

형 순수한, 깨끗한, 결백한, 순전한

참고 pure gold 순금
pure democracy 직접민주주의

2416
purely
[pjúərli] 퓨어r을리

부 순수하게, 순전히

참고 purely and simply 순전히, 에누리 없이

2417
purple
[pə́ːrpəl] 퍼-r플

형 자줏빛의, 화려한, 제왕의
명 자줏빛, 왕권

참고 be born in the purple
왕족(귀족)의 가문에서 태어나다

2418
purpose
[pə́ːrpəs] 퍼-r퍼쓰

명 목적, 의도, 의지, 취지, 요점

참고 on purpose 고의로
on purpose to ~할 목적으로

2419
pursue
[pərsúː] 퍼r쑤

동 추구하다, 따라가다, 쫓다, 수행하다

참고 pursuer 추적자
pursuit 추적, 추격, 수행, 종사

2420
push
[puʃ] 푸쉬

동 밀다, 밀어내다, 밀고나아가다
명 밀기, 압박, 추진

참고 push on 전진하다, 계획대로 밀고 나가다
push out 밀어 내다, 해고하다

2421
put
[put] 풀

동 놓다, 두다

참고 put off 연기하다
put out 불을 끄다, 내쫓다
put up with 참다, 견디다

qualification
[kwùləfəkéiʃən] 크왈러퓌케이션

명 자격, 자격부여, 자격증, 조건, 제한

참고 with qualifications 조건부로

qualify
[kwáləfài] 크왈러퐈이

동 ~에게 자격을 주다, 자격을 얻다, 제한하다

참고 qualify oneself for ~의 자격을 얻다

qualified
[kwáləfàid] 크왈러퐈이드

형 자격 있는, 적격의, 제한된, 조건부의

참고 qualified approval 조건부 승인

quality
[kwáləti] 크왈러디

형 질, 품질, 특성, 특질

참고 quality assurance 품질보증
of (a) good(poor) quality
질이 좋은(나쁜)

quantity
[kwántəti] 크완터티

명 양, 분량, 수량, 다량

참고 in quantity 많은, 다량으로

quarter
[kwɔ́ːrtər] 크워-r더r

명 4분의 1 (25센트, 15분, 분기)
지역, 지구, 출처

참고 quarters 숙소, (군)막사
quarter final 준준결승전

queen
[kwiːn] 크위-인

명 여왕, 여제, 왕비, 왕후

참고 Queen Anne is dead
그것은 진부한 이야기이다.

question
[kwéstʃən] 크웨스쳔 ■2429

- 명 질문, 문제, 의문, 의심
- 동 질문하다, 의심하다

참고 beyond (all) question 틀림없이
out of the question 불가능한

quick
[kwik] 크윅 ■2430

- 형 빠른, 신속한, 민첩한, 예민한, 즉석의

참고 quick assets 유동자금
quickly 빠르게, 급히

quiet
[kwáiət] 크와이어트 ■2431

- 형 조용한, 고요한, 은근한, 숨겨진

참고 quietly 조용히, 고요이

quit
[kwit] 크위트 ■2432

- 동 그만두다, 포기하다, 떠나다

참고 quit one's job 사직하다

quite
[kwait] 크와이트 ■2433

- 부 완전히, 아주, 상당히, 꽤

참고 quite a few (a little, a bit) 꽤 많은, 상당수의

quote
[kwout] 크오우트 ■2434

- 동 인용하다, 예로 들다, 가격을 매기다

참고 quoted company
= listed company 상장회사

R

rabbit
[rǽbit] 래빝
■2435

명 집토끼, 토끼

참고 (as) scared as a rabbit 몹시 겁이 많은

race
[reis] 레이쓰
■2436

명 경주, 경쟁
동 경주(경쟁)하다, 달리다

참고 make the race 입후보하다

race
[reis] 레이쓰
■2437

명 인종, 혈통, 종족

참고 a man of noble race 명문가 출신의 사람

racing
[réisiŋ] 레이씽
■2438

명 경기(경마, 자동차 경주, 경륜 등)

참고 racing form 경마 전문지

radical
[rǽdikəl] 래디컬
■2439

형 근본적인, 철저한, 급진적인

참고 radical left 극좌
radical right 극우

radio
[réidiòu] 레이디오우
■2440

명 라디오, 라디오방송, 무선 전신(전화)

참고 by radio 무전으로

rage
[reidʒ] 레이쥐
■2441

명 격노, 격정, 사나움, 흥분, 열망

참고 in a rage 화가 나서

2442
raid [reid] 레이드
- 몡 급습, 기습
- 참고 make a raid on 습격하다, 급습하다

2443
rail [reil] 레일
- 몡 가로대, 난간, 레일, 철도
- 참고 by rail 철도(편으)로
  off the rails 탈선하여, 혼란하여
  on the rails 궤도에 올라, 진행이 순조로워

2444
railroad [réilròud] 레일(r)로우드
- 몡 철도선로, 철도, 철도회사
- 참고 = railway
  railroad crossing 철도 건널목

2445
rain [rein] 레인
- 몡 비 동 비가 오다, 비를 내리다
- 참고 a rain of bullets 빗발치는 총알
  in rain 빗발치듯
  in the rain 우중에, 비를 무릅쓰고

2446
raise [reiz] 레이즈
- 동 올리다, 끌어올리다, 일으키다, 세우다, 승진시키다, 기르다, 재배하다
- 참고 raise hell (the devil) 소동을 일으키다

2447
rally [ræli] 랠리
- 동 다시 모으다(모이다), 규합하다, 회복하다, (증권)반등하다
- 참고 rally in price 다시 값이 반등하다

2448
random [rǽndəm] 랜덤
- 형 닥치는 대로의, 임의의, 무작위의
- 참고 dynamic random access memory chip (DRAM) 반도체
  at random 닥치는 대로, 되는 대로

R

range
[reindʒ] 레인쥐 ■2449

명 열, 줄, 산맥, 범위, 레인지(요리용)
동 한 줄로 늘어서다, ~에 이르다

참고 in the range of ~의 범위 안에
out of(within) range 사정거리 밖(안)에

rank
[ræŋk] 랭크 ■2450

명 열, 줄, 계급, 계층, 지위
동 나란히 세우다, 등급을 분류하다

참고 the rank and fashion 상류사회
rank and file 병졸, 일반 서민, 대중

rape
[reip] 레잎 ■2451

명 성폭행, 강탈

참고 rape shield = rape law
(미국)성폭행피해자 보호법

rapid
[rǽpid] 래피드 ■2452

형 빠른, 신속한, 민첩한, 가파른

참고 Rapid Deployment Force
(미국)신속배치군 RDF

rapidly
[rǽpidli] 래피들리 ■2453

부 빠르게, 신속하게

참고 rapidity 신속, 민첩
with rapidity = rapidly

rare
[rɛər] 레어 ■2454

형 드문, 진기한, 희박한

참고 in rare cases = on rare
occasions 드물게, 때로는

rarely
[rɛ́ərli] 레어r을리 ■2455

부 드물게, 좀처럼 ~하지 않는

참고 It is rarely that ~ 좀처럼 ~하지 않는다
rarely (if) ever
거의 ~하지 않는다(하더라도 극히 드물다)

371

rat
[ræt] 랫 ■2456

명 쥐, 비열한 놈, 변절자

참고 a mall rat 쇼핑몰에 자주 가는 사람
as drunk as a rat 곤드레만드레 취해서

rate
[reit] 레이트 ■2457

명 등급, 비율, 요금, 시세, 속도
통 평가하다, ~으로 간주된다

참고 at any rate 하여튼, 좌우간에
at the(a) rate of ~의 비율(값, 속도)로

rather
[ræðər] 래th더r ■2458

부 오히려, 차라리, 어느 정도, 상당히, ~하기는커녕, 도리어

참고 or rather 더 정확히 말하자면

rational
[ræʃənl] 래셔늘 ■2459

형 이성적인, 합리적인, 사리에 맞는

참고 rationale 이론적 근거, 근본적 이유, 원리

raw
[rɔː] 로- ■2460

형 날 것의, 가공하지 않은, 개발되지 않은

참고 raw material 원재료, 소재
in the raw 자연 그대로의, 가공하지 않고

reach
[riːtʃ] 리-취 ■2461

통 ~에 도착하다, (손을)뻗다, 내밀다

참고 reach out (to)
(손을) 뻗다, ~와 접촉하려고 하다

react
[riːækt] 리-액트 ■2462

통 반응하다, 반작용하다, 반대하다

참고 react against oppression
압정에 반대하다
Acids react on iron. 산은 철에 반응한다.

R

reaction ■2463
[riːǽkʃən] 리-액션

명 반응, 반작용, 반항, 반발, 반동, 역행

참고 the forces of reaction 보수반동세력
mixed reaction 엇갈린 반응

read ■2464
[riːd] 리-드

동 읽다, 해석하다, 알아차리다

참고 read between the lines
행간(行間)을 읽다, 숨겨진 뜻을 읽다
read up 연구(전공)하다

reader ■2465
[ríːdər] 리-더r

명 독자, 독서가, 판독기

참고 ardent reader 독서광
electronic reader 전자 판독기

reading ■2466
[ríːdiŋ] 리-딩

명 독서, 읽기, 낭독, 읽을거리

참고 readings from Shakespeare
셰익스피어 선집
reading glass 확대경

ready ■2467
[rédi] 레디

형 준비가 된, 재빠른, 각오가 되어 있는

참고 ready-made 기성품의
ready-to-eat 즉시 먹을 수 있는
readily 선뜻, 손쉽게

real ■2468
[ríːəl] 리-얼

형 진짜의, 현실의, 실제의

참고 real estate 부동산
real estate investment trust
부동산 투자 신탁 (REIT)

realistic ■2469
[riːəlístik] 리-얼리스틱

형 현실주의의, 현실적인, 사실주의의

참고 a realistic novel 사실주의 소설

reality
[riǽləti] 리앨러디 ■2470

명 현실, 사실, 진실, 실제

참고 in reality 실은, 실제로는
with reality 실물 그대로

realize
[ríːəlàiz] 리-얼라이즈 ■2471

동 실현하다, 현실화하다, 깨닫다, 이해하다

참고 realization 실현, 현실화, 깨달음, 이해

really
[ríːəli] 리-얼리 ■2472

부 참으로, 실로

참고 Not really! 설마!

rear
[riər] 리어r ■2473

명 뒤, 배후 **형** 후방의, 후방에 있는

참고 at the rear of ~의 배후에

reason
[ríːzən] 리-즌 ■2474

명 이성, 추리력, 논거, 이유, 까닭

참고 beyond (all) reason 터무니없는
by reason of ~의 이유로, 이기 때문에

reasonable
[ríːzənəbəl] 리-즈너블 ■2475

형 이치에 맞는, 논리적인, 적당한

참고 reasonably 합리적으로, 알맞게

rebel
[rébəl] 레벌 **명** **형**
[ribél] 리벨 **동** ■2476

명 반역자, 반란군 (형) 반역의
동 반란을 일으키다, 몹시 싫어하다

참고 put down rebels 반란을 평정하다

R

2477
recall
[rikɔ́ːl] 리코-올

- 통 상기하다, 상기시키다, 생각나게 하다, 소환하다, 철회하다
- 명 상기, 회상, 소환, 철회

참고 recall to life 소생시키다
recall vote 소환투표

2478
receipt
[risíːt] 리씨-트

- 명 수령, 영수증, 받은 물건

참고 make out a receipt 영수증을 쓰다
receipt book 영수증 철

2479
receive
[risíːv] 리씨-브

- 통 받다, 수령하다, 받아들이다

참고 received 받아들여진, 일반적으로 인정된

2480
receiver
[risíːvər] 리씨-붜r

- 명 수취인, 수신기, 수화기

참고 pick up the receiver 수화기를 들다

2481
recent
[ríːsənt] 리-쓴트

- 형 최근의, 근래의

참고 recently 요즈음, 최근에

2482
reception
[risépʃən] 리셒션

- 명 받아들임, 응접, 환영회, 반응

참고 hold a reception 환영회를 베풀다
chilly reception 냉랭한 반응

recession
[riséʃən] 리쎄션 ■2483

명 경기후퇴, 불경기

참고 a long-term recession 장기불황

recipe
[résəpi:] 레써피- ■2484

명 조리법, 요리법, 처방전, 비법, 비결

참고 recipe for tomato soup
토마토 스프 요리법

reckon
[rékən] 렉컨 ■2485

동 계산하다, 평가하다, ~라고 생각하다

참고 reckon on(upon) 기대하다

recognition
[rèkəgníʃən] 레커그니션 ■2486

명 인지, 인식, 인정, 승인, 보답

참고 in recognition of
~을 인정하여, ~의 보답으로

recognize
[rékəgnàiz] 레커그나이즈 ■2487

동 인식하다, 인정하다, 승인하다

참고 fail to recognize 몰라보다

recommend
[rèkəménd] 레커멘드 ■2488

동 추천하다, 권하다, 충고하다

참고 recommendation 추천, 권고

record
[rékərd] 레커-드 **명**
[rikɔ́:rd] 리코-ㄹ드 **동** ■2489

명 기록, 등록, 기록문서, 이력, 음반
동 기록하다, 알려주다, 녹음하다

참고 off the record 비공식적으로
on (the) record 기록에 실려, 공표되어

R

recording
[rikɔ́ːrdiŋ] 리코-r딩 ■2491

명 녹음, 녹화, 녹음(녹화)된 것

참고 make a recording of ~을 녹음(녹화)하다

recover
[rikʌ́vər] 리커붜r ■2492

명 되찾다, 회복하다, 복구되다

참고 recover oneself 제정신으로 돌아오다

recovery
[rikʌ́vəri] 리커붜뤼 ■2493

명 되찾기, 복구, 회복

참고 recovery room (병원)회복실

recruit
[rikrúːt] 리크루-트 ■2494

동 (신입사원, 신병, 새 회원을) 모집하다
명 신병, 보충병, 신입사원, 초심자

참고 plans to recruit 1,000 new workers 신규 인력을 천 명 채용할 계획이다

reduce
[ridjúːs] 리듀-쓰 ■2495

동 줄이다, 축소하다, 변형시키다, 낮추다, 진압하다

참고 reduce short-term debt 단기 부채를 줄이다

reduction
[ridʌ́kʃən] 리덕션 ■2496

명 축소, 감소, 변형, 격하, 진압

참고 poverty-reduction 빈곤퇴치

reference
[réfərəns] 레퓌륀쓰 ■2497

명 문의, 조회, 참조, 언급, 관련, 인용문, 신원조회서

참고 reference group 준거집단

refer
[rifə́ːr] 리풔-r
■2498

동 조회하다, 위탁하다, 나타내다, ~의 탓으로 돌리다, 참조하다, 관계하다, 언급하다, 인용하다

참고 to 와 함께 사용
refer to a person as
누구를 ~이라고 부르다

reflect
[riflékt] 리f플렉트
■2499

동 반사하다, 반영하다, 나타내다, 반성하다, 숙고하다

참고 reflect on a problem
문제를 곰곰이 생각하다

reflection
[riflékʃən] 리f플렉션
■2500

명 반사, 반영, 반성, 숙고

참고 reflection of the public view
민의의 반영

reform
[riːfɔ́ːrm] 리f포-r옴
■2501

동 개혁하다, 개정하다,
명 개혁, 개량, 개정

참고 Chaebol reform 재벌개혁

refrigerator
[rifrídʒərèitər]
리f프뤼져뤠이더r
■2502

명 냉장고, 냉각장치

참고 refrigerator car 냉동차

refugee
[rèfjudʒíː] 레f퓨-쥐
■2503

명 피난, 보호, 은신처

참고 taking refuge in China 중국에 은신중인

R

refusal
[rifjú:zəl] 리f퓨-절

명 거절, 거부, 사퇴

참고 the refusal 우선권, 취사선택의 권리
take no refusal 거절을 못하게 하다

refuse
[rifjú:z] 리f퓨-즈

동 거절하다, 거부하다, ~하려지 않다

참고 refuse to do the so-called 3D jobs 소위 3D업종을 기피하다

regard
[rigá:rd] 리가-r드

동 눈여겨보다, 참작하다, 평가하다, 중시하다, ~으로 간주하다
명 주목, 고려, 관련, 존중, 관계, 사항

참고 regard A as B ~ A를 B로 간주하다
in regard of
= with regard to ~에 관해서는
regarding ~에 관해서는

regime
[rəʒí:m] 러쥐-임
[reiʒí:m] 레이쥐-임

명 정권, 제도, 체제, 사회조직

참고 military regime 군사정권

region
[rí:dʒən] 리-쥔

명 지방, 지역, 영역, 범위

참고 in the region of ~의 가까이에, 근처에

regional
[rí:dʒənəl] 리-쥐늘

형 지방의, 지역의, 지역적인

참고 regional favoritism 지역주의
regionalism 지방분권주의

register
[rédʒəstər] 레쥐스터r ■2510

동 기록하다, 등기로 부치다
명 기록, 등록, 등록(등기)부, 등기우편

참고 registered 등록(등기)한, (우편)등기의
register office 등기소

registration
[rèdʒəstréiʃən] 레쥐스터뤠이션 ■2511

명 등기, 등록, 기재사항, (우편)등기

참고 registration number 자동차 등록번호

regret
[rigrét] 리그뤹 ■2512

명 유감, 후회, 애도
동 후회하다, 슬퍼하다

참고 feel regret for ~을 후회하다

regular
[régjələr] 레귤러r ■2513

형 규칙적인, 일상의, 정규의, 정례의

참고 non-regular workers 비정규직 근로자
regularly 정규적으로

regulation
[règjəléiʃən] 레귤레이션 ■2514

명 규칙, 규정, 법규, 규제, 조절

참고 traffic regulations 교통 법규
relaxation of a regulation 규제완화

reign
[rein] 레인 ■2515

명 통치, 지배, 치세

참고 in the reign of Queen Victoria
빅토리아 여왕 치세에

reinforce
[rìːinfɔ́ːrs] 리-인f포-r 쓰 ■2516

동 강화하다, 보강하다, 증강하다

참고 reinforce Dokdo defense
독도방위를 강화하다

R

reject
[ridʒékt] 리젝트
■ 2517

동 거절하다, 거부하다, 물리치다

참고 rejection 거절, 거부, 기각, 부결

relate
[riléit] 릴레이트
■ 2518

동 이야기하다, 관련시키다, 친척이다 관계가 있다

참고 relating to ~에 관하여

related (to)
[riléitid] 릴레이디드
■ 2519

형 관계가 있는, 관련된, 친족의

참고 be related to ~와 관계가 있다, ~와 친척간이다

relation
[riléiʃən] 릴레이션
■ 2520

명 관계, 관련, (사람과의)관계, 친족관계

참고 have relations with ~와 관계를 가지다
have relation to ~와 관련이 있다
in(with) relation to ~에 관하여

relationship
[riléiʃənʃip] 릴레이션쉽
■ 2521

명 관계, 친척관계

참고 the relationship between the two Koreas 남북관계

relative
[rélətiv] 렐러티브
■ 2522

형 관계있는, 상대적인, 비례하는
명 친척, 인척

참고 relatively 상대적으로, ~에 비례하여

relax
[riléks] 릴랙쓰
■ 2523

동 완화하다, 긴장을 풀다, 누그러지다

참고 relaxed 긴장을 푼, 느슨한
relaxing 이완하는, 편안케 하는

release
[rilíːs] 릴리-쓰 ■2524

- 형 풀어놓다, 석방하다, 면제하다
- 명 석방, 해방, 면제, 공개(물)
- 참고 release copy 사전보도자료
  in a press release 보도자료 에서

relevant
[réləvənt] 렐러빈트 ■2525

- 형 관련된, 적절한
- 참고 relevant public officials 관련 공무원들

reliable
[riláiəbəl] 릴라이어블 ■2526

- 형 의지가 되는, 믿을 수 있는, 확실한
- 참고 from the most reliable sources
  가장 믿을 만한 소식통으로부터

relief
[rilíːf] 릴리-f프 ■2527

- 명 구제, 구원, 교체, 강조, 돋을새김
- 참고 in relief 돋을새김 한, 눈에 띄게
  on relief (정부의) 구호를 받고

religion
[rilídʒən] 릴리젼 ■2528

- 명 종교, 종파, 신앙, 신조
- 참고 have a commitment to religion
  종교에 푹 빠지다

religious
[rilídʒəs] 릴리져쓰 ■2529

- 형 종교의, 종교적인, 신앙의, 경건한
- 참고 religious leaders 종교지도자들

reluctant
[rilʌ́ktənt] 릴럭턴트 ■2530

- 형 마음이 내키지 않는, 꺼리는, 마지못해서 하는
- 참고 reluctant to buy daily
  newspapers 일간신문 구입을 꺼린다

R

2531 rely [rilái] 릴라이
- 동 의지하다, 신뢰하다
- on 과 함께 사용
- 참고 rely upon it 틀림없이, 반드시

2532 remain [riméin] 리메인
- 동 남다, 남아있다, 머무르다, ~한 그대로 이다
- 참고 Nothing remains but to ~ 이제는 ~할 수밖에 없다

2533 remains [riméinz] 리메인즈
- 명 남은 것, 유적, 유물, 유해, 유족
- 참고 remaining 남아 있는, 나머지의, 재고의

2534 remark [rimá:rk] 리마-r크
- 동 주목하다, 말하다, 알아차리다
- 명 주의, 주목, 소견, 비평, 인지
- 참고 make remarks 비평하다, 연설하다

2535 remarkable [rimá:rkəbəl] 리마-r커블
- 형 주목할 만한, 남다른, 훌륭한
- 참고 remarkable growth 괄목할만한 성장
- remarkably 현저하게

2536 remedy [rémədi] 레머디
- 명 치료, 치료약, 구제방법
- 참고 a folk remedy 민간요법
- remedy for a cold 감기 치료

2537 remember [rimémbər] 리멤버r
- 동 생각해내다, 기억하고 있다, 상기하다
- 참고 remember of ~을 생각해내다

remind
[rimáind] 리마인드 ■2538

동 생각나게 하다, 일깨우다

참고 reminder 생각나게 하는 사람(것), 독촉장

remote
[rimóut] 리모우트 ■2539

형 먼 곳의, 외딴, 관계가 먼

참고 remote control 원격 조정
remote village 외딴 마을

removal
[rimú:vəl] 리무-벌 ■2540

명 이동, 이전, 제거, 철수

참고 snow removal operations 제설 작업

remove
[rimú:v] 리무-브 ■2541

동 옮기다, 이사하다, 해고하다

참고 be removed from school 퇴학당하다

render
[réndər] 렌더r ■2542

동 ~이 되게 하다, 주다, 바치다, 양도하다, 제출하다, 표현하다

참고 rendering 표현, 번역, 반환(품)

rent
[rent] 렌트 ■2543

명 지대, 집세, 사용료, 임대, 임차
동 임차하다, 임대하다

참고 rent a house from
~ 누구에게서 집을 임차하다

rented
[réntid] 렌티드 ■2544

형 임대료가 ~한

참고 high-rented 임대료가 비싼

R

repair ■2545
[ripɛ́ər] 리페어r

- 동 수리(수선)하다, 회복하다, 보상(배상)하다
- 명 수리, 회복, 보상
- 참고 repair man 수리공

repeat ■2546
[ripíːt] 리피-트

- 동 되풀이하다, 반복하다, 재생하다
- 참고 repeated 반복된, 종종 있는
  repeatedly 되풀이하여, 여러 차례

replace ■2547
[ripléis] 리플레이쓰

- 동 제자리에 놓다, 돌려주다, 대체하다
- 참고 replace hatred with hope
  증오를 희망으로 바꾸다

replacement ■2548
[ripléismənt] 리플레이쓰먼트

- 명 제자리에 되돌림, 반환, 교체
- 참고 replacement demand 교체수요

reply ■2549
[riplái] 리플라이

- 명 대답, 응답 동 대답하다, 응답하다
- 참고 in reply (to) ~에 답하여

report ■2550
[ripɔ́ːrt] 리포-r트

- 동 보고하다, 통보하다, 신고하다
- 명 보고(서), 보도, 성적표, 소문, 평판
- 참고 It is reported that~ ~라는 소문이 있다
  reporter 보고자, 신고자

represent ■2551
[rèprizént] 레프리젠트

- 동 표현하다, 주장하다, 묘사하다, 의미하다, 대표하다, ~을 상연하다
- 참고 re-present 다시 제출하다, 재연하다

385

2552 representation
[rèprizentéiʃən] 레프리젠테이션

명 표현, 묘사, 주장, 설명, 상연, 대표

참고 proportional representation
비례 대표제

2553 representative
[rèprizéntətiv] 레프리젠터티브

명 대표자, 대리인, 대의원, 국회의원, (미) 하원의원 **형** 표현하는, 상징하는, 대표적인, 대리하는

참고 be representative of ~을 대표하다

2554 reproduce
[rì:prədjú:s] 리-프뤄듀-쓰

동 재생하다, 복사하다, 번식하다

참고 reproduction 재생, 복제(물)

2555 republic
[ripʌ́blik] 리퍼블릭

명 공화국, 공화정체

참고 republican 공화국의, 공화정체의, 공화주의자, (미)공화당원

2556 reputation
[rèpjətéiʃən] 레퓨테이션

명 평판, 명성, 신망

참고 have the reputation of
~으로 평판이 좋다

2557 request
[rikwést] 리퀘스트

명 부탁, 요구, 의뢰
동 신청하다, 요청하다, 요구하다

참고 make request(s) for ~요청(간청)하다
on request 신청하는 대로 곧

2558 require
[rikwáiər] 리콰이어r

동 필요로 하다, 요구하다

참고 It requires that ~ ~할 필요가 있다

R

requirement
[rikwáiərmənt] 리콰이어r먼트
■2559

⑧ 필요, 요구, 필요물, 필요조건

참고 the minimum capital requirement 최소 자본금 요건

rescue
[réskju:] 레스큐-
■2560

⑧ 구조하다, 구출하다, 탈환하다
⑨ 구조, 구출, 불법 탈환

참고 rescue equipment 구조장비

research
[risə́:rtʃ] 리써-r취
■2561

⑨ 연구, 조사, 탐구

참고 according to research data 조사 자료에 따르면
researcher 연구원, 조사원

reservation
[rèzərvéiʃən] 레저r붸이션
■2562

⑨ 제한, 단서, 보류, 예약(석)

참고 military reservation areas 군사시설보호구역

residence
[rézədəns] 레저던쓰
■2563

⑨ 주거, 주택, 거주, 주재

참고 in residence 관저에 살며, (기숙사에서)기숙하며

reserve
[rizə́:rv] 리저-r브
■2564

⑧ 예약하다, 유보하다, 준비해두다
⑨ 예약, 유보, 비축, 보존

참고 keep in reserve 예비로 남겨 두다
Federal Reserve Board (미) 연방준비제도이사회
Federal Reserve Bank (미) 연방준비은행

resident
[rézədənt] 레저던트 ■2565

- 명 거주자, 주재사무관, 전문의 수련자
- 형 거주하는, 내재하는, 고유의

참고 resident registration number
주민등록번호

residential
[rèzədénʃəl] 레저덴셜 ■2566

- 형 주거의, 주거에 관한

참고 residential care 재택 간호

resign
[rizáin] 리자인 ■2567

- 동 사임하다, 사직하다, 포기하다

참고 resign oneself to ~
~에 몸을 맡기다, 따르다

resignation
[rèzignéiʃən] 레지그네이션 ■2568

- 명 사임, 사직, 포기, 체념

참고 give in (hand in) one's resignation 사표를 내다

resist
[rizíst] 리지스트 ■2569

- 동 저항하다, 격퇴하다, 방해하다, 견디다, 참다

참고 resist(face) the pressure
압력에 맞서다

resistance
[rizístəns] 리지스턴쓰 ■2570

- 명 저항, 반항

참고 resistance without violence
비폭력 저항

resolution
[rèzəlúːʃən] 레절루-션 ■2571

- 명 결심, 결의(문), 해결, 해답, 해상도

참고 make a resolution 결심하다

R

resolve
[rizálv] 리잘브

동 결심(결정)하다, 해결하다

참고 resolve itself into 결국 ~으로 되다

resort
[rizɔ́ːrt] 리조-r트

명 유흥지, 자주 다님, 의존, 수단

참고 as a last resort 최후의 수단으로서
have(make) resort to
~에 호소하다, 의존하다

resource
[ríːsɔːrs] 리-쏘-r쓰

명 자원, 재원, 수단, 방책, 기지(wit)

참고 a man of no resources 따분한 사람
resource-poor country 자원빈국

respect
[rispékt] 리쓰빽트

명 존경, 존중, 관심, 고려
동 존경하다, 존중하다, 참작하다

참고 have respect for ~을 존경하다
have respect to ~에 관심을 가지다

respectively
[rispéktivli] 리쓰빽티블리

부 각각, 따로따로

참고 repective 각각의, 각자의

respond
[rispánd] 리쓰빤드

동 대답하다, 응답하다, 반응하다

참고 respondence 응답, 일치, 적합

response
[rispáns] 리스빤쓰

명 응답, 대답

참고 in response to ~에 응하여

responsibility
[rispɑ̀nsəbíləti] 리쓰판써빌러디

명 책임, 의무

참고 take the responsibility of(for) ~의 책임을 지다

responsible
[rispɑ́nsəbəl] 리쓰빤서블

형 책임이 있는, 책임을 져야 할, 신뢰할 수 있는

참고 be responsible for ~에 책임이 있다

rest
[rest] 레스트

명 휴식, 안정, 안식처
동 그대로 있다, 위치하다, 의지하다, ~의 책임이다

참고 the rest 나머지, 여분, 그 밖의 것들(사람들)
(as) for the rest 그 밖의 것은, 나머지는
as to the rest 그 밖의 점에 대하여는

restaurant
[réstərənt] 레스더뤈트

명 요리점, 레스토랑

참고 American restaurant 미국식 식당
Japanese restaurant 일본식 식당

restoration
[rèstəréiʃən] 레스터뤠이션

명 회복, 복구, 복원, 부흥

참고 Gwanghwamun restoration project 광화문 복원사업

restore
[ristɔ́ːr] 리쓰토-r

동 되찾다, 복원(복구)하다, 회복하다

참고 restore law and order
법과 질서를 회복하다

R

restrict
[ristríkt] 리스트뤽트

동 제한하다, 한정하다, 금지하다

참고 restricted 한정된, 제한된
restricted area 출입제한 구역

restriction
[ristríkʃən] 리스트뤽션

명 제한, 한정, 구속

참고 impose(place, put) restrictions on ~에 제한을 가하다

result
[rizʌ́lt] 리절트

명 결과, 답, 성과
동 결과로써 생기다, 유래하다

참고 as a result of ~의 결과로서
in the result 결국

retail
[ríːteil] 리-테일

명 소매, 소매상
형 소매의, 소매상의

참고 retail banking sector 소매금융 부문

retain
[ritéin] 리테인

동 계속유지하다, 간직하다

참고 retain an old custom
옛 관습을 존속시키다

retire
[ritáiər] 리타이어r

동 물러가다, 은퇴하다, 퇴직하다, 철수하다

참고 retire from the world
속세를 버리고 출가하다

retired
[ritáiərd] 리타이어r드

형 은퇴한, 퇴직한, 눈에 띠지 않는

참고 a retired life 은퇴생활, 은둔 생활

retirement
[ritáiərmənt] 리타이어r먼트 ■2592

명 은퇴, 퇴직, 철수

참고 go into retirement 은퇴하다
retirement pension program
퇴직 연금 제도

retreat
[ri:trí:t] 리츠뤼-트 ■2593

명 퇴각, 은퇴, 은둔, 은신처

참고 go into retreat 은퇴하다, 은둔 생활을 하다

return
[ritə́:rn] 리터-r언 ■2594

동 되돌아가다, 다시 찾아오다, 반환하다, 보답하다
명 돌아옴, 복귀, 반환, 답례

참고 in return 답례로, 대답으로
in return for ~의 보답으로

reveal
[rivíːl] 리뷔-일 ■2595

동 폭로하다, 나타내다, 계시하다

참고 reveal oneself 이름을 밝히다
revealed religion 계시종교

revenue
[révənjù:] 레뷘유- ■2596

명 소득, (고정)수입, 세입

참고 the revenue 국세청, 세무서
defraud the revenue 탈세하다
revenue stamp 수입인지

reverse
[rivə́:rs] 리붜-r쓰 ■2597

동 거꾸로 하다, 전환하다,
명 역, 반대, 뒤, 뒷면, 역전, 실패

참고 in reverse 뒷면에, 반대로

R

review
[rivjúː] 리브유-
■2598
- 명 재조사, 재검토, 회고, 반성, 논평
- 동 다시조사하다, 회고하다, 비평하다

참고 court of review 재심 법원

revise
[riváiz] 리봐이즈
■2599
- 동 교정하다, 재검사하다, 의견을 바꾸다

참고 revised edition 교정판

revision
[rivíʒən] 리뷔전
■2600
- 명 교정, 수정, 개정(판)

참고 revision bill 개정 법안

revolution
[rèvəlúːʃən] 레뷜루-션
■2601
- 명 혁명, 대변혁, 회전, 공전

참고 information-technology revolution 정보기술(IT) 혁명

revolutionary
[rèvəlúːʃənèri] 레뷜루-셔네뤼
■2602
- 형 혁명의, 혁명적인

참고 Revolutionary War (미) 독립전쟁

reward
[riwɔ́ːrd] 리워-ㄹ드
■2603
- 명 보수, 보상, 보답, 사례금, 현상금
- 동 보답하다, 보상하다

참고 in reward for(of)
~에 대한 보상으로서, ~에 보답하여

rhythm
[ríðəm] 리th듬
■2604
- 명 (시의) 운, 동운어, 운문, 압운시

참고 nursery rhyme 동요, 자장가

2605
rice
[rais] 라이쓰

- 명 쌀, 밥, 벼
- 참고 brown rice 현미

2606
rich
[ritʃ] 리취

- 형 부유한, 풍부한, 귀중한, 비옥한
- 참고 oil-rich region 유전지대

2607
rid
[rid] 리드

- 동 없애다, 제거하다, 벗어나다
- 참고 get rid of ~을 벗어나다, ~을 그만두다, 제거하다

2608
ride
[raid] 라이드

- 동 (말, 버스, 배 등을)타다, 타고가다
- 명 탐, 태움, 탈 것
- 참고 rider 타는 사람, 기수
  riding 승마, 승차

2609
ridiculous
[ridíkjələs] 리디큘러쓰

- 형 우스운, 우스꽝스러운, 어리석은
- 참고 ridiculous idea 바보같은 생각

2610
right
[rait] 라잍

- 형 옳은, 적절한, 똑바른, 오른쪽의
- 부 바르게, 적절히, 똑바로, 우측으로
- 명 올바름, 권리, 정확함, 오른쪽
- 참고 rightly 올바르게, 공정하게

2611
ring
[riŋ] 링

- 명 고리, 고리 모양의 것, 반지
- 동 둘러싸다, 고리를 끼우다
- 참고 ring 울림, 울리는 소리, (종이)울리다, 울다, 울려 퍼지다, 전화를 걸다

R

riot
[ráiət] 라이얼 ■2612

명 폭동, 소요 **동** 폭동을 일으키다

참고 riot police 진압경찰(전투경찰)

rise
[raiz] 라이즈 ■2613

명 상승, 증가, 발생, 출세
동 일어서다, 뜨다, 오르다, 생기다

참고 give rise to ~을 발생시키다
the rise and fall 흥망성쇠

risk
[risk] 리스크 ■2614

명 위험, 모험
동 위태롭게 하다, 모험하다

참고 at all risks 어떤 위험을 무릅쓰고서라도, 꼭
at the risk of ~의 위험을 무릅쓰고

ritual
[rítʃuəl] 리츄얼 ■2615

형 의식의, 제식의, 관습의
명 의식, 제식, 의식적 행사

참고 ritual murder 의식으로 행하는 살인

rival
[ráivəl] 라이벌 ■2616

명 경쟁자, 적수, 라이벌 **형** 경쟁하는

참고 have no rival in ~에 경쟁자가 없다

river
[rívər] 리붜r ■2617

명 강

참고 river bank 강기슭, 강 둑
river wall 제방

road
[roud] 로우드 ■2618

명 길, 도로, 방법, 수단

참고 by road 육로로, 자동차로
on the road 여행 도중에, 순회공연 중에

rob
[rɑb] 랍 ■2619

동 강탈하다, 빼앗다

참고 robber 강도, 도둑
robbery 강도(질), 약탈

rock
[rɑk] 락 ■2620

명 바위, 암석, 견고한 토대, 암초, 곤경

참고 off the rocks 위험에서 벗어나
on the rocks 파멸하여, 파산하여

role
[roul] 로울 ■2621

명 역할, 임무, 배역

참고 fill the role of ~의 임무를 다하다

roll
[roul] 로울 ■2622

명 회전, 두루마리, 명부, 말아서 만든 것
동 구르다, 굴러가다, 둥글게 만들다

참고 on a roll (도박에서) 계속 이겨, 행운이 계속되어

Roman
[róumən] 로우먼 ■2623

형 로마의, 로마사람의 명 로마사람

참고 Roman Catholic
로마 가톨릭교의, 천주교의

romantic
[roumǽntik] 로우맨틱 ■2624

형 낭만적인, 공상 소설 같은

참고 romantic love story
낭만적인 사랑 이야기

roof
[ru:f] 루-f프 ■2625

명 지붕, 지붕 모양의 것, 정상, 꼭대기

참고 the roof of the world
세계의 지붕 (파미르고원)

R

root
[ru:t] 루-트
■2626

명 뿌리, 근원

참고 at (the) root 본질적으로
by the root(s) 뿌리째, 근본적으로

rope
[roup] 로웊
■2627

명 새끼, 밧줄, 로프

참고 on the ropes 줄을 붙잡고, 궁지에 몰려
rope dancing 줄타기(= rope walking)

rose
[rouz] 로우즈
■2628

명 장미, 장미꽃

참고 come up roses 잘되다, 성공하다

rough
[rʌf] 러프
■2629

형 거친, 다듬지 않은, 미완성의, 대강의

참고 roughly 거칠게, 난폭하게, 대충

route
[ru:t] 루-트
■2630

명 도로, 통로, 수단, 방법, 길

참고 en(on) route 도중에, 여행 중에

round
[raund] 라운드
■2631

형 둥근, 원형의, 도는
부 둘레에, 돌아서, 처음부터 끝까지
전 ~의 둘레를, ~을 돌아서, 일주하여
명 원, 고리, 둥근 것, 순환

참고 rounded 둥글게 된, 완성한

routine
[ruːtíːn] 루-티-인
■2632

명 판에 박힌 일, 일상의 일
형 판에 박힌, 일상의

참고 daily routine 되풀이 되는 일상

row
[rou] 로우
■2633

명 열, 줄, 좌석의 줄

참고 in a row 한 줄로, 연속적으로
in rows 여러 줄로 늘어 서서

royal
[rɔ́iəl] 로이얼
■2634

형 왕(여왕)의, 기품 있는, 당당한

참고 Royal Air Force 영국 공군
Royal Asiatic Society
영국 왕립아시아 학회

rub
[rʌb] 럽
■2635

동 비비다, 문지르다, 닦다

참고 rub away 문질러 닦아 없애다
rub up 잘 문지르다, 닦다

rubber
[rʌ́bər] 러버r
■2636

명 고무, 고무제품

참고 rubber band 고무 밴드
rubber check 부도수표

rubbish
[rʌ́biʃ] 러비쉬
■2637

명 쓰레기, 폐물, 어리석은 짓

참고 rubbish collection 쓰레기 수거

rude
[ruːd] 루-드
■2638

형 버릇없는, 무례한, 교양 없는

참고 rudely 버릇없이, 무례하게

R

rugby
[rʌ́gbi] 럭비 ■2639

명 럭비

참고 Rugby League (영국) 프로 럭비 연맹
Rugby Union (영국) 럭비 동맹 (아마추어)

ruin
[rúːin] 루-인 ■2640

동 파괴하다, 파멸시키다, 황폐케 하다
명 파멸, 파산, 폐허

참고 ruined 파멸한, 몰락한, 타락한

rule
[ruːl] 루-울 ■2641

명 지배, 통치, 규칙, 규정, 관례
동 지배하다, 통치하다

참고 by rule 규정대로
ruler 통치자, 지배자

rumour
[rúːmər] 루-머r ■2642

명 소문, 풍문

참고 Rumor has it that ~ ~이라는 소문이다
= There is a rumor that ~

run
[rʌn] 런 ■2643

동 달리다, 달아나다, 경과하다, 흐르다
명 달림, 노선, 흐름, 연속

참고 run across 우연히 만나다
run after 뒤를 쫓다, 추적하다

runner
[rʌ́nər] 러너r　■2644

- 명 달리는 사람, 주자, 도망자
- 참고 runner-up (경기에서) 차점자, 입상자

running
[rʌ́niŋ] 러닝　■2645

- 형 달리는, 연속적인, 흐르는, 원활하게 움직이는
- 참고 running costs 운영 자금
  running mate (미) 부통령 후보자, 동반자

rural
[rúərəl] 루어뤌　■2646

- 형 시골의, 전원의
- 참고 rural-based lawmakers
  농어촌에서 선출된 국회의원들

rush
[rʌʃ] 러쉬　■2647

- 동 돌진하다, 달려들다, 몰아대다
- 명 돌진, 돌격, 쇄도, 혼잡
- 참고 with a rush 돌격하여, 단숨에

Russian
[rʌ́ʃən] 러션　■2648

- 형 러시아 사람(말)의
- 명 러시아 사람(말)
- 참고 Russia 러시아(연방)

S

sack ■2649
[sæk] 쌕
- 명 자루, 마대, 봉지
- 동 자루에 넣다, 획득하다

참고 get the sack 해고당하다, 퇴짜 맞다

sacrifice ■2650
[sǽkrəfàis] 쌔크뤄퐈이쓰
- 명 산 제물, 희생(물)
- 동 제물로 바치다, 희생하다

참고 at the sacrifice of ~을 희생하여

sad ■2651
[sæd] 쌔드
- 형 슬픈, 비통한, 지독한

참고 sad to say 유감스럽게도

sadly ■2652
[sǽdli] 쌔들리
- 부 슬프게, 슬프게도, 몹시

참고 sadness 슬픔, 비애

safe ■2653
[seif] 쎄이프
- 형 안전한, 믿을 수 있는 명 금고

참고 safe and sound 무사히

safely ■2654
[séifli] 쎄이프리
- 부 안전하게, 무사히, 틀림없이

참고 It may safely be said that ~
~라고 말해도 틀리지 않다

safety ■2655
[séifti] 쎄이프띠
- 명 안전, 안전장치

참고 in safety 안전하게
safety belt 안전벨트

sail
[seil] 쎄일 ■2656

동 출항하다, 항해하다
명 돛, 돛단배, 항해

참고 sail for ~를 향해 출항하다
sail in 입항하다, (어떤 일을) 시작하다

sailing
[séiliŋ] 쎄일링 ■2657

명 출항, 항해, 항법

참고 sailing orders 출항 명령(서)

sailor
[séilər] 쎄일러r ■2658

명 뱃사람, 선원, 수병

참고 a good(bad) sailor
뱃멀미 안하는(하는) 사람

sake
[seik] 쎄이크 ■2659

명 위함, 목적, 이익, 원인, 이유

참고 for the sake of ~ ~을 위해서, ~을 봐서
(= for ~'s sake)

salad
[sǽləd] 쌜러드 ■2660

명 샐러드, 생채요리

참고 salad days 한창때, (미숙했던)청년시절

salary
[sǽləri] 쌜러뤼 ■2661

명 봉급, 급료

참고 a monthly salary 월급
an annual salary 연봉

sale
[seil] 쎄일 ■2662

명 판매, 매도, 매출액, 재고정리 판매

참고 for(on) sale 팔려고 내놓은
make a sale 성공하다

S

2663
sales
[seilz] 쎄일즈

형 판매의, 판매상의

참고 salesman 판매원, 세일즈맨
sales promotion 판매촉진 활동

2664
salt
[sɔːlt] 쏘-올트

명 소금

참고 the salt of the earth (성경) 세상의 소금
salty 소금기 있는, 짠

2665
same
[seim] 쎄임

형 같은, 동일한, 변함없는
대명사 동일한 것(사람)

참고 all the same 똑같은, 아무래도 상관없는
at the same time 동시에

2666
sample
[sǽmpəl] 쌤플

명 견본, 표본, 샘플

참고 sampling 견본 추출

2667
sanction
[sǽŋkʃən] 쌩(ㅋ)션

명 재가(裁可), 찬성, 제재, 구속력

참고 take sanctions against
~에게 제재 조치를 취하다

2668
sand
[sænd] 쌘드

명 모래, 모래밭

참고 built on sand 모래 위에 세운, 불안정한
run into the sands 궁지에 빠지다

2669
sandwich
[sǽndwitʃ] 쌘드위취

명 샌드위치, 샌드위치 모양의 것

참고 sandwich bar 샌드위치 전문 레스토랑

satellite
[sǽtəlàit] 쌔덜라이트 ■2670

명 위성, 인공위성

참고 satellite-based mobile broadcast 위성모바일 방송

satisfaction
[sæ̀tisfǽkʃən] 쌔디스팩션 ■2671

명 만족(감), 만족시키는 것, 배상, 속죄

참고 in satisfaction of ~의 배상으로서
make satisfaction for ~을 배상하다
take satisfaction for 보복하다

satisfactory
[sæ̀tisfǽktəri] 쌔디스팩터뤼 ■2672

형 만족스러운, 납득이 가는

참고 satisfactory balance 만족스러운 균형

satisfy
[sǽtisfài] 쌔디스퐈이 ■2673

동 만족시키다, 채무를 변제하다

참고 satisfy oneself 확신하다

satisfied
[sǽtisfàid] 쌔디스퐈이드 ■2674

형 만족한, 납득한

참고 be satisfied of ~을 확신하다, 납득하다
be satisfied with ~에 만족하다
satisfying 만족을 주는, 납득할 수 있는

Saturday
[sǽtərdi] 쌔러디
[sǽtərdèi] 쌔러데이 ■2675

명 (약어 Sat.) 토요일

참고 till next Saturday 다음 토요일까지

sauce
[sɔːs] 쏘-쓰 ■2676

명 소스, 양념

참고 soy sauce 간장

S

save [seiv] 쎄이브
- 동 아끼다, 돈을 모으다, 구하다, 지키다
- 참고 save time 시간을 아끼다
  save up money 돈을 모으다

saving [séiviŋ] 쎄이빙
- 명 절약, 저금, 구조, 구제
- 참고 savings account 저축성 예금

say [sei] 쎄이
- 동 말하다, 이야기하다
- 참고 It is said that ~ ~라고들 한다
  They say (that)~ ~라고들 한다

scale [skeil] 스께일
- 명 눈금, 척도, 비례, 비율, 규모, 등급
- 참고 on a large(small) scale 대(소)규모로
  the decimal scale 십진법(十進法)

scare [skɛər] 스께어r
- 동 위협하다, 놀라게 하다, 위협하여 ~하게하다 명 겁냄, 공포, 공황
- 참고 cause a scare 소란을 피우다

scared [skɛərd] 스께어r드
- 형 무서워하는, 겁에 질린
- 참고 be scared to death 공포에 질리다

scene [siːn] 씨-인
- 명 장면, 무대, 배경, 광경, 현장
- 참고 behind the scenes 무대 뒤에서, 남몰래
  on the scene 현장에, 그 자리에

schedule
[skédʒu(ː)l] 쓰께쥬-울 ■2684

명 예정(표), 스케줄, 시간표, 일람표
동 예정하다, 예정표를 만들다

참고 on (the) schedule 시간표대로, 예정대로

scheme
[skiːm] 스끼-임 ■2685

명 계획, 설계, 음모, 책략, 조직

참고 fund-raising scheme 자금조달 계획

science
[sáiəns] 싸이언스 ■2686

명 과학, 학문

참고 human science 인문 과학
natural science 자연 과학
social science 사회 과학

scientific
[sàiəntífik] 싸이언티픽 ■2687

형 과학의, 과학적인

참고 scientific management 과학적 관리

scientist
[sáiəntist] 싸이언티스트 ■2688

명 과학자, 과학연구자

참고 political scientist 정치학자
world-class scientist 세계적 수준의 과학자

scissors
[sízərz] 씨저rz ■2689

명 가위

참고 a pair of scissors 가위 한 자루
two pairs of scissors 가위 두 자루

scope
[skoup] 쓰꼬웊 ■2690

명 범위, 영역, 여지, 배출구

참고 beyond the scope of ~의 범위 밖에(서)

S

score
[skɔːr] 스꼬-r ■2691

- 명 새긴 표, 득점, 점수, 20개, 다수
- 동 기록하다, 채점하다, 득점하다

참고 in scores 많이, 몽땅
make a score 득점하다

Scotch
[skɑtʃ] 쓰까취 ■2692

- 형 스코틀랜드의, 스코틀랜드 사람(말)의
- 명 스코틀랜드 사람(말)

참고 Scotland 스코틀랜드

scratch
[skrætʃ] 스끄래취 ■2693

- 동 긁다, 긁어모으다, 지워 없애다
- 명 긁기, 할퀴기, 휘갈겨 쓰기

참고 from(at, on) scratch
출발점에서부터, 맨 처음부터, 무에서

scream
[skriːm] 스끄뤼-임 ■2694

- 동 소리치다, 비명을 지르다
- 명 절규, 비명

참고 scream out a curse
큰 소리로 저주를 퍼붓다

screen
[skriːn] 스끄뤼-인 ■2695

- 명 칸막이, 병풍, 보호물, 스크린, 영사막

참고 flat-screen television 평면 TV

screw
[skruː] 스끄루- ■2696

- 명 나사, 보트, 나사 모양의 것
- 동 나사로 죄다, 비틀다

참고 screw out 짜내다, 착취하다
screw up courage 용기를 내다

sculpture
[skʌ́lptʃər] 스껄프춰r ■2697

- 명 조각, 조각 작품 동 조각하다

참고 haetae sculpture 해태 상

sea
[siː] 씨- ■2698

명 바다, 해양, 호수

참고 by sea 뱃길로, 배편으로 (여해하다)
by the sea 바닷가에
go to sea 선원이 되다

seal
[siːl] 씨-일 ■2699

명 인장, 봉인, 비밀의 엄수
동 날인하다, 봉인하다, 보증하다

참고 break the seal 개봉하다

search
[səːrtʃ] 써-r취 ■2700

명 탐색, 조사, 추구 **동** 찾다, 탐색하다

참고 in search of ~을 찾아서

season
[síːzən] 씨-즌 ■2701

명 계절, 시절, 한창 때

참고 in season 한창 때에, 제철에, 때를 만난
out of season 철이 지난, 한물 간

seat
[siːt] 씨-트 ■2702

명 자리, 좌석, 의석

참고 take a seat 자리에 앉다
win a seat (선거에서) 의석을 얻다

second
[sékənd] 쎄컨드 ■2703

형 제2의, 두 번째의, 2위의, 또 하나의
부 둘째로, 다음으로
명 제2, 2위, 2등, 보조자

참고 in the second place 둘째로, 다음으로

secondary
[sékəndèri] 쎄컨데뤼 ■2704

형 제2위의, 2차의, 2류의, 부차적인

참고 secondary school 중등학교
secondly 둘째로, 다음으로

S

■2705 secret
[síːkrit] 씨-크륕

- 형 비밀의, 은밀한
- 명 비밀, 기밀, 비법, 비결

참고 in secret 비밀히, 몰래
secretly 몰래, 비밀리에

■2706 secretary
[sékrətèri] 쎄크뤄테뤼

- 명 비서, 비서관, 서기, 장관, 대신

참고 secretary-general 사무총장, 사무국장
U.N. Secretary-General UN 사무총장

■2707 section
[sékʃən] 쎅션

- 명 절단, 자른 부분, 구역, 지구, 계층

참고 cross section
횡단면, 단면도, (사회 등의)대표적인 면

■2708 sector
[séktər] 쎅터r

- 명 부문, 분야, 영역, 방면

참고 manufacturing sector 제조업 분야

■2709 secure
[sikjúər] 씨큐어r

- 형 안전한, 튼튼한, 확고한, 보증된
- 동 안전하게하다, 확보하다, 보증하다

참고 secure against(from) ~로부터 안전한

■2710 security
[sikjúəriti] 씨큐어뤄디

- 명 안전, 안심, 보안, 보장, 유가증권

참고 Security Council (유엔의) 안전 보장 이사회

■2711 seed
[siːd] 씨-드

- 명 씨앗, 종자, 원인, 근원, 자손

참고 seed bank 종자은행
seed money 밑천, 종자돈

seek
[siːk] 씨-크 ■2712

동 찾다, 탐구하다, 추구하다, 노력하다

참고 seek after(for) 탐구하다, 열심히 찾다
seek out 찾아내다

seem
[siːm] 씨-임 ■2713

동 ~처럼 보이다, ~인 것 같다

참고 It would seem that ~ 아무래도 ~인 듯하다
seemingly 겉으로는, 외관상

seize
[siːz] 씨-즈 ■2714

동 붙잡다, 빼앗다, 꽉 쥐다, 파악하다

참고 seize political power 권력을 잡다

select
[silékt] 씰렉트 ■2715

동 고르다, 선택하다

참고 selected 선택된, 정선된

selection
[silékʃən] 씰렉션 ■2716

명 선택, 선발, 선발된 사람(것)

참고 selection committee 심사위원단

sell
[sel] 쎌 ■2717

동 팔다, 매각하다, 팔리다

참고 be sold out of 매진(품절)되다
sell off 헐값에 팔아치우다

seller
[sélər] 쎌러r ■2718

명 파는 사람, 팔리는 물건

참고 sellers' market
판매자 시장 (판매자가 유리한 시장)

S

seminar ■2719
[sémənɑːr] 쎄머나-r

명 세미나, 연구집회, 연구실

참고 two-day seminar 이틀 일정의 세미나

senate ■2720
[sénət] 쎄넡

명 상원, 입법부, 의회, 원로원

참고 senator 상원의원, 원로원 의원

send ■2721
[send] 쎈드

동 보내다, 파견하다, 발송하다, 가게하다

참고 send for (누구를) 데리러 사람을 보내다
send forth 방출하다, 발송하다, 출판하다

senior ■2722
[síːjər] 씨-니어r

형 손위의, 연상의, 선배의, 상위의
명 연장자, 선임자, 상급자

참고 government senior officials
정부 고위 공무원들

sensation ■2723
[senséiʃən] 쎈쎄이션

명 감각, 느낌, 흥분, 물의, 센세이션

참고 make a great sensation
대단한 센세이션을 일으키다

sensible ■2724
[sénsəbəl] 쎈써블

형 분별 있는, 지각 있는, 느낄 수 있는

참고 sensible decision 현명한 결정

sensitive ■2725
[sénsətiv] 쎈써디브

형 민감한, 섬세한, 감수성이 예민한

참고 be extremely sensitive to
극도로 민감하다

411

2726 sentence
[séntəns] 쎈턴쓰

명 문장, 판정, 판결, 선고

참고 pass sentence upon 형을 선고하다

2727 separate
[sépərət] 쎄퍼륕 **형**
[sépərèit] 쎄퍼뤠이트 **동**

형 분리된, 떨어진, 별개의, 독립된
동 분리하다, 떼어놓다, 헤어지다

참고 separately 따로따로, 단독으로

2728 separation
[sèpəréiʃən] 쎄퍼뤠이션

명 분리, 이탈, 독립, 이별, 별거, 퇴직

참고 separation of powers 3권 분립

2729 September
[septémbər] 쎕템버r

명 9월

참고 약어 Sep. Sept.

2730 sequence
[síːkwəns] 씨-크원쓰

명 연달아 일어남, 연쇄, 결과, 결론

참고 in sequence 차례차례로

2731 sergeant
[sáːrdʒənt] 싸-r쥔트

명 하사관, 병장, 경사

참고 staff sergeant 하사

2732 series
[síəriːz] 씨어뤼-즈

명 일련, 연속, 연속 출판물

참고 a series of 연속된, 일련의

S

serious
[síəriəs] 씨어뤼어쓰
- 형 진지한, 심각한, 중대한
- 참고 serious-minded 진지한, 신중한
  take for serious 곧이듣다, 진담으로 받아들이다

seriously
[síəriəsli] 씨어뤼어쓸리
- 부 진지하게, 심각하게, 중대하게
- 참고 take ~ seriously ~을 진지하게 생각하다, ~의 말을 진지하게 받아들이다

servant
[sə́:rvənt] 써-r붼트
- 명 하인, 고용인, 부하, 종복, 공무원
- 참고 civil servant
  = public servant 공무원

serve
[sə:rv] 써-r브
- 동 섬기다, 봉사하다, 시중들다, 이바지하다, 복무하다
- 참고 serve (a person) right
  ~에게 당연하다, 자업자득이다

server
[sə́:rvər] 써-r붜r
- 명 봉사자, 근무자, (컴퓨터)서버
- 참고 (컴퓨터) server ⇔ client 클라이언트

service
[sə́:rvis] 써-r뷔쓰
- 명 봉사, 돌봄, 접대, 공공사업, (관청의)부문, 병역, (애프터)서비스
- 참고 enter the service 입대하다
  fire service 소방대

session
[séʃən] 쎄션
- 명 개회 중, 회기, 회의, 학기, 수업시간, 활동기간
- 참고 extraordinary session 임시국회

set
[set] 쎄트 ■2740

명 한 벌, 한 조, 집합, 모양, 자세, 일몰
동 두다, 놓다, 배치하다, 정하다, ~하게하다, (해가)지다

참고 set about 착수하다
set in 시작되다, 일어나다
set out 출발하다, ~하기 시작하다

setting
[sétiŋ] 쎄딩 ■2741

명 놓기, 고정시킴, 정하기, 환경

참고 setting point 응고점

settle
[sétl] 쎄들(를) ■2742

동 정착시키다, 안정시키다, 결정하다, 해결하다, 자리를 잡다, 결심하다

참고 settle down 진정하다, 정착하다

settlement
[sétlmənt] 쎄들먼트 ■2743

명 정착, 이민, 해결, 결정

참고 peaceful settlement 평화적 해결

several
[sévərəl] 쎄붜릴 ■2744

형 몇몇의, 몇 개의
대명사 몇몇, 몇 개, 사람

참고 Several men, several minds. 각인각색

severe
[səvíər] 써뷔어r ■2745

형 엄한, 심한, 엄격한, 위중한

참고 severe recession 심한 불경기

S

2746
severely
[səvíərli] 써뷔어r을리

부 엄격하게, 심하게

참고 be severely ill 중병이다

2747
sew
[sou] 쏘우

동 꿰매다, 제본하다

참고 sew up 봉합하다, 독점하다, 확보하다
sew up a deal 교섭을 잘 마무리하다

2748
sewing
[sóuiŋ] 쏘우잉

명 재봉, 바느질

참고 sewing machine 재봉틀

2749
sexual
[sékʃuəl] 쎅슈얼

형 성의, 성에관한, 성적인

참고 sexual abuse 성추행
sexually 성적으로

2750
shade
[ʃeid] 쉬에이드

명 그늘, 응달, 블라인드, 극히 조금, 미미한 차이

참고 a shade difference 아주 작은 차이
in the shade 응달에서, 눈에 띄지 않게

2751
shadow
[ʃǽdou] 쉬애도우

명 그림자, 환영, (부정, 의문문)아주 조금

참고 the shadow of war 전쟁의 위협

2752
shake
[ʃeik] 쉬에이크

동 흔들다, 흔들리다, 동요시키다
명 흔들기, 흔들림, 동요

참고 shake off 떨어뜨리다, 거절하다
shake-up 격동, 큰 쇄신, 대규모 인사이동

415

shallow
[ʃǽlou] 쉬앨로우
- 형 얕은, 피상적인, 천박한
- 참고 a shallow river 얕은 강
  a shallow mind 천박한 생각

shame
[ʃeim] 쉬에임
- 명 부끄러움, 수치, 치욕
- 참고 bring(put) to shame 창피를 주다

shape
[ʃeip] 쉬에이프
- 명 모양, 형태, 모습, 상태, 형세
- 동 모양 짓다, 형성하다, 구체화하다
- 참고 in shape 본래의 상태로
  in the shape of ~의 형태로, ~으로서

shaped
[ʃeipt] 쉬에이프트
- 형 ~의 모양을 한, 모양 지어진
- 참고 well-shaped body 균형 잡힌 몸매

share
[ʃɛər] 쉬에어r
- 동 나누다, 분배하다, 공유하다
- 명 몫, 할당, 분배, 주식
- 참고 take the lion's share 제일 큰 몫을 차지하다
  shareholder 주주

sharp
[ʃɑːrp] 쉬아-r프
- 형 날카로운, 예민한, 가파른, 명확한
- 참고 sharp rise 급등, 급증
  sharply 날카롭게, 급격하게, 세게

shave
[ʃeiv] 쉬에이브
- 동 면도하다, 깎다, 스치다
- 참고 shave away(off) 깎아버리다

S

shed
[ʃed] 쉬에드

동 흘리다, 떨어뜨리다, 퍼뜨리다

참고 shed light on 비추다

sheep
[ʃi:p] 쉬-잎

명 양, 온순한 사람

참고 black sheep 검은 양, 악당, 말썽꾸러기

sheer
[ʃiər] 쉬어r

형 얇은, 섞이지 않은, 순수한, 순전한, 단순한, 가파른

참고 the sheer number in employment 전체 취업자 수

sheet
[ʃi:t] 쉬이-트

명 시트, 커버, 얇은 판, ~장(매), 한 장의 종이

참고 an order sheet 주문전표
a sheet of water 온통 물, 물바다

shelf
[ʃelf] 쉬엘프

명 선반, 시렁, 얕은 곳

참고 put on the shelf 해고하다, 폐기처분하다
the continental shelf 대륙붕(棚)

shell
[ʃel] 쉬엘

명 조가비, 조개, 껍질, 포탄, 탄피

참고 shell company
자산이나 사업 활동이 없는 명의뿐인 회사

shelter
[ʃéltər] 쉬엘터r

명 피난처, 방공호, 대합실, 보호, 옹호
동 보호(비호)하다, 숨기다

참고 take (find) shelter 피난하다, 대피하다

shield
■2767
[ʃiːld] 쉬-일드

- 명 보호물, 보호자, 방패, 보호
- 참고 both sides of the shield 방패의 양면 (사물의 안팎)

shift
■2768
[ʃift] 쉬f프트

- 동 이동하다, 이동시키다, 방향을 바꾸다
- 명 이동, 변화, 교체, 교대, 임시방편
- 참고 for a shift 임시방편으로
  make (a) shift 그럭저럭 꾸려 나가다

shine
■2769
[ʃain] 쉬아인

- 동 빛나다, 빛나게 하다, 빛을 내다, 두드러지다
- 참고 shine out 빛나다, 빛을 발하다
  shiny 빛나는, 해가 쬐는

ship
■2770
[ʃip] 쉽

- 명 배, 탈것 (항공기, 비행선, 우주선), 승무원(선원)
- 참고 by ship 배로, 배편으로
  on(in) a ship 배를 타고

shirt
■2771
[ʃəːrt] 쉬어-r트

- 명 셔츠, 내의
- 참고 lose one's shirt 알거지가 되다

shit
■2772
[ʃit] 쉬잍

- 동 똥누다, 호통치다
- 명 똥, 배설물, 쓸모없는 것(놈)
- 참고 shit on (경찰에) 밀고하다
  bull shit! 빌어먹을!

shock
■2773
[ʃɑk] 쉬악, 쉬옥

- 명 충격, 깜짝 놀람, 쇼크
- 동 충격을 주다
- 참고 shocking 충격적인, 무서운, 고약한

S

2774
shoe
[ʃuː] 쉬우-

명 신, 구두

참고 in a person's shoes ~의 입장이 되어

2775
shoot
[ʃuːt] 쉬우-트

동 쏘다, 사격하다, 발사하다, 방사하다

참고 shoot at(for) 겨냥해서 쏘다
shoot up 저격하다, 무럭무럭 자라다

2776
shooting
[ʃúːtiŋ] 쉬우-딩

명 사격, 사냥터, (영화)촬영

참고 shooting script 촬영대본

2777
shop
[ʃap] 쉬앞

명 가게, 상점, 작업장, 공장
동 물건을 사다, 물색하다

참고 antique shop 골동품 가게
smell of the shop 전문가 인체하다

2778
shopping
[ʃápiŋ] 쉬아핑

명 쇼핑, 물건사기

참고 shopping center 쇼핑센터, 대단위 상점가
shopping mall 보행자 전용 상점가

2779
shore
[ʃɔːr] 쇼-r

명 바닷가, (바다, 호수, 강) 기슭

참고 in shore 해안 가까이
off shore 해안에서 떨어져서
on shore 육지에

2780
short
[ʃɔːrt] 쇼-r트

형 짧은, 순식간에, 부족한

참고 short of ~이 부족하여, ~에 못 미치는
little short of 거의 ~한, ~에 가까운

shortage
[ʃɔ́:rtidʒ] 쇼-r디쥐 ■2781

명 부족, 결핍, 결점

참고 manpower shortage 인력부족

shortly
[ʃɔ́:rtli] 쇼-r들리 ■2782

부 곧, 머지않아, 간단히

참고 shortly before 직전에
shortly after 직후에

shot
[ʃɑt] 쉬알 ■2783

명 발사, 총알, 사정거리, 일격, 촬영

참고 at a shot 단발에
take a shot at 저격하다

shoulder
[ʃóuldər] 쉬오울더r ■2784

명 어깨, 어깨에 해당하는 부분

참고 take on one's own shoulders 책임을 지다

shout
[ʃaut] 쉬아우트 ■2785

동 외치다, 큰소리를 내다, 환호하다
명 외침, 큰소리, 환호

참고 shout down 소리쳐 반대하다

show
[ʃou] 쉬오우 ■2786

동 보이다, 나타내다, 가르쳐 주다
명 나타냄, 표시, 쇼, 전시회

참고 for show 자랑으로, 과시하기 위해
make a show of 자랑하다

shower
[ʃáuər] 쉬아우어r ■2787

명 소나기, 쏟아짐, 빗발침, 샤워

참고 a shower of presents 많은 선물
take a shower 샤워를 하다

420

shrug
[ʃrʌg] 쉬뤅 ■2788

동 어깨를 으쓱하다

참고 shrug away 무시해버리다
shrug off 모른 체 하다, 부인하다

shut
[ʃʌt] 쉬엍 ■2789

동 닫다, 잠그다, 덮다, 폐쇄하다
형 닫은, 닫혀있는

참고 shut down 닫다, 폐점하다, 휴업하다
shut off 끄다, 잠그다, 떼어내다
shut out 차단하다, 내쫓다, 배제하다
shut up 폐점하다, 잠그다, 침묵시키다

shy
[ʃai] 쉬아이 ■2790

형 수줍어하는, 소심한, 꺼리는, (얼마)모자라는

참고 far shy of ~ ~에 훨씬 미치지 못하는

sick
[sik] 씩 ■2791

형 병든, 메스꺼운, 신물이 나서, 그리워하여

참고 be sick 병에 걸린
feel sick 메스껍다

side
[said] 싸이드 ■2792

명 쪽, 면, 측면, 편, 측

참고 from side to side 좌우로, 옆으로
off side 반칙의 위치에 (⇔ on side)
side by side 나란히, 병행하여, 결탁하여

sideways
[sáidwèiz] 싸이드웨이즈 ■2793

형 옆을 향한, 비스듬한, 회피하는
부 옆으로, 비스듬히, 경멸적인 눈길로

참고 knock(throw) ~ sideways
쇼크를 주다, 곤혹스럽게 하다

421

sight
[sait] 싸이트 ■2794

명 봄, 시력, 시각, 시야, 견해

참고 in sight 보이는 거리에
in the sight of ~의 의견으로는

sign
[sain] 싸인 ■2795

명 기호, 부호, 신호, 표지, 간판
동 신호하다, 표시하다, 서명하다

참고 make the sign of the cross 성호를 긋다
sign up 취업계약을 하다, 가입하다

signal
[sígnl] 씨그널 ■2796

명 신호, 암호, 징후, 조짐, 계기
동 신호하다, ~을 나타내다

참고 a signal of distress 조난 신호

signature
[sígnətʃər] 씨그너춰r ■2797

명 서명, 기호, 사인, (약의)용법, 징후

참고 Digital Signature 디지털 서명

significance
[signífikəns] 씨그니퓌컨스 ■2798

명 의미, 의미심장, 중대, 중요성

참고 significant 중대한, 의미 있
significantly 의미심장하게

silence
[sáiləns] 싸일런쓰 ■2799

명 고요함, 침묵, 무언, 비밀엄수

참고 break silence 침묵을 깨뜨리다
⇔ keep silence
in silence 조용히

silent
[sáilənt] 싸일런트 ■2800

형 침묵하는, 고요한

참고 a silent volcano 휴화산

S

silk
[silk] 씰크
■2801

명 비단, 비단옷

참고 silky 비단같은, 부드러운

silly
[síli] 씰리
■2802

형 어리석은, 바보 같은

참고 silly ass 바보, 멍청이

silver
[sílvər] 씰붜r
■2803

명 은, 은제품, 은화
형 은의, 은으로 만든

참고 silver anniversary 25주년 기념일
silver screen 은막, 영화, 영화계

similar
[símələr] 씨멀러r
■2804

형 비슷한, 유사한

참고 similarly 비슷하게

simple
[símpəl] 씸플
■2805

형 간단한, 단순한, 간소한, 순진한

참고 simply 간단히, 단순히

sincere
[sinsíər] 씬씨어r
■2806

형 성실한, 진실한

참고 sincerely 진정으로, 마음으로부터

sing
[siŋ] 씽
■2807

동 노래하다

참고 singer 노래하는 사람, 가수
singing 노래하기, 노래, 지저귐

single
[síŋɡəl] 씽글 ■2808

형 단 하나의, 단독의, 혼자의, 개개의

참고 single-family house 단독주택
single-person household 1인 가구

sink
[siŋk] 씽크 ■2809

동 가라앉다, 가라앉히다, 하락하다, 침몰하다

참고 sink in 스며들다, 서서히 이해되다

sir
[sə:r] 써-r ■2810

명 님, 선생님, 귀하, 각하, 경(卿)

참고 긍정이나 부정을 강조: Yes, sir! No, sir!

sister
[sístər] 씨쓰터r ■2811

명 여자 형제, 젊은 여성, 수녀, 간호사

참고 sister city 자매 도시
sister-in-law 형수, 제수, 동서, 시누이, 올케, 처형, 처제

sit
[sit] 씯 ■2812

동 앉다, 앉아 있다, 개회하다

참고 sit down 앉다, 자리 잡다
sit-down 연좌농성, 시위, 파업

site
[sait] 싸이트 ■2813

명 위치, 장소, 부지, 대지, (웹)사이트

참고 historic sites 사적

situation
[sìtʃuéiʃən] 씨츄에이션 ■2814

명 위치, 부지, 환경, 입장, 상태, 형세, 중대한 국면

참고 situation comedy
시트콤(매회 에피소드가 바뀌는 연속 홈 코미디)

S

size [saiz] 싸이즈 ■2815
- 명 크기, 치수
- 참고 of some size 상당히 큰
  size-up 평가, 판단
  -sized (합성어를 만들어서) 크기가 ~인

skill [skil] 스낄 ■2816
- 명 솜씨, 숙련, 노련, 기술
- 참고 skilled 숙련된, 능숙한
  skillful 숙련된, 솜씨 좋은, 교묘한
  skillfully 솜씨 있게, 교묘하게

skin [skin] 스낀 ■2817
- 명 피부, 가죽, 껍질
- 참고 skin care 피부 관리(손질)
  skin-deep 깊지 않은, 피상적인

skirt [skə:rt] 스꺼-r뜨 ■2818
- 명 스커트, 치마, 가장자리, 변두리
- 참고 skirt chaser 난봉꾼

sky [skai] 스까이 ■2819
- 명 하늘, 천국, 날씨
- 참고 sky-high 매우 높은
  Skylab 스카이랩(미국의 유인 우주 실험실)

slam [slæm] 슬램 ■2820
- 동 쾅 닫다, 탁 놓다, 세게 치다
- 참고 slam dunk 슬램덩크(강렬하고 극적인 덩크 슛)

sleep [sli:p] 슬리-프 ■2821
- 동 잠자다, 숙박하다, 활동하지 않다
- 명 잠, 수면, 활동정지, 죽음
- 참고 fall on sleep 잠들다, 죽다
  go to sleep 잠들다

sleeve
[sliːv] 슬리-브

- 명 소매, 소맷자락
- 참고 hang on a person's sleeves
  누구의 소맷자락에 매달리다, 시키는 대로 하다

slice
[slais] 슬라이쓰

- 명 얇은 조각, 한 조각, 일부분
- 동 얇게 썰다, 분할하다
- 참고 a slice of melon 멜론 한 조각

slide
[slaid] 슬라이드

- 동 미끄러지다, 미끄러지게 하다, 어느새 ~이 되다
- 참고 slide away 살짝 빠져나가다, 어느새 지나가다
  slide over 회피하다, 척척 처리하다

slight
[slait] 슬라잍

- 형 근소한, 약간의, 사소한, 하찮은
- 참고 make slight of 얕보다, 경시하다
  slightly 약간, 가볍게

slip
[slip] 슬맆

- 동 미끄러지다, 미끄러져 들어가다(내려가다, 움직이다, 넘어지다)
- 참고 slip from one's memory
  기억에서 사라지다

slope
[sloup] 슬로웊

- 명 경사면, 비탈, 기울기, 경기후퇴
- 동 경사지다, 내려가다, 비탈지다
- 참고 slope away 도망가다, 탈옥하다

slow
[slou] 슬로우

- 형 느린, 시간이 걸리는, 활기가 없는
- 참고 slow up 활력이 떨어지다, 기력이 쇠하다
  slow down 감속, 태업, 경기후퇴

S

small ■2829
[smɔːl] 스모-올
- 형 작은, 소형의, 소규모의, 적은
- 참고 feel small 풀이 죽다, 부끄럽게 생각하다
  look small 기가 죽다, 수줍어하다

smart ■2830
[smɑːrt] 스마-r트
- 형 재치 있는, 눈치 빠른, 영리한, 날렵한, 산뜻한, 쿡쿡 쑤시는
- 참고 smart building 스마트빌딩(컴퓨터로 관리되는 첨단 빌딩)

smash ■2831
[smæʃ] 스매쉬
- 동 깨뜨리다, 격파하다, 세게 때리다
- 명 분쇄, 강타, 충돌, 큰 실패
- 참고 smash hit (영화 등의) 대성공

smell ■2832
[smel] 스멜
- 동 냄새 맡다, 냄새가 나다, ~의 기미가 있다
- 명 냄새, 후각
- 참고 smell out 탐지하다, 찾아내다

smile ■2833
[smail] 스마일
- 동 웃다, 미소 짓다
- 명 미소, 웃는 얼굴
- 참고 smile at ~을 보고 미소 짓다, 냉소하다

smoke ■2834
[smouk] 스모우크
- 명 연기, 매연, 연기 같은 것
- 동 연기를 내다, 담배를 피우다
- 참고 have(take) a smoke 담배 한 대 피우다
  smoking 흡연

smooth ■2835
[smuːð] 스무-드
- 형 매끄러운, 부드러운, 잘되어가는
- 동 매끄럽게 하다, 수월하게 하다
- 참고 smoothly 매끈하게, 평탄하게

snake
[sneik] 스네이크 ■2836

명 뱀, 음흉한 사람

참고 snake in the grass 위험한 사람, 믿을 수 없는 사람

snap
[snæp] 스냅 ■2837

동 덥석 물다, 홱 잡다, 찰칵 소리를 내다
명 덥석 물기, 홱 하는 소리, 스냅사진

참고 a cold snap 갑자기 닥쳐온 추위
snap shot 속사, 스냅사진

snow
[snou] 스노우 ■2838

명 눈, 강설, 순백
동 눈이 오다, 눈처럼 쏟아지다

참고 be snowed under 눈에 묻히다, 수량으로 압도당하다

soap
[soup] 쏘웊 ■2839

명 비누, 아첨, 뇌물

참고 no soap (제안 등을) 수락할 수 없음, 실패(failure), 모름
soap opera 연속 멜로드라마

social
[sóuʃəl] 쏘우셜 ■2840

형 사회적인, 사회의, 사교적인

참고 socially 사회적으로, 사교상

socialist
[sóuʃəlist] 쏘우셜리스트 ■2841

명 사회주의자, 사회당원

참고 socialism 사회주의

society
[səsáiəti] 써싸이어디 ■2842

명 사회, 모임, 회, 사교

참고 sociology 사회학

S

sock
[sɑk] 싹 ■2843

명 짧은 양말

참고 a pair of socks 양말 한 켤레

soft
[sɔ(:)ft] 쏘-f프트 ■2844

형 부드러운, 조용한, 온화한, 관대한

참고 softly 부드럽게

software
[sɔ́(:)ftwɛər] 쏘-f프트웨어r ■2845

명 소프트웨어

참고 unlicensed software 불법 소프트웨어

soil
[sɔil] 쏘일 ■2846

명 흙, 토양, 농지, 국토, 나라

참고 soil pollution 토양 오염

soldier
[sóuldʒər] 쏘울줘r ■2847

명 군인, 병사, 전사

참고 go for a soldier 군인이 되다
play at soldiers 병정놀이를 하다

sole
[soul] 쏘울 ■2848

형 오직 하나의, 단 한 사람의, 독점적인

참고 the sole agent 총대리점(인)

solid
[sálid] 쌀리드 ■2849

형 고체의, 단단한, 견고한, 견실한
명 고체, 고형체

참고 solid information 믿을 만한(실질적인) 정보

solution
[səljúːʃən] 썰루-션 ■2850

명 용해, 분해, 해결책, 해결, 해답

참고 in solution 녹아서, (생각 등이) 정리되지 않고
solution to the conflict 갈등 해결책

solve
[salv] 쌀브 [sɔlv] 쏠브 ■2851

동 풀다, 해명하다, 해결하다

참고 solve a problem 문제를 풀다

some
[sʌm] 썸 ■2852

형 얼마간의, 다소의, 어떤, 어딘가의, 누군가의, 상당한
대명사 얼마간, 다소, 어떤 것(사람들)

참고 some day 언젠가, 훗날
some time 잠시 (동안), 언젠가

somebody
[sʌ́mbàdi] 썸바디 ■2853

대명사 어떤 사람, 누군가

참고 = someone
somebody else 누군가 다른 사람

somehow
[sʌ́mhàu] 썸하우 ■2854

부 어떻게든지 하여, 어쩐지, 웬일인지

참고 someday 언젠가(훗날에)
someone = somebody

something
[sʌ́mθiŋ] 썸th씽 ■2855

대명사 어떤 것, 어떤 일, 어느 정도

참고 make something of ~을 이용하다
something else 어떤 다른 것

S

sometimes
[sʌ́mtàimz] 썸타임즈
■2856

부 때때로, 이따금

참고 somewhat 얼마간, 어느 정도, 약간
somewhere 어디론가, 어딘가에

son
[sʌn] 썬
■2857

명 아들, 자식, 자손

참고 a son of Adam 사내(아이)

song
[sɔ(ː)ŋ] 쏘-옹
■2858

명 노래, 가곡, 시가

참고 for a song = for an old(a mere) song 헐값으로, 싸구려로

soon
[suːn] 쑤-운
■2859

부 곧, 머지않아, 일찍, 빨리

참고 as soon as ~하자마자
no sooner ~ than ~하자마자
sooner or later 조만간

sore
[sɔːr] 쏘-r
■2860

형 아픈, 쓰린, 슬픔에 잠긴, 민감한

참고 a sore spot(point) 아픈 데, 급소, 약점
a sore issue (서로의 감정을 해치는) 민감한 문제

sorry
[sɑ́ri] 싸뤼 [sɔ́ːri] 쏘-뤼
■2861

형 슬픈, 유감스러운, 섭섭한, 미안한

참고 sorry for oneself 낙심하여

sort
[sɔːrt] 쏘-r트
■2862

명 종류, 성격, 품질, 방법
동 분류하다, 가려내다, 잘 정리하다

참고 all of a sort 비슷비슷한
a sort of 일종의, ~같은 것

soul
[soul] 쏘울

명 영혼, 정신, 정수, 핵심

참고 for the soul of me=for my soul = to save my soul 아무리 하여도
mate 마음의 친구, 애인, 정부

sound
[saund] 싸운드

명 소리, 음향
동 소리가 나다, ~하게 들리다

참고 strange as it may sound 이상하게 들릴지 모르지만

soup
[suːp] 수-읍

명 수프

참고 from soup to nuts 처음부터 끝까지
in the soup 곤경에 빠져

sour
[sáuər] 싸우어r

형 시큼한, 신, 까다로운, 불쾌한

참고 for sour apples 서투르게, 보기 흉하게
sour grapes 억지, 오기, 지기 싫어함

source
[sɔːrs] 쏘-r쓰

명 원천, 원인, 근원, 출처

참고 source book 원본, 원전(原典)
open-source software 공개 소프트웨어

south
[sauθ] 싸우th쓰

명 남쪽, 남부 **형** 남쪽의, 남쪽에 있는
부 남쪽에, 남쪽으로

참고 southern 남쪽의, 남쪽에 있는

space
[speis] 스뻬이쓰

명 공간, 장소, 간격, 거리, 우주

참고 for a space 잠시 동안
space craft, spaceship 우주선

Spanish
■2870
[spǽniʃ] 스빼니쉬

- 형 스페인의, 스페인 사람(말)의
- 명 스페인 사람, 스페인 말

참고 Spanish influenza 스페인 독감

spare
■2871
[spɛər] 스빼어r

- 동 절약하다, 용서하다, 면하게 하다
- 형 아끼는, 부족한, 여분의, 예비의

참고 have no time to spare ~할 여유가 없다
without spare 가차 없이

speak
■2872
[spi:k] 스삐-크

- 동 말하다, 이야기하다, 나타내다

참고 not to speak of ~은 말할 것도 없이
speaking of ~에 관해서 말한다면
spoken 구두의, 말로 하는

speaker
■2873
[spíːkər] 스삐-커r

- 명 말하는 사람, 강연자, 연설자, 확성기

참고 Mr. Speaker! 의장!

special
■2874
[spéʃəl] 스뻬셜

- 형 특별한, 고유의, 전공의, 유별난

참고 specially 특별히
specialist 전문가

species
■2875
[spíːʃi(ː)z] 스삐-쉬-즈

- 명 종(種), 종류, 인종

참고 species barrier 종(種)의 장벽
The Origin of Species
「종의 기원」(다윈의 저서)

specific
■2876
[spisífik] 스피씨픽

- 형 독특한, 특유한, 특정한, 뚜렷한

참고 specifically 명확히, 분명히

specify
[spésəfài] 스뻬써퐈이 ■2877

⑧ 일일이 열거하다, 구체적으로 말하다, 상술하다

🔖 specification 상술, 명세서, 설계서

specimen
[spésəmən] 스뻬써먼 ■2878

⑨ 견본, 표본, 실례

🔖 stuffed specimens 박제(剝製)

spectacular
[spektǽkjələr] 스펙**태**큘러r ■2879

⑲ 구경거리의, 볼만한, 눈부신, 극적인

🔖 spectacle 광경, 장관, (pl.)안경

spectrum
[spéktrəm] 스뻭츠럼 ■2880

⑨ 스펙트럼, 분광, 범위, 연속체

🔖 a broad(wide) spectrum of
광범위한, 가지각색의

speculation
[spèkjəléiʃən] 스뻬큘레이션 ■2881

⑨ 사색, 심사숙고, 추측, 추론, 투기

🔖 on speculation 투기적으로
real estate speculation 부동산 투기

speech
[spi:tʃ] 스뻬-취 ■2882

⑨ 말, 언어, 말하기, 이야기, 연설, 말투

🔖 make a speech 연설하다

speed
[spi:d] 스뻬-드 ■2883

⑨ 빠르기, 속도, 속력

🔖 at speed 서둘러, 속력을 내어
make speed 서두르다
with all speed 전속력으로, 급히

434

S

■2884
spell
[spel] 스뻴

동 철자를 말하다(쓰다), ~라고 읽다, ~을 의미한다

참고 spelling 철자, 철자법

■2885
spend
[spend] 스뻰드

동 소비하다, 낭비하다, 다 써버리다, (시간을)보내다

참고 spending 지출, 소비

■2886
spice
[spais] 스파이쓰

명 양념, 향신료, 풍미, 묘미

참고 spicy 양념을 넣은, 향긋한, 생기 있는

■2887
spider
[spáidər] 스빠이더r

명 거미, 계략을 꾸미는 사람

참고 spider man
(빌딩 건축 현장 등) 높은 곳에서 일하는 사람

■2888
spin
[spin] 스삔

동 (누에 등이) 실을 내다, 실을 잣다, 돌리다, 회전시키다, 장황하게 이야기하다, 질질 끌다

참고 spin off 부수적으로 생산하다, 분리하다, (회사를) 분리 신설하다

■2889
spirit
[spírit] 스삐릳

명 정신, 영혼, 영, 기분, 활기

참고 a noble spirit 고매한 사람
spirit of the Constitution 헌법정신

spiritual
■2890
[spíritʃuəl] 스삐뤼츄얼

형 정신의, 정신적인, 영적인, 숭고한, 종교적인

참고 spiritual leader 영적인 지도자

split
■2891
[split] 스플리트

동 쪼개다, 쪼개지다, 분리시키다
명 쪼갬, 쪼개짐, 분리, 균열, 분열

참고 split up 분열시키다, 분할하다

spoil
■2892
[spɔil] 스뽀일

동 망치다, 못쓰게 하다, (음식을) 상하게 하다, 성격을 버리다

참고 Spare the rod and spoil the child. 매를 아끼면 자식을 버린다.

spokesman
■2893
[spóuksmən] 스뽀욱쓰먼

명 대변인, 대표자, 연설가

참고 Presidential spokesman 청와대 대변인

sponsor
■2894
[spánsər] 스빤써r

명 보증인, 후원자, 광고주, 스폰서

참고 an Olympics sponsor 올림픽 후원업체

spoon
■2895
[spuːn] 스뿌-운

명 숟가락, 스푼

참고 be born with a silver(gold) spoon in one's mouth 부자 집에서 태어나다

sport
■2896
[spɔːrt] 스뽀-r트

명 운동, 경기, 스포츠, 오락, 위안

참고 in(for) sport 농담으로, 장난삼아
make sport of a person 조롱하다

S

spot
[spɑt] 스빹 ■2897

명 반점, 점, 특정장소, 오점, 흠

참고 on the spot 즉석에서, 당장, 현장에서
spot price 현물가격

spray
[sprei] 스쁘뤠이 ■2898

명 물보라, 분무, 스프레이, 분무기
동 물보라를 날리다, ~에 뿌리다

참고 spray insecticide on rice plants 벼에 농약을 뿌리다

spread
[spred] 스쁘레드 ■2899

동 펴다, 펼치다, 늘어놓다, 뿌리다

참고 spread out 활짝 퍼지다
spread over 퍼지다, ~을 덮다
wide-spread influence 광범위한 영향

spring
[spriŋ] 스쁘링 ■2900

명 튀어 오름, 비약, 용수철, 봄, 샘

참고 in spring 봄에(는)
a hot spring 온천

squad
[skwɑd] 쓰크와드 ■2901

명 (군대, 경찰의) 분대, 반, 대(隊), 단, 팀

참고 rescue squad 구조대

square
[skwɛər] 스크웨어r ■2902

형 정사각형의, 동등한, 공명정대한
명 정사각형, 광장, 네모난 것(면)

참고 on the square 공정하게, 동등하게
out of square 직각이 아닌, 무질서하게

squeeze
[skwiːz] 스크위-즈 ■2903

동 압착하다, 짜내다, 꽉 쥐다, 강제하다
명 압착, 짜기, 굳은 악수, 압박

참고 put the squeeze on ~에 압력을 가하다
squeeze out 짜내다, 계략으로 파산시키다

stability
■2904
[stəbíləti] 스터빌러디

명 안정, 안정성

참고 stable 안정된, 견고한, 영속적인

staff
■2905
[stæf] 스때f프

명 막대기, 지휘봉, 뒷받침, 참모, 직원

참고 the teaching staff 교수진, 교사진

stage
■2906
[steidʒ] 스떼이쥐

명 단계, 활동무대(범위), (극장)무대

참고 go on(take to) the stage 배우가 되다
quit the stage
무대에서 은퇴하다, (정계 등에서) 은퇴하다

stair
■2907
[stɛər] 스떼어r

명 계단, (계단의) 한 단, 단계

참고 down stairs 아래층에서(으로)
up stairs 위층에서(으로)

stamp
■2908
[stæmp] 스땜프

명 우표, 도장, 인, 각인, 흔적, 특질
동 우표를 붙이다, 날인하다, 새겨 넣다

참고 of the same stamp 같은 종류의

stand
■2909
[stænd] 스땐드

동 서다, 서있다, 기립하다,
~에 위치하다, ~이다(상태),
지속하다, 세우다, 견디다, 저항하다
명 서 있음, 기립, 위치, 관람석, 태도,
견해, 저항

참고 stand up 일어서다, 오래가다

438

S

■2910 standard
[stǽndərd] 스땐더r드

- 명 표준, 기준, 규격, 모범
- 형 표준의, 규격에 맞는, 모범적인

참고 Labor Standards Law 근로 기준법

■2911 star
[sta:r] 스따-r

- 명 별, 별 모양의 것, 인기인
- 동 별로 장식하다, 돋보이다

참고 star cluster 성단(星團)

■2912 stare
[stɛər] 스떼어r

- 동 응시하다, 뚫어지게 보다
- 명 응시, 빤히 쳐다보기

참고 make a person stare
누구를 놀라게 하다

■2913 start
[sta:rt] 스따-rㅌ

- 동 출발하다, 시작하다, 움직이다
- 명 출발, 개시, 착수

참고 start off 출발하다, 일을 시작하게 하다

■2914 state
[steit]

- 명 상태, 형세, 계급, 신분, 국가, 정부
- 형 국가의, 정부의, 공식의
- 동 진술하다, 주장하다

참고 the Secretary of State
(미국)국무 장관 〈외무장관에 해당〉
state-run 국영의

■2915 statement
[stéitmənt] 스떼이트먼트

- 명 성명, 성명서, 진술

참고 make a statement 성명을 발표하다

station
[stéiʃən] 스떼이션 ■2916

명 위치, 장소, 정거장, 서(署), 본부, 국(局), 소(所)

참고 stationary 움직이지 않는, 고정시킨
stationery 문방구, 문구

statistics
[stətístiks] 스터티스틱쓰 ■2917

명 통계, 통계자료, 통계학

참고 statistical 통계의, 통계학의

statue
[stǽtʃuː] 쓰때츄- ■2918

명 상(像), 조각상

참고 a statue of General Douglas McArthur 맥아더 장군 동상

status
[stéitəs] 스떼이더스 ■2919

명 지위, 신분, 상태, 사정

참고 status quo 현상, 현상유지

stay
[stei] 스떼이 ■2920

동 머무르다, 체류하다, ~인 상태로 있다
명 체재, 체류, 연기, 유예

참고 stay off 삼가다, 멀리하다
stay on 계속 머무르다, 유임하다

steady
[stédi] 스떼디 ■2921

형 확고한, 안정된, 불변의, 믿을 만한

참고 go steady 한 상대하고 만 사귀다
steadily 견실하게, 꾸준히, 착실하게

steal
[stiːl] 스띠-일 ■2922

동 훔치다, 무단 차용하다, 몰래 움직이다

참고 steal away 몰래 떠나다
steal in 살며시 들어가다, 밀수하다
steal off 가지고 도망치다

S

steam
[stiːm] 스띠-임
■2923
명 증기, 수증기, 추진력, 힘, 활력
참고 lose steam 정체하다, 활력을 잃다

steel
[stiːl] 스띠-일
■2924
명 강철, 철강제품, 철강 산업
참고 steel-collar worker 산업용 로봇

steep
[stiːp] 스띠-잎
■2925
형 가파른, 험한, 무리한, 극단적인
참고 steeply 가파르게

steer
[stiər] 스띠어r
■2926
동 키를 잡다, 조종하다, 이끌다
참고 steer the economy toward growth 성장위주로 경제를 이끌다

stem
[stem] 스뗌
■2927
명 줄기, 대, 줄기 같은 것, 종족, 계통
참고 stem cell 줄기 세포

step
[step] 스뗖
■2928
명 걸음, 한 걸음, 발자국, 단계, 조치
동 걷다, 나아가다, ~상태로 되다
참고 step by step 한 걸음 한 걸음
step for step 보조를 맞추어

stick
[stik] 스띡
■2929
동 찌르다, 고정하다, 고수하다
명 막대기, 지팡이, 채찍질(벌, 협박)
참고 stick out 돌출하다, 두드러지다, 끝까지 주장하다

441

stiff
[stif] 스띠프
- 형 뻣뻣한, 경직된, 어려운, 엄한
- 참고 stiff competition 치열한 경쟁
  stiffly 완고하게, 딱딱하게

still
[stil] 스띠일
- 부 아직도, 게다가, 그럼에도 불구하고
- 형 정지한, 조용한, 평온한
- 참고 still more 하물며, 더욱이
  (부정을 받으면 still less)

stimulate
[stímjəlèit] 스띠뮬레이트
- 동 자극하다, 격려하다, 고무하다, 흥분시키다
- 참고 stimulus 자극, 격려, 자극물, 흥분제

sting
[stiŋ] 스띵
- 동 찌르다, 쏘다, 자극하다, 괴롭히다
- 명 찌르기, 쏘기, 자극, 비꼼, 고통, 독침, 가시
- 참고 sting operation 함정수사

stir
[stə:r] 스떠-r
- 동 움직이다, 자극하다, 분발시키다
- 참고 stir up 뒤흔들다, 휘젓다, 일으키다, 선동하다

stock
[stɑk] 스따크
- 명 축적, 저장, 재고품, 주식, 증권, (나무)줄기, 혈통, 종족
- 참고 take stock 재고 조사를 하다
  take stock in 주식을 사다, ~에 관계하다

stomach
[stʌ́mək] 스떠머크
- 명 위(胃), 복부, 식욕, 욕망
- 참고 stomach cancer 위암
  turn a person's stomach
  기분을 상하게 하다

S

stone ■2937
[stoun] 스토움

명 돌, 석재, 비석, 기념비

참고 cast(throw) stones(a stone) at 비난하다

store ■2938
[stɔ:r] 스또-r

명 가게, 상점, 저장, 비축
동 공급하다, 저장하다

참고 in store 저장하여, 준비하여, (운명이) ~에게 다가오는

storm ■2939
[stɔ:rm] 스또-r음

명 폭풍, 큰비, 빗발, 쇄도, 소동, 격동

참고 the storm and stress 질풍노도의 시대, 동요, 동란

story ■2940
[stɔ́:ri] 스또-뤼

명 이야기, 소설, 줄거리, 경력, 소문

참고 tell stories 거짓말을 하다
the whole story 일의 자초지종

stove ■2941
[stouv] 스또우브

명 스토브, 난로

참고 light a stove 난로를 피우다

straight ■2942
[stréit] 스츄뤠이트

부 곧장, 똑바로, 중단 없이, 솔직하게
형 곧은, 수직의, 직진하는, 정직한

참고 go straight 정직하게 살다
make straight 똑바로 하다, 정돈하다

strain ■2943
[stréin] 스츄뤠인

명 팽팽함, 긴장, 부담
동 잡아당기다, 긴장시키다, 무리를 하다

참고 strain after 얻으려고 애쓰다

443

2944 strange
[streindʒ] 스츄뤠인쥐

형 이상한, 낯선, 생소한, 외국의

참고 strange to say 이상한 이야기지만
strangely 이상하게, 기묘하게도

2945 stranger
[stréindʒər] 스츄뤠인쥐r

명 낯선 사람, 방문자, 문외한

참고 be no stranger to ~을 잘 알고 있다
make a stranger of ~을 쌀쌀하게 대하다

2946 strategy
[strǽtədʒi] 스츄뢔더쥐

명 전략, 작전, 병법, 계략, 술수

참고 strategic 전략의, 전략상의, 전략적인
strategic arms 전략무기

2947 stream
[striːm] 스츄뤼-임

명 시내, 유출, 흐름, 추세, 경향

참고 the stream of consciousness
의식의 흐름

2948 street
[striːt] 스츄뤼-트

명 거리, ~가(街), ~로(路), 차도

참고 on the street(streets)
거리에서, 실직하여, 부랑 생활을 하여

2949 strength
[stréŋkθ] 스트렝(ㅋ)th쓰

명 힘, 세기, 세력, 권력, 장점, 강점

참고 strengthen 강하게 하다, 강화하다

2950 stress
[strés] 스트뤠쓰

명 강조, 강세, 압박, 시련, 압박감
동 강조하다, 압박하다

참고 stressed 스트레스를 받은

S

stretch ■2951
[strétʃ] 스트뤠취

- 동 뻗다, 늘어나다, 잡아 늘이다
- 명 뻗침, 확장, 팽팽함, 단 숨

참고 at a stretch 단숨에
on the stretch 긴장하여

strict ■2952
[stríkt] 스트륔트

- 형 엄격한, 엄밀한, 정확한

참고 strictly 엄격히, 엄격히
strictly speaking 엄밀히 말하자면

strike ■2953
[straik] 스트롸이크

- 동 치다, 때리다, 공격하다, (생각이)갑자기 떠오르다
- 명 치기, 구타, 집중공격, 동맹파업

참고 go on (a) strike 동맹 파업에 들어가다

striking ■2954
[stráikiŋ] 스트롸이킹

- 형 이목을 끄는, 두드러진, 공격의

참고 strikingly 두드러지게, 현저하게

string ■2955
[striŋ] 스트륑

- 명 끈, 줄, 연속, 일련

참고 a string of meetings 일련의 만남
string theory (물리) 끈이론

strip ■2956
[strip] 스트륖

- 동 벗기다, 빼앗다, 벗겨지다, 옷을 벗다

참고 strip down 호되게 꾸짖다
strip off 벗기다, 파헤치다

stripe ■2957
[straip] 스트롸잎

- 명 줄무늬, (군대)계급, 유형, 특색

참고 striped 줄무늬가 있는

445

stroke ■2958
[stróuk] 스트로우크

- 명 타격, 치는 소리, 일필, (병의)발작
- 동 치다, 짧은 선을 긋다

참고 a stroke above ~보다 한 수 위인
brain stroke 뇌졸중

strong ■2959
[strɔ(:)ŋ] 스트로-옹

- 형 힘센, 튼튼한, 확고한, 설득력 있는

참고 stronghold 요새, 본거지, 거점
strongly 강하게, 견고하게

structure ■2960
[strʌ́ktʃər] 스트뤽춰r

- 명 구조, 체계, 구조물, 건축물

참고 industrial structure 산업구조

struggle ■2961
[strʌ́gəl] 스트뤄글

- 동 발버둥 치다, 싸우다
- 명 몸부림, 악전고투, 싸움, 전투

참고 labor struggle 노사분규

student ■2962
[stjúːdənt] 스뜌-든트

- 명 학생, 학자, 연구생

참고 student lamp 독서용 램프

studio ■2963
[stjúːdiòu] 스뜌-디오우

- 명 작업장, 연습실, 스튜디오, (영화)촬영소, 방송실

참고 studio audience (라디오, TV) 방청객

study ■2964
[stʌ́di] 스떠디

- 명 공부, 연구, 학문
- 동 공부하다, 연구하다

참고 study out 생각해 내다, 고안하다, 문제를 풀다

S

■2965
stuff
[stʌf] 스떠f프

명 재료, 물질, 원료, 자료, 요소, 재능

참고 and all that stuff 그 밖에 여러 가지
hot stuff 멋진 것(사람)

■2966
stupid
[stjúːpid] 스뜌-피드

형 어리석은, 바보 같은, 시시한

참고 stupidity 어리석음

■2967
style
[stail] 스따일

명 스타일, 모양, 풍채, 유형, 방식, 양식

참고 in style 맵시 있게
out of style 유행에 뒤떨어진

■2968
subject
[sʌ́bdʒikt] 써브쥑트 명 형
[səbdʒékt] 써브첵트 동

명 주제, 문제, 학과, 주체, 주어, 원인, 국민, 피지배자
형 지배를 받는, 종속하는, 필요로 하는, ~의 영향을 받기 쉬운
동 종속시키다, 지배하다

참고 be subject to ~을 받기 쉽다

■2969
submit
[səbmít] 써브미트

동 복종시키다, 굴복하다, 제출하다, 의견을 말하다

참고 submit to authority 권위에 복종하다

■2970
substance
[sʌ́bstəns] 썹스턴쓰

명 물질, 실질, 요지, 본체

참고 in substance 실질적으로는, 본질적으로

substantial
[səbstǽnʃəl] 썹쓰텐셜
■2971

형 실체의, 실질적인, 중요한, 상당한

참고 substantially 본질상, 대체로

substitute
[sʌ́bstitjùːt] 썹쓰터튜-트
■2972

명 대리인, 대용품
동 대리시키다, ~와 바꾸다, 대신하다

참고 substitute A for B
= substitute B by A B 대신 A 를 쓰다

subtle
[sʌ́tl] 써를
■2973

형 미묘한, 난해한, 예민한

참고 subtle odor 미묘한 향기

succeed
[səksíːd] 썩씨-드
■2974

동 성공하다, 계속되다, 결과가 되다, 상속하다

참고 success 성공, 성취
successful 성공한
successfully 성공적으로

succession
[səkséʃən] 썩쎄션
■2975

명 연속, 연속물, 상속, 계승

참고 successive 잇따른, 계속되는
successor 상속자, 계승자, 후계자

such
[sʌtʃ] 써취
■2976

형 그런, 그(이)와 같은, 저렇게, 매우
대명사 그러한 것(사람)

참고 such as 예컨대, 이를테면, ~하는 사람들
as such 그 자체로, 그와 같은 자격으로

S

suck [sʌk] 써크 ■2977

동 빨다, 핥다, 흡수하다

참고 suck up 빨아올리다, 흡수하다
suck up to ~에게 아첨하다

sudden [sʌ́dn] 써든 ■2978

형 돌연한, 뜻밖의

참고 (all) of a sudden
= on a sudden 갑자기, 뜻밖에
suddenly 갑자기, 별안간

suffer [sʌ́fər] 써풔r ■2979

동 괴로워하다, 견디다, 겪다

참고 suffer from sleepless nights
불면에 시달리다
suffering 괴로움, 고통

sufficient [səfíʃənt] 써퓌션트 ■2980

형 충분한, ~하기에 족한

참고 sufficiently 충분하게

sugar [ʃúgər] 슈거r ■2981

명 설탕, 감언

참고 sugar-free 설탕이 들어가지 않은

suggest [səgdʒést] 써(그)줴스트 ■2982

동 제안하다, 권하다, 암시하다, 생각나게 하다

참고 suggest itself to ~
~에게 생각이 떠오르다

suggestion [səgdʒéstʃən] 써(그)줴스쳔 ■2983

명 제안, 제의, 암시, 생각나게 함, 연상

참고 make a suggestion 제안하다

449

suicide
■ 2984
[súːəsàid] 쑤-어싸이드

명 자살, 자살행위, 자살자

참고 commit suicide 자살하다

suit
■ 2985
[suːt] 쑤-트

명 (복장)한 벌, 청원, 탄원, 소송, 고소
동 적응시키다, 일치시키다, 어울리다

참고 make suit to ~에게 간청하다

suited
■ 2986
[súːtid] 쑤-디드

형 적당한, 어울리는, ~의 슈트를 입은

참고 be suited to(for) ~에 적합하다
suitable 적당한, 알맞은

suitcase
■ 2987
[súːtkèis] 쑤-드케이쓰

명 여행가방, 슈트케이스

참고 live out of a suitcase
거처를 정하지 않고 살아가다

sum
■ 2988
[sʌm] 썸

명 총계, 합계, 개요, 개략, 금액

참고 in sum 요컨대, 결국

summary
■ 2989
[sʌ́məri] 써머뤼

명 요약, 개요
형 요약한, 간결한, 즉결의

참고 summary court 즉결재판소

summer
■ 2990
[sʌ́mər] 써머r

명 여름, 여름철, 한창때

참고 the summer of life 장년기
summer time 일광절약 시간, 서머타임

S

summit
[sʌ́mit] 써밑
■2991

명 정상, 절정, (국가의)정상급, 정상회담

참고 summit meeting (talks) 정상회담

sun
[sʌn] 썬
■2992

명 태양, 해, 햇빛, 햇볕

참고 see the sun 출생하다, 살아 있다
take the sun 햇볕을 쬐다, 일광욕하다
under the sun 이 세상에서, (강조)도대체

Sunday
[sʌ́ndei] 썬데이
■2993

명 (약어 Sun.) 일요일

참고 last Sunday 지난주 일요일에
next Sunday 내주 일요일에

superior
[səpíəriər] 써피어뤼어r
[supíəriər] 쑤피어뤼어r
■2994

형 보다나은, 뛰어난, 우수한, 상위의

참고 superior court 상급법원

supermarket
[súːpərmàːrkit] 쑤-퍼r마-r킽
■2995

명 슈퍼마켓

참고 = supermart

supplement
[sʌ́pləmənt] 써플러먼트
■2996

명 추가, 보충, 증보, 부록

참고 supplementary 보충의, 추가하는

supply
[səplái] 써플라이
■2997

명 공급, 배급, 공급품
동 공급하다, 보충하다, 대신하다

참고 supplier 공급하는 사람(것), 제품제조업자

support
[səpɔ́:rt] 써**포**-r트
■2998

- 명 받침, 지지, 유지, 부양
- 동 지탱하다, 지지하다, 부양하다

참고 in support of ~을 지지하여, 찬성하여

supporter
[səpɔ́:rtər] 써**포**-r더r
■2999

- 명 지지자, 후원자, 부양자, 지지물

참고 a strong supporter 열렬한 지지자

suppose
[səpóuz] 써**포**우즈
■3000

- 동 가정하다, 추측하다, 전제로 하다, 만약 ~이면

참고 be supposed to ~하기로 되어 있다
supposing 만약 ~이라면

supreme
[səprí:m] 써프**리**-임
[su(:)prí:m] 쑤프**리**-임
■3001

- 형 최고의, 최상의, 가장 중요한

참고 at the supreme moment
가장 중요한 고비에

sure
[ʃuər] **슈**어r
■3002

- 형 확실한, 틀림없는, 믿을 수 있는, 반드시 ~하는
- 부 확실히, 틀림없이

참고 make sure 확인하다, 확신하다
to be sure 확실히, 물론

surely
[ʃúərli] **슈**어r을리
■3003

- 부 확실히, 틀림없이, 물론

참고 as surely as ~와 마찬가지로 틀림없이

surface
[sə́:rfis] **써**-r퓌쓰
■3004

- 명 평면, 외부, 겉보기, 외관

참고 on the surface 겉보기에는
surface-to-surface missile
지대지 미사일(SSM)

S

3005 surgery
[sə́:rdʒəri] 써-r줘뤼

- 명 외과, 외과수술, 수술실
- 참고 plastic surgery 성형 외과

3006 surname
[sə́:rnèim] 써-r네임

- 명 성(姓), 별명
- 참고 = family name

3007 surprise
[sərpráiz] 써r프롸이즈

- 명 놀람, 놀라운 일(것), 기습
- 통 놀라게 하다, 놀라다, 불시에 덮치다
- 참고 surprised 놀란
  surprising 놀라운, 놀랄만한, 의외의
  surprisingly 놀랄 정도로

3008 surround
[səráund] 써롸운드

- 통 둘러싸다, 에워싸다, 포위하다
- 참고 be surrounded by(with) ~에 둘러싸이다
  surrounding 주위의, 주변의, 근처의, 둘러싸는

3009 survey
[sə́:rvéi] 써-r붸이

- 명 내려다봄, 전망, 개관, 조사, 측량
- 통 내려다보다, 전망하다, 조사하다
- 참고 make a survey 검사(측량)하다

3010 survival
[sərváivəl] 써-r봐이뷜

- 명 생존, 생존자, 유물
- 참고 the survival of the fittest 적자생존
  survival kit (비상용) 생존장비

survive
[sərváiv] 써-r봐이브

동 살아남다, ~보다 오래 살다

참고 survivor 생존자

suspect
[səspékt] 써스펙트 동
[sʌ́spekt] 써스펙트 명 형

동 의심하다, ~라고 여기다, 짐작하다
명 혐의자, 용의자

참고 be suspected of ~의 혐의를 받다

suspend
[səspénd] 써쓰뻰드

동 매달다, 일시중지하다, 연기하다

참고 suspended sentence 집행유예

suspicion
[səspíʃən] 써쓰삐션

명 혐의, 의심, 막연한 느낌, 눈치 챔

참고 on suspicion of ~의 혐의로
suspicious 의심스러운, 수상쩍은, 의심많은

sustain
[səstéin] 써쓰떼인

동 떠받치다, 유지하다, 견디다, 지속하다, 승인하다

참고 sustained 지속된, 일련의
sustained efforts 부단한 노력

swallow
[swálou] 스왈로우

동 꿀꺽 삼키다, 먹어치우다, 그대로 받아들이다

참고 swallow a pill 알약을 삼키다

swear
[swɛər] 스웨어r

동 맹세하다, 선서하다, 욕을 하다

참고 swear at 욕하다
swear for 보증하다
swearing-in (대통령 등의) 취임식

sweat
[swet] 스웨트 ■3018

- 명 땀, 땀 흘림, 힘든 일, 고역
- 동 땀 흘리다, 땀을 흘리게 하다

참고 sweat for it 후회하다
sweat like a pig 땀을 몹시 흘리다

sweater
[swétər] 스웨더 r ■3019

- 명 스웨터, 땀 흘리는 사람

참고 sweater vest 스웨터 소재의 조끼

sweep
[swi:p] 스위-프 ■3020

- 동 청소하다, 쓸어내리다, 깨끗이 하다
- 명 청소, 쓸기, 한번 휘두르기

참고 sweeper 청소부, 청소기, (축구)스위퍼

sweet
[swi:t] 스위-트 ■3021

- 형 단, 달콤한, 감미로운, 상냥한
- 명 단맛, 단것, 사탕, 즐거움

참고 sweet and twenty 20세의 미인
sweetheart 연인, 애인

swell
[swel] 스웰 ■3022

- 동 부풀다, 팽창하다, 솟아오르다

참고 swelling 창, 종대, 융기
swollen 팽창한, 과장한

swim
[swim] 스윔 ■3023

- 동 헤엄치다, 수영하다, 넘치다, 잠기다

참고 sink or swim
흥하느냐 망하느냐, 죽느냐 사느냐

swimming
[swímiŋ] 스위밍 ■3024

- 명 수영, 유영

참고 go swimming 수영하러 가다
swimming pool 수영장

swing
■3025
[swiŋ] 스윙

- 명 흔듦, 그네, 흔들림, 휘두름, 동요
- 동 흔들다, 흔들리다, 매달리다, 스윙하다
- 참고 swing back 되돌아가다
  in full swing 한창(진행 중)인

switch
■3026
[switʃ] 스위취

- 명 스위치, 개폐기, 전환, 변경
- 동 스위치를 켜다, 연결하다, 교환하다
- 참고 switch a light off 전등을 끄다
  switch a light on 전등을 켜다

sword
■3027
[sɔːrd] 쏘-rㄷ

- 명 검, 칼, 무력
- 참고 cross swords with ~와 싸우다, 논쟁하다
  fire and sword 살육

symbol
■3028
[símbəl] 씸벌

- 명 상징, 표상, 기호, 부호
- 참고 a symbol of peace 평화의 상징
  a symbol of a high-end lifestyle 최상류층의 상징

sympathetic
■3029
[sìmpəθétik] 씸퍼th쎄딕

- 형 동정적인, 호의적인, 마음에 드는
- 참고 sympathetic strike 동정파업
  sympathetic vibration 공명

sympathy
■3030
[símpəθi] 씸퍼th씨

- 명 공감, 동감, 동정, 연민, 호의, 찬성
- 참고 express sympathy for ~을 위문하다, 조의를 표하다
  in sympathy with ~에 찬성하여

system
■3031
[sístəm] 씨스텀

- 명 체계, 조직, 계통, 제도, 질서, 규칙
- 참고 the solar system 태양계
  employment permit system 고용허가제도

table
[téibəl] 테이블
■3032

명 테이블, 탁자, 식탁, 목록, 표

참고 lie on the table 심의가 보류되다
on the table (의안 등이) 검토 중인

tablet
[tǽblit] 태블릿
■3033

명 평판, 기념 액자, 패, 서판, (약)정제

참고 a memorial tablet 기념비

tackle
[tǽkəl] 태클
■3034

동 달려들다, 부딪히다, 논쟁하다
명 연장, 도구, 태클

참고 tackle a problem 문제와 씨름하다

tail
[teil] 테일
■3035

명 꼬리, 말단, 끝부분, 행렬

참고 the tail end 후미, 말단, 최종단계, 말기

take
[teik] 테이크
■3056

동 잡다, 획득하다, 받다, 받아들이다, 빼앗다, 가지고 가다, 데리고 가다, 필요로 하다

참고 take for ~라고 생각하다
take off 벗다, 제거하다, 이륙하다
take over 인계받다, 접수하다, 점거하다

tale
[teil] 테일
■3057

명 이야기, 설화, 꾸민 이야기, 소문

참고 tell all tales 허풍 떨다
tell a tale 이야기를 하다, 깊은 뜻이 있다

3058
talent
[tǽlənt] 탤런트

- 명 재능, 소질, 재능 있는 사람, 인재, 탤런트
- 참고 creative talent 창의적인 재능

3059
talk
[tɔːk] 토-크

- 동 말하다, 이야기하다, 의논하다
- 명 이야기, 담화, 협의, 의논
- 참고 talk out 끝까지 이야기하다
  talk over 의논하다, 설득하다

3060
tall
[tɔːl] 토-올

- 형 키가 큰, 높은, 높이가 ~인, 많은
- 참고 2-meter tall 2m 높이의
  a tall story 과장된 이야기, 허풍

3061
tank
[tæŋk] 탱크

- 명 탱크, 물통, 저수지, 전차
- 참고 think tank 두뇌 집단, 싱크탱크, 연구소

3062
tap
[tæp] 탭

- 동 가볍게 두드리다, 가볍게 쳐서 ~하다
- 명 가볍게 두드리기, 똑똑 치는 소리
- 참고 tap dance 탭 댄스

3063
tape
[teip] 테이프

- 명 테이프(접착용, 녹음 등)
- 참고 on tape 테이프에 녹음되어

3064
target
[táːrgit] 타-r깉

- 명 과녁, 표적, 목표
- 참고 off target 표적이 틀린, 부정확한
  on target 적확한, 정곡을 찌르는

T

task
[tæsk] 태스크
■3065

명 임무, 과업, 힘든 일

참고 task force
(특정한 임무를 위해 임시로 만들어진 팀)

taste
[teist] 테이스트
■3066

명 미각, 맛, 기호, 취미
동 맛보다, ~맛이 난다, 경험하다

참고 out of taste 맛을 모르는, 멋없는

tax
[tæks] 택쓰
■3067

명 세금, 부담, 무거운 짐
동 과세하다, 무거운 짐을 지우다

참고 direct taxes 직접세
indirect taxes 간접세

taxi
[tǽksi] 택씨
■3068

명 택시

참고 take a taxi 택시를 타다

tea
[tiː] 티-
■3069

명 차, 홍차

참고 have(take) tea 차를 마시다
make (the) tea 차를 끓이다

teach
[tiːtʃ] 티-취
■3070

동 가르치다, 훈련하다, 깨닫게 하다

참고 teach oneself 독학하다
teach school 교편을 잡다

teacher
[tíːtʃər] 티-취r
■3071

명 선생, 교사

참고 teaching 가르침, 교육, 수업

459

team
[tiːm] 티-임 ■3072

명 팀, 조, 그룹,
동 팀이 되다, 팀을 짜다

참고 team up with 협력하다

tear
[tɛər] 테어r ■3073

동 찢다, 찢어지다, 잡아채다
명 잡아 찢음, 째진 틈

참고 tear down 헐다, 해체하다, 비난하다

tear
[tíər] 티어r ■3074

명 눈물, 비애

참고 in tears 눈물을 흘리며
tear bomb(gas) 최루탄

technique
[tekníːk] 테크니-크 ■3075

명 기법, 기교, 기술, 솜씨

참고 technical 기술적인, 기술의, 전문적인

technology
[teknάlədʒi] 테크날러쥐 ■3076

명 과학기술, 공학

참고 technology transfer 기술이전

telephone
[téləfòun] 텔러f포운 ■3077

명 전화, 전화기 동 전화를 걸다

참고 answer the telephone 전화를 받다

television
[téləvìʒən] 텔러뷔전 ■3078

명 텔레비전, 텔레비전 수상기

참고 television station 텔레비전 방송국

T

tell ■3079
[tel] 텔

동 말하다, 알리다, 분간하다

참고 tell on 영향을 미치다, 고자질을 하다
tell over (돈을) 여러 번 세다, 이야기를 여러 번 되풀이하다

temperature ■3080
[témpərətʃər] 템퍼뤄춰r

명 온도, 기온

참고 run a temperature 열이 있다

temporary ■3081
[témpərèri] 템퍼뤠뤼

형 일시적인, 임시의

참고 temporarily 일시적으로

tend ■3082
[tend] 텐드

동 ~로 향하다, ~하는 경향이 있다, ~하기 쉽다

참고 tendency 경향, 추세, 성향

tension ■3083
[ténʃən] 텐션

명 긴장, 팽팽함, 흥분

참고 nuclear tension
핵 긴장(핵으로 야기된 긴장상태)

tent ■3084
[tent] 텐트

명 텐트, 천막

참고 have one's tent 거처를 정하다

term ■3085
[tə:rm] 터-r엄

명 일정 기간, 임기, 학기, 말, 용어, 조건, 조항

참고 in terms of ~에 의하여, ~에 관하여, ~의 점에서 보면

461

3086
terrible
[térəbəl] 테뤄블

- 형 무서운, 가혹한, 지독한
- 참고 terribly 무섭게, 지독하게

3087
test
[test] 테스트

- 명 테스트, 시험, 고사, 검사
- 동 시험하다, 검사하다
- 참고 stand(bear, pass) the test 시험에 합격하다, 시련을 이겨내다

3088
text
[tekst] 텍스트

- 명 본문, 원문, (토론의)주제
- 참고 textbook 교과서

3089
thank
[θæŋk] th쌩크

- 동 감사하다, 부탁하다
- 명 감사, 사의
- 참고 Thanks, Thank you 고맙습니다
  thanks to ~의 덕택으로

3090
that
[ðæt] th댙

- 형 저, 그, 저쪽의
- 대명사 저 것, 그 것, 저 사람, 그 사람
- 접 ~하다는 것(이, 을), ~이라는 것
- 참고 for all that ~에도 불구하고
  like that 그처럼, 그와 같이
  now that 이제 ~하므로

3091
theater
[θí(:)ətər] th씨-어터r

- 명 극장, 연극
- 참고 = theatre
  do a theater
  = go to the theater 연극 구경을 가다

theme
[θiːm] th씨-임 ■3092

명 주제, 제목, 테마

참고 theme park 테마 공원

then
[ðen] th덴 ■3093

부 그 때에, 그 다음에, 그 위에, 게다가, 그렇다면

참고 and then 그 다음에, 게다가
(every) now and then 가끔, 때때로

theory
[θíəri] th씨-어뤼 ■3094

명 이론, 학설, 원리, 의견

참고 theoretical 이론상의, 이론적인

there
[ðɛər] th데어r ■3095

부 그곳에, 그곳으로, 거기에

참고 thereafter 그 후, 그 이래로
thereby 그것에 의해서, 그것으로
therefore 그런 까닭에, 그러므로

these
[ðiːz] th디-즈 ■3096

형 이것들의 **대명사** 이것들, 이 사람들

참고 in these days 요즈음

thick
[θik] th씨크 ■3097

형 두꺼운, 굵은, 빽빽한, 진한

참고 thickly 두껍게, 진하게
thickness 두께, 굵기, 농도

thief
[θiːf] th씨-f프 ■3098

명 도둑, 도적

참고 as thick as thieves 대단히 친밀한

3099
thin
[θin] th씬

- 형 얇은, 야윈, 드문드문한, 희박한
- 참고 out of thin air 무(無)에서, 아무런 근거도 없이

3100
thing
[θiŋ] th씽

- 명 물건, 물체, 것, (무형의)일, 사정
- 참고 make a thing of ~을 중요시하다
  with one thing and another 이런 저런 이유로

3101
think
[θiŋk] th씽크

- 동 생각하다, 숙고하다, 상상하다
- 참고 think of 생각하다, 숙고하다
  think out 고안해 내다, 숙고하여 해결하다
  thinking 생각하기, 사고, 의견

3102
thirsty
[θə́ːrsti] th써-r스티

- 형 목마른, 갈망하는
- 참고 thirst 갈증, 갈망, 열망

3103
this
[ðis] th디쓰

- 형 이, 이곳의, 여기의, 지금의
- 대명사 이곳, 이쪽, 이사람, 지금
- 참고 by this 지금쯤은
  like this 이와 같이

3104
thorough
[θə́ːrou] th써-로우

- 형 철저한, 완전한, 빈틈없는
- 참고 thoroughly 철저히, 완전히

3105
those
[ðouz] th도우즈

- 형 그, 저, 그것들의
- 대명사 그것들, 그 사람들
- 참고 in those days 그 당시에는

T

though ■3106
[ðou] th도우

접 ~이지만, 비록 ~할지라도
부 그러나, 그래도

참고 as though 마치 ~ 처럼

thought ■3107
[θɔ:t] th쏘-트

명 생각, 사고, 사상

참고 take thought for 걱정하다

thousand ■3108
[θáuzənd] th싸우전드

명 천, 1000

참고 by the thousand(s)
1000의 단위로, 몇 천이나

thread ■3109
[θred] th쓰뤠드

명 실, 실모양의 것, 줄거리, 실마리

참고 hang by(on, upon) a thread
매우 위태롭다

threat ■3110
[θret] th쓰뤠트

명 위협, 협박, 징조

참고 threaten 위협하다, 협박하다, 징조가 있다
threatening 협박하는, 임박한

throat ■3111
[θrout] th쓰로우트

명 목, 목구멍, 좁은 통로

참고 cut the throat of ~의 목을 자르다,
full to the throat 목구멍까지 차도록

through ■3112
[θru:] th쓰루-

전 ~을 통하여, ~을 지나서,
여기저기를, 줄곧, ~을 끝마쳐
부 통과하여, 처음부터 끝까지, 마치어

참고 go through with ~을 완수하다

465

throughout
[θruːáut] th쓰루-아웃 ■3113

전 ~의 도처에, ~동안 죽
부 도처에, 처음부터 끝까지, 완전히
참고 throughout the world 전 세계에 걸쳐

throw
[θrou] th쓰로우 ■3114

동 던지다, 발사하다, 분출시키다
참고 throw away 버리다, 낭비하다, 기회를 잃다
throw out 내던지다, 방사하다, 부결하다

thumb
[θʌm] th썸 ■3115

명 엄지손가락
참고 be all thumbs 손재주가 없다, 무디다

Thursday
[θə́ːrzdei] th써-r즈데이 ■3116

명 목요일 (약어 Thur., Thurs.)
참고 Thursdays 목요일마다

thus
[ðʌs] th너쓰 ■3117

부 이렇게, 이와 같이, 그러므로
참고 thus and so 이러이러하게
thus far 지금까지는(= so far)

ticket
[tíkit] 티킽 ■3118

명 표, 입장(승차)권, (교통위반)딱지
참고 a one-way (single) ticket 편도표

tidy
[táidi] 타이디 ■3119

형 단정한, 깔끔한
동 정돈하다, 깨끗하게 하다
참고 tidy out (불필요한 것을 치워) 깨끗이 하다

T

tie ■3120
[tai] 타이

- 동 묶다, 매다, 속박하다
- 명 넥타이, 끈, 매듭, 이어주는 것, 인연
- 참고 tie up 단단히 묶다, 통하지 않게 하다

tight ■3121
[tait] 타이트

- 형 단단한, 꽉 죈, 빈틈없는, 꼭 끼는
- 부 단단히, 꽉
- 참고 tightly 단단히

till ■3122
[til] 틸

- 전 ~까지, ~가까이
- 접 ~할 때까지, ~하여 드디어
- 참고 till next month 다음 달까지

time ■3123
[taim] 타임

- 명 시간, 때, 시각, 세월, 시기
- 참고 timetable 시간표, 예정표
  timing 타이밍, 가장 좋은 순간 포착하기

tiny ■3124
[táini] 타이니

- 형 작은, 조그마한
- 참고 tiny income 쥐꼬리만한 수입

tip ■3125
[tip] 팁

- 명 끝, 첨단
- 동 끝을 붙이다, 끝을 장식하다
- 참고 the tip of the iceberg 빙산의 일각

tire ■3126
[taiər] 타이어r

- 동 피로하게하다, 싫증나게 하다, 피곤해지다, 싫증나다
- 참고 tired 피곤한, 지친, 싫증난
  tiring 피곤하게 하는, 지루한

467

tire
[taiər] 타이어r ■3127

명 타이어, 바퀴

참고 pump up a tire 타이어에 공기를 주입하다

title
[táitl] 타이들 ■3128

명 표제, 제목, 직함, 직위, 권리, 자격

참고 the title to the throne 왕위에 오를 권리

today
[tədéi] 터데이 ■3129

부 명 오늘, 오늘날(에는), 현재(에는)

참고 the world of today 오늘날의(현대의) 세계

toe
[tou] 토우 ■3130

명 발가락, 발끝

참고 toe to toe 서로마주보고

together
[təgéðər] 터게th더r ■3131

부 같이, 공동으로, 동시에, 계속하여

참고 all together 다 함께, 전부, 합계
come together 부딪치다, 동시에 생기다

toilet
[tɔ́ilit] 토일릳 ■3132

명 변소, 화장실, 몸단장

참고 toilet bowl 변기

tomato
[təméitou] 터메이도우 ■3133

명 토마토, 토마토 색

참고 a currant tomato 방울토마토

T

tomorrow
[təmɔ́:rou] 터모-로우 ■3134

부 명 내일, 가까운 미래

참고 Tomorrow is another day.
내일도 태양은 뜬다.

ton
[tʌn] 턴 ■3135

명 톤 (중량단위)

참고 영국 톤(=2,240파운드, 1,016.1kg)
미국 톤(=2,000파운드, 907.2kg)
미터 톤(=metric ton, 1,000kg)

tone
[toun] 토운 ■3136

명 음조, 음질, 어투, 색조, 분위기, 기풍

참고 in a tone 일치하여
positive tone 긍정적인 어조

tongue
[tʌŋ] 텅 ■3137

명 혀, 혓바닥, 말, 언어

참고 all tongues (성경) 모든 민족
have a long tongue 수다를 떨다

tonight
[tənáit] 터나잍 ■3138

부 명 오늘밤(에)

참고 tonight at 7 p.m. 오늘 밤 7시에

too
[tu:] 투- ■3139

부 ~도 또한, 게다가, 너무 ~한, 대단히, 매우

참고 cannot ~too 아무리 ~하여도 지나치지 않다
quite too 실로, 참으로

tool
[tu:l] 투-울 ■3140

명 연장, 도구, 수단

참고 down tools 일을 그만두다, 파업하다

tooth
[tuːθ] 투-th쓰 ■3141

명 이 (복수형 teeth)

참고 in the teeth of ~을 무릅쓰고, ~의 면전에서

top
[tɑp] 탑 ■3142

명 꼭대기, 정상, 절정, 최고, 수석
형 첫째의, 최고의, 가장 위의

참고 top-class 최고의, 톱클래스의
top dog 승자, 중요인물, 우두머리

topic
[tápik] 타픽 ■3143

명 화제, 이야깃거리, 토픽

참고 current topics 오늘의 화제

total
[tóutl] 토우들 ■3144

형 전체의, 합계의, 완전한, 절대적인
명 합계, 총계, 전체

참고 totally 완전히, 전적으로

touch
[tʌtʃ] 터취 ■3145

동 접촉하다, 건드리다, 감동시키다
명 만짐, 접촉, 촉감, 가필, 특색, 기미

참고 in touch of = ~의 가까이에
touch down 착륙(착지)하다

tough
[tʌf] 터f프 ■3146

형 질긴, 튼튼한, 강인한, 다루기 힘든

참고 tough guy 강인한 남자, 완력이 센 남자

tour
[tuər] 투어r ■3147

명 관광여행, 유람, 순회공연
동 여행하다

참고 tour of inspection 시찰 여행, 견학
tourist 관광객, 여행자

T

towel ■3148
[táuəl] 타우얼

명 타월, 수건

참고 throw(toss) in the towel
(권투) 타월을 던지다, 항복하다

tower ■3149
[táuər] 타우어r

명 탑, 망루, 고층건물, 성채, 요새

참고 an ivory tower
= a tower of ivory 상아탑

town ■3150
[taun] 타운

명 읍, 시, 도심지구, 번화가, 상가

참고 on the town 흥청거리며 노는

toy ■3151
[tɔi] 토이

명 장난감, 완구
형 장난감의, 모형의

참고 make a toy of ~을 노리개로 삼다
toy soldier 장난감 병정

trace ■3152
[treis] 츄뤠이쓰

동 추적하다, 기원을 더듬어 올라가다, 선을 긋다
명 자취, 발자국, 극소량, 기미, 선

참고 without (a) trace 흔적도 없이

track ■3153
[træk] 츄뢕

명 지나간 자취, 흔적, 통로, 작은 길

참고 make(take) tracks
서두르다, 급히 가다, 도망치다

trade ■3154
[treid] 츄뤠이드

명 무역, 교역, 장사, 직업
동 매매하다, 교환하다, 거래하다

참고 trade off 팔아 버리다, 번갈아 쓰다
trading 거래, 무역, 타협, 담합

tradition
[trədíʃən] 트뤄디션 ■3155

명 전통, 관례, 전설

참고 traditional 전통의, 전통적인
traditionally 전통적으로

traffic
[træfik] 츄**래**픽 ■3156

명 교통, 왕래, 교통량, 수송량

참고 heavy traffic 극심한 교통량
stuck in traffic 교통이 막힌

train
[trein] 츄뤠인 ■3157

명 열차, 긴 행렬, 연속
동 연습하다, 훈련하다, 가르치다

참고 go by train 기차로 가다
take (a) train 기차를 타다

training
[tréiniŋ] 츄뤠이닝 ■3158

명 훈련, 교육, 양성

참고 a long period of training 장기간의 훈련
foreign language training 외국어 훈련

transfer
[trænsfə́ːr] 츄랜쓰풔-r **동**
[trǽnsfər] 츄랜쓰풔-r **명** ■3159

동 옮기다, 양도하다, 갈아타다
명 이전, 양도, 이동, 갈아타기

참고 transferee 양수인
transferrer 양도인

transform
[trænsfɔ́ːrm] 츄랜쓰포-r옴 ■3160

동 변형시키다, (성질, 기능 등을)전환하다

참고 transformation 변형, 탈바꿈

translate
[trænsléit] 츄랜쓸레이트 ■3161

동 번역하다, 해석하다

참고 translation 번역, 통역, 해석

transparent
■3162
[trænspéərənt] 츄랜쓰페어뤈트

형 투명한, 명료한, 솔직한

참고 transparent corporate management 투명한 기업 경영

transport
■3163
[trænspɔ́ːrt] 츄랜쓰포-r트 동
[trǽnspɔːrt] 츄랜쓰포-r트 명

동 수송하다, 운반하다
명 수송, 운송, 수송기구

참고 transportation 수송, 운송

trap
■3164
[træp] 츄뢥

명 덫, 올가미, 함정, 계략
동 덫으로 잡다, 함정에 빠뜨리다

참고 lay(set) a trap for 덫을 놓다

travel
■3165
[trǽvəl] 츄뢔블

동 여행하다, 이동하다
명 여행, 이동, 왕래, 여행기

참고 traveler (= traveller) 여행자, 나그네, 외판원

treasure
■3166
[tréʒər] 츄뤠줘r

명 보물, 보배, 귀중품

참고 treasure hunt 보물찾기(놀이)

treat
■3167
[triːt] 츄뤼-트

동 대우하다, 다루다, 간주하다, 치료하다, 대접하다

참고 treatment 취급, 대우, 치료(법)

trend
■3168
[trend] 츄뤤드

명 방향, 경향, 추세, 풍조, 유행

참고 trend line (주식 등 가격변동의) 추세선

trial ■3169 [tráiəl] 츄롸이얼	몡 재판, 공판, 고난, 시험, 시도 참고 make (a) trial of 시험하다, 검사하다 on trial 재판에 회부된, 공판 중인, 시험 중
trick ■3170 [trik] 츄륔	몡 재주, 묘기, 비결, 책략, 속임수, 장난 동 속이다, 속여서 ~하게하다, 요술을 부리다, 장난치다 참고 trick of fortune 운명의 장난
trip ■3171 [trip] 츄륖	몡 짧은 여행, 소풍, 출장, 헛디딤, 실수 동 여행하다, 헛디디다, 실책하다 참고 make a trip 여행하다, 과실을 범하다
triumph ■3172 [tráiəmf] 츄롸이엄프	몡 승리, 대성공, 성공의 기쁨 참고 in triumph 의기양양하여
trouble ■3173 [trʌ́bəl] 츄뤄블	몡 불편, 곤란, 고생, 수고, 근심, 걱정, 말썽, 분쟁 참고 make trouble(s) 소동을 일으키다 take trouble 수고하다
trousers ■3174 [tráuzərz] 츄롸우저r즈	몡 (남자의)바지 참고 wear the trousers (pants) (아내가) 남편을 깔아뭉개다
truck ■3175 [trʌk] 츄뤜	몡 화물자동차, 트럭 참고 trucker 트럭 운전사(운송업자)

T

true
[truː] 츄루-
■3176

형 진실한, 진짜의, 충실한, 성실한

참고 come true 실현되다, 현실화되다
truly 진실로, 올바르게

trust
[trʌst] 츄뤄스트
■3177

명 신뢰, 신용, 기대, 위탁, 책임
동 신뢰하다, 믿다, 기대하다, 맡기다

참고 on trust 신용으로, 외상으로
trustee 피신탁인, 수탁자, 보관인

truth
[truːθ] 츄루-th쓰
■3178

명 진리, 진실성, 사실, 정직, 성실

참고 in truth 실제로, 사실은
to tell the truth
= truth to tell 사실을 말하자면

tube
[tjuːb] 튜-브
■3179

명 관, 통, 튜브

참고 go down the tube(s)
수포로돌아가다, 망가지다

Tuesday
[tjúːzdei] 튜-즈데이
■3180

명 화요일 (약어 Tue., Tues.)

참고 Tuesdays 화요일마다

tune
[tjuːn] 튜-운
■3181

명 곡, 곡조, 장단, 가락, 기분
동 가락을 맞추다, 조절하다, 적합하게하다

참고 in tune with 장단이 맞아서, 조화되어
tune up (악기를) 조율하다

tunnel
[tʌ́nl] 터늘
■3182

명 터널, 굴, 갱도, 지하도

참고 tunnel-visioned 시야가 매우 좁은

turn
[tə:rn] 터-r언 ■3183

- 동 돌리다, 돌다, 방향을 바꾸다,
- 명 돌림, 회전, 전환, 변화, 순번

참고 turn over 뒤집다, 곰곰이 생각하다, 인계하다
in turn 차례로, 번갈아

twice
[twais] 투와이쓰 ■3184

- 부 두 번, 2회, 2배로

참고 in twice 두 번에
once or twice 한두 번

twin
[twin] 트윈 ■3185

- 명 쌍둥이의 한사람, 닮은 물건(사람)의 한 쪽
- 형 쌍둥이의

참고 twin sisters 쌍둥이 자매

twist
[twist] 트위스트 ■3186

- 동 꼬다, 비틀어 구부리다, 얽히다
- 명 꼰 것, 비틀림, 엉킴, 기벽

참고 twisted 꼬인, 마음이 비뚤어진

type
[taip] 타잎 ■3187

- 명 유형, 형, 전형, 활자, 자체
- 동 분류하다, 전형이 되다, 타자를 치다

참고 typical 전형적인, 대표적인, 특유의
typically 전형적으로, 대체로

ugly ■3188
[ʌ́gli] 어글리

- 형 추한, 추악한, 비열한, 불쾌한
- 참고 ugly customer 귀찮은 사람

ultimate ■3189
[ʌ́ltəmit] 얼터미트

- 형 최후의, 궁극의, 결정적인, 근본적인
- 참고 ultimate goal 궁극적인 목표
  ultimately 마침내, 궁극적으로

umbrella ■3190
[ʌmbrélə] 엄브뤨러

- 명 우산, 양산, 보호, 포괄적인 조직
- 참고 umbrella organization(group)
  (산하에 많은 소속단체를 거느린) 상부기구, 단체

unable ■3191
[ʌnéibəl] 언에이블

- 형 ~할 수 없는, 무력한, 무능한
- 참고 ⇔ able

unacceptable ■3192
[ʌ̀nəkséptəbəl] 언억셉터블

- 형 받아들이기 어려운, 마음에 들지 않는
- 참고 ⇔ acceptable

uncertain ■3193
[ʌ̀nsə́ːrtən] 언써-r튼

- 형 불확실한, 모호한, 변덕스러운
- 참고 ⇔ certain
  uncertainty 불확실성, 불안정

uncle ■3194
[ʌ́ŋkəl] 엉클

- 명 아저씨, (외)삼촌, 백(숙)부, 고모부, 이모부
- 참고 say(cry) uncle 졌다고 말하다

■3195
uncomfortable
[ʌ̀nkʌ́mfərtəbəl] 언컴풔터r블

- 형 불유쾌한, 거북한, 불편한
- 참고 ⇔ comfortable

■3196
unconscious
[ʌ̀nkɑ́nʃəs] 언칸셔스

- 형 무의식의, 깨닫지 못하는, 의식을 잃은
- 참고 ⇔ conscious

■3197
uncontrolled
[ʌ̀nkəntróuld] 언컨트로울드

- 형 통제되지 않은, 자유스러운
- 참고 ⇔ controlled

■3198
undergo
[ʌ̀ndərgóu] 언더r고우

- 동 (검사 등) 받다, 당하다, 경험하다
- 참고 undergo huge changes 커다란 변화를 겪다

■3199
underground
[ʌ́ndərgràund] 언더그롸운드

- 형 지하의, 지하에 숨은, 반체제의
- 부 지하에, 지하에 숨어
- 참고 underground economy 지하경제

■3200
understand
[ʌ̀ndərstǽnd] 언더r쓰땐드

- 동 이해하다, 알아듣다
- 참고 understanding 이해, 이해력, 오성
  on the understanding that ~
  ~한 조건으로

■3201
underwater
[ʌ́ndərwɔ̀ːtər] 언더r워-러r

- 형 수면하의, 수중의 부 물속에서
- 참고 underwater pipeline 해저 파이프라인

U

3202
underwear
[ʌ́ndərwɛ̀ər] 언더r웨어r

명 속옷, 내의

참고 underwear drawer 속옷 서랍

3203
undo
[ʌ̀ndúː] 언두-

동 원상태로 돌리다, 취소하다, 파멸시키다, 망치다

참고 undone 풀어진, 파멸한

3204
undoubtedly
[ʌ̀ndáutidli] 언다우디들리

부 틀림없이, 확실히

참고 undoubted 의심할 여지가 없는

3205
unemployed
[ʌ̀nimplɔ́id] 언임플로이드

형 실직한, 실업자의, 쓰이지 않는

참고 unemployed statistics 실업 통계
⇔ employed

3206
unemployment
[ʌ̀nimplɔ́imənt]
언임플로이먼트

명 실업, 실업상태

참고 ⇔ employment
unemployment insurance benefits 실업보험 혜택

3207
unexpected
[ʌ̀nikspéktid]
언익쓰펙티드

형 예기치 않은, 뜻밖의

참고 unexpected public anger
예상치 못했던 국민의 분노
unexpectedly 뜻밖에, 예상외로

3208
unfair
[ʌ̀nfɛ́ər] 언풰어r

형 불공평한, 부당한

참고 unfair competition 불공정 경쟁
unfairly 부당하게

479

3209 unfortunate
[ʌ̀nfɔ́ːrtʃənit] 언f포-r춰닡

형 불운한, 불행한

참고 unfortunately 불행하게도, 유감스럽게도

3210 unfriendly
[ʌ̀nfréndli] 언프뤤들리

형 불친절한, 비우호적인, 적의가 있는

참고 ⇔ friendly

3211 unhappy
[ʌ̀nhǽpi] 언해피

형 불행한, 불운한, 우울한

참고 unhappiness 불행, 불운, 비참
⇔ happy, happiness

3212 uniform
[júːnəfɔ̀ːrm] 유-너f포-r음

명 (군인, 경찰 등의)제복, 유니폼
형 동일한, 같은, 일정한, 획일적인

참고 uniform code 획일적인 규정

3213 unimportant
[ʌ̀nimpɔ́ːrtənt] 언임포-r턴트

형 중요하지 않은, 사소한

참고 ⇔ important

3214 union
[júːnjən] 유-니언

명 결합, 연합, 합병, 연합조직, 노동조합

참고 non-union members 비노조원들

3215 unique
[juːníːk] 유-니-크

형 유일무이한, 독특한

참고 unique taste 독특한 맛

unit
[júːnit] 유-니트
■3216

명 구성단위, 단위체(한 개, 한 사람), 특정 장치(설비)

참고 a unit price 단가

unite
[juːnáit] 유-나이트
■3217

동 결합하다, 통합하다, 단결하다

참고 united 합병한, 연합한
United Nations 유엔(UN)

universe
[júːnəvəːrs] 유-너붜-r쓰
■3218

명 우주, 만물, 전 인류

참고 universal 우주의, 전 세계의, 보편적인

university
[jùːnəvəːrsəti] 유-너붜-r써디
■3219

명 종합대학교, 대학생

참고 University of the Air
방송 대학, 개방 대학

unkind
[ʌ̀nkáind] 언카인드
■3220

형 불친절한, 고약한

참고 ⇔ kind
unkindly 불친절하게

unknown
[ʌ̀nnóun] 언노운
■3221

형 알려지지 않은, 미지의, 알 수 없는

참고 unknown to fame 무명의
Tomb of the Unknown Soldier
무명용사의 묘

unlike
[ʌ̀nláik] 언라이크
■3222

형 닮지 않은, 다른

참고 unlikely 있음직하지 않은, 성공할 것 같지 않은

481

3223
unload
[ʌ̀nlóud] 언로우드

동 짐을 부리다, 짐을 내리다, 덜다

참고 unload goods from a truck
트럭에서 짐을 내리다
⇔ load

3224
unlucky
[ʌ̀nlʌ́ki] 언럭키

형 불운한, 불길한

참고 an unlucky number 불길한 숫자
⇔ lucky

3225
unnecessary
[ʌ̀nnésəsèri] 언네써쎄뤼

형 불필요한, 쓸데없는

참고 an unnecessary foul 불필요한 반칙
⇔ necessary

3226
unpleasant
[ʌ̀nplézənt] 언플레즌트

형 불쾌한, 싫은

참고 an unpleasant experience 불쾌한 경험
⇔ pleasant

3227
unreasonable
[ʌ̀nríːzənəbəl] 언뤼-저너블

형 비합리적인, 터무니없는

참고 unreasonable regulations 불합리한 규제들
⇔ reasonable

3228
unsteady
[ʌ̀nstédi] 언스떼디

형 불안정한, 동요하는, 일정하지 않은

참고 unsteady development 불균형한 발전
⇔ steady

3229
unsuccessful
[ʌ̀nsəksésfəl] 언썩쎄쓰펄

형 성공하지 못한

참고 unsuccessful economic policy
실패한 경제 정책
⇔ successful

unusual
[ʌnjúːʒuəl] 언유-쥬얼

- 형 보통이 아닌, 진기한, 유별난, 비범한
- 참고 unusual circumstance 여느 때와 다른 환경
  unusually 평소와는 달리, 이상하게

unwilling
[ʌnwíliŋ] 언윌링

- 형 내키지 않은, 마지못해하는
- 참고 willing or unwilling 좋든 싫든간에
  unwillingly 마지못해서

upper
[ʌ́pər] 어퍼r

- 형 위쪽의, 상부의, 상위의
- 참고 the upper classes 상류 계급

upset
[ʌpsét] 엎쎄트

- 동 뒤집어엎다, 전복시키다, 망쳐놓다, 당황케 하다
- 형 뒤집힌, 타도된, 엉망인, 혼란인
- 참고 upsetting 뒤집어엎는, 소란을 일으키는

upside down
[ʌ́psaid dáun] 엎싸이드 다운

- 부 거꾸로, 뒤집혀, 혼란하여
- 참고 upside-down 거꾸로 된, 엉망이 된

upstairs
[ʌ́pstέərz] 엎스테어r즈

- 부 2층으로, 위층으로, 한층 높은 지위에
- 형 2층의, 위층의   명 2층, 위층
- 참고 move upstairs 출세하다

upward ■3236
[ʌ́pwərd] 어프워r드

- 형 위로향한, 올라가는
- 부 위를 향해서, 위쪽으로

참고 a steady upward trend
견고한 증가추세

urban ■3237
[ə́ːrbən] 어-r번

- 형 도시의, 도시에 사는

참고 urban design 도시 설계

urge ■3238
[əːrdʒ] 어-r쥐

- 동 재촉하다, 몰아내다, 억지로 시키다, 주장하다 명 몰아댐, 자극 압박

참고 urgent 긴급한, 절박한, 재촉하는

use ■3239
[júːz] 유-즈 동
[júːs] 유-쓰 명

- 동 쓰다, 소비하다, 사용하다
- 명 사용, 사용법, 사용 능력, 사용권, 사용 목적(용도)

참고 use up 다 써버리다
have no use for 필요가 없다
make use of 사용(이용)하다

used ■3240
[juːst] 유-스트

- 형 익숙한, ~에 익숙하여
- 동 ⟨use to + 동사⟩ 늘 ~했다, ~하는 습관이 있었다, 이전에는 ~이었다

참고 be used to ~ing (used to 명사)
~에 익숙하다

useful
■3241
[júːsfəl] 유-쓰풜

형 유용한, 쓸모 있는

참고 be useful with(at) ~을 잘 하다

useless
■3242
[júːslis] 유-쓰리쓰

형 쓸모없는, 무익한

참고 uselessly 쓸데없이

user
■3243
[júːzər] 유-저r

명 사용자, 소비자

참고 user-friendly 사용하기 쉬운

usual
■3244
[júːʒuəl] 유-쥬얼

형 보통의, 평상시의, 평범한

참고 as usual 평소와 같이, 여느 때처럼
usually 보통, 일반적으로

vacation
[veikéiʃən] 붸이케이션
[vəikéiʃən] 붜케이션
■3245

명 정기휴가, 휴가여행

참고 take a vacation 휴가를 얻다

valid
[vǽlid] 뺄리드
■3246

형 근거가 확실한, 정당한, 설득력 있는, (법)유효한

참고 a valid contract 합법적인 계약

valley
[vǽli] 뺄리
■3247

명 골짜기, 계곡

참고 Silicon Valley 실리콘밸리(첨단산업지구)

valuable
[vǽljuːəbəl] 뺄류-어블
■3248

형 귀중한, 값비싼, 매우 유용한

참고 valuable experience 소중한 체험

value
[vǽljuː] 뺄류-
■3249

명 가치, 가격, 유용성, 평가
동 평가가하다, 값을 매기다, 존중하다

참고 of value 중요한, 귀중한
high value-added 고부가가치의

variation
[vɛ̀əriéiʃən] 붸어뤼에이션
■3250

명 변화, 변이, 변종, 변형물

참고 variable 변하기 쉬운

variety
[vəráiəti] 붜롸이어디
■3251

명 변화가 많음, 다양성, 가지각색, 종류

참고 for variety's sake 변화를 주기 위하여
variety show 버라이어티 쇼

V

3252 various [vέəriəs] 붸어뤼어쓰
- 형 여러 가지의, 다방면의, 개개의
- 참고 various benefits 다양한 혜택

3253 vary [vέəri] 붸어뤼
- 동 바꾸다, 고치다, 변경하다
- 참고 varied 가지각색의, 자주 변하는
  a varied life 파란만장한 인생

3254 vast [væst] 배스트
- 형 거대한, (금액, 수량이) 막대한
- 참고 the vast European markets 광대한 유럽시장

3255 vegetable [védʒətəbəl] 붸쥐더블
- 명 야채, 식물
- 참고 live on vegetables 채식하다

3256 vehicle [víːikəl] 뷔-이클
- 명 탈 것, 운송수단, 전달 수단, 매개물
- 참고 sport utility vehicle SUV (스포츠 범용차량)

3257 venture [véntʃər] 붼춰-
- 명 투기, 모험, 모험적 사업
- 동 위험을 무릅쓰고 ~하다, 모험하다
- 참고 venture capital 벤처 캐피털, 모험자본
  venture capitalism 벤처기업 투자(활동)

3258 version [vəːrʒən] 붜-r전
- 명 번역, 번역문, 변형, 개작
- 참고 a revised version 개정판, 수정버전

vertical
[vớ:rtikəl] 붜-r디클 ■3259

형 수직의, 세로의

참고 vertical organization 수직적인 조직

very
[véri] 붸뤼 ■3260

부 대단히, 몹시, 아주, 정말이지, 바로

참고 very high frequency 초단파(VHF)
very important person 귀빈(VIP)

victim
[víktim] 뷕듬 ■3261

명 희생자, 피해자, 희생, 제물

참고 a victim of terrorism 테러의 희생자
fall a victim to ~의 희생(포로)이 되다

victory
[víktəri] 뷕더뤼 ■3262

명 승리, 승전, 정복, 극복

참고 victory over oneself 극기

video
[vídiòu] 뷔디오우 ■3263

명 비디오, 텔레비전

참고 video analysis 비디오 분석
video art 비디오 예술

view
[vju:] 뷰- ■3264

명 바라봄, 경치, 조망, 시계, 시야, 견해
동 바라보다, 조사하다, 판단하다

참고 point of view 관점, 견해(viewpoint)
in view of ~의 견지에서

village
[vílidʒ] 뷜리쥐 ■3265

명 마을, 마을사람

참고 Experience English Village
영어체험마을

V

violence
[váiələns] 봐이얼런쓰 ■3266

명 폭력, 격렬, 맹렬, 모독

참고 do violence to 폭행을 가하다, 위반하다

violent
[váiələnt] 봐이얼런트 ■3267

형 격렬한, 난폭한, 격분한, 극단적인

참고 violent protests 격렬한 항의
violently 맹렬하게, 격렬히

virtually
[vɚːrtʃuəli] 붜-r츄얼리 ■3268

부 사실상, 실질적으로

참고 vitrtual 실질적인, 사실상의, 가상의
virtual reality 가상현실

virtue
[vɚːrtʃuː] 붜-r츄- ■3269

명 미덕, 선행, 장점, 가치, 효능

참고 by virtue of ~의 힘으로, ~의 덕분으로

virus
[váiərəs] 봐이어뤄쓰 ■3270

명 바이러스, 전염성 병원체, 컴퓨터 바이러스

참고 the bird flu virus 조류독감바이러스

visible
[vízəbəl] 뷔저블 ■3271

형 눈에 보이는, 명백한

참고 visible balance 무역수지

vision
[víʒən] 뷔젼 ■3272

명 시력, 시각, 통찰력, 상상력, 미래상, 비전, 환상

참고 a long-term vision 장기적인 비전

489

V

visit
[vízit] 뷔지트
■3273

- 동 방문하다, 왕진하다, 찾아가다
- 명 방문, 구경, 왕진, 시찰
- 참고 visit of state 공식 방문

visitor
[vízitər] 뷔지더r
■3274

- 명 방문자, 관광객, 시찰자
- 참고 visitors' book 숙박부, 방명록

vital
[váitl] 봐이들
■3275

- 형 생명의, 생생한, 생명유지에 필요한, 지극히 중요한
- 참고 vital force 생명력, 활력

vocabulary
[voukǽbjəlèri] 보우캐뷸레뤼
■3276

- 명 어휘, 단어, 단어집
- 참고 have a large vocabulary of 어휘를 많이 알고 있다

voice
[vɔis] 보이쓰
■3277

- 명 목소리, 음성, 발언, 발언권
- 참고 have a voice in ~에 대하여 선택(발언)권이 있다

volume
[válju:m] 봴류-음
■3278

- 명 책, (책의)권, 부피, 크기, 대량, 음량
- 참고 in volume 대량으로
  volume of trade 교역량

vote
[vout] 보우트
■3279

- 명 투표, 표결, 투표권
- 동 투표하다, 표결하다
- 참고 take a vote on ~에 대하여 투표로 결정하다
  voter 투표자

wage
[weidʒ] 웨이쥐

명 임금, 품삯

참고 wage gap 임금 격차

waist
[weist] 웨이스트

명 허리, 허리의 잘록한 곳

참고 waist belt 혁대, 허리끈
waist-down paralysis 하반신 마비

wait
[weit] 웨이트

동 기다리다, 시중들다

참고 wait for 기다리다
wait on 시중들다, 방문하다, ~에 수반되다

waiter
[wéitər] 웨이러r

명 사환, 웨이터

참고 waitress 여급, 웨이트리스

wake
[weik] 웨이크

동 잠을 깨다, 깨우다, 깨닫다, 각성하다

참고 Wake up! 일어나!

walk
[wɔːk] 워-크

동 걷다, 걸어가다
명 걷기, 걸음걸이, 산책

참고 walk on 계속해서 걷다, 단역을 맡다
walk out 떠나가다, (항의하고) 퇴장하다, 파업하다
walking 걷기, 보행

wall
[wɔːl] 워-올 ■3286

명 벽, 담, 장벽

참고 go to the wall 궁지에 빠지다, 실패하다
run into a brick wall 난관에 부딪히다

wallet
[wálit] 왈릳 ■3287

명 지갑, 작은 주머니

참고 report a stolen wallet
지갑 분실신고를 하다

wander
[wándər] 완더r ■3288

동 돌아다니다, 헤매다, 길을 잃다
명 유랑, 방랑

참고 wandering 돌아다니는, 방랑하는

want
[wɔ(ː)nt] 워-은트
[wɑnt] 완트 ■3289

동 원하다, 필요로 하다, 부족하다

참고 wanted ~모집, 지명수배 된
wanting 모자라는, ~이 빠져있는, 부족한

war
[wɔːr] 워-r ■3290

명 전쟁, 전투, 싸움, 투쟁

참고 art of war 전술, 병법
tug-of-war 줄다리기, 주도권 쟁탈

warm
[wɔːrm] 워-r엄 ■3291

형 따뜻한, 더운, 열렬한
동 따뜻하게 하다, 열중시키다

참고 warm up 데우다, 열중(흥분)시키다
warmth 따뜻함, 온정, 온기

warn
[wɔːrn] 워-r언 ■3292

동 경고하다, 훈계하다

참고 warning 경계, 경보, 훈계, 주의
take warning 경계하다, 교훈으로 삼다

W

wash [waʃ] 와쉬 ■3293

- 동 씻다, 세탁하다
- 참고 wash up 세수하다, 설거지하다
  washing 씻기, 세탁, 세탁물

waste [weist] 웨이스트 ■3294

- 동 낭비하다, 놓치다, 황폐케 하다
- 명 낭비, 황무지, 쓰레기
- 형 쓸모없는, 폐물의, 황폐한
- 참고 a nuclear waste dump 핵폐기물 처리장

watch [watʃ] 와취 ■3295

- 동 지켜보다, 주목하다, 망보다
- 명 경계, 감시, (손목, 회중)시계
- 참고 watch out 조심하다, 경계하다

water [wɔ́:tər] 워-러r ■3296

- 명 물, 용수, 호수, 바다
- 참고 waterfall 폭포
  waterproof 방수의, 방수복

wave [weiv] 웨이브 ■3297

- 명 파도, 물결, 파동
- 동 파도치다, 흔들다, 흔들리다
- 참고 wave away(off) 손을 흔들어 쫓아 버리다,

way [wei] 웨이 ■3298

- 명 길, 도로, 코스, 방향, 방법, 수단
- 참고 by the way 도중에, 그런데
  by way of ~을 지나서, ~을 경유하여, ~을 위하여

weak [wi:k] 위-크 ■3299

- 형 약한, 모자라는, 불충분한, 희미한
- 참고 weakness 약함, 약점

wealth
[welθ] 웰th쓰
■3300

명 부(富), 재산, 부유, 풍부

참고 wealthy 넉넉한, 부유한
wealth tax 부유세

weapon
[wépən] 웨펀
■3301

명 무기, 병기

참고 nuclear weapon test 핵무기 실험

wear
[wɛər] 웨어r
■3302

동 입고(신고, 쓰고, 끼고)있다, 오래 사용하다, 닳게 하다, 지치게 하다, 닳아서 ~이 되다

참고 wear out 닳아 없어지게 하다, 다 써버리다, 지치게 하다, (시간을) 보내다

weather
[wéðər] 웨th더r
■3303

명 날씨, 일기, 기후

참고 in all weathers 비가 오나 바람이 부나
in the weather 비바람을 맞으며, 밖에서

web
[web] 웹
■3304

명 거미집, 거미집 모양의 것, ~망(網), 웹(www)

참고 web site 웹사이트

wedding
[wédiŋ] 웨딩
■3305

명 결혼식, 결혼기념일

참고 the silver(golden, diamond) wedding 은(금, 다이아몬드)혼식
(결혼 후 25주년, 50주년, 60 혹은 75주년)

Wednesday
[wénzdei] 웬즈데이
■3306

명 수요일 (약어 Wed., Weds.)

참고 Wednesdays 수요일마다

week
[wi:k] 위-크
■3307

명 주(週), 7일간

참고 weekend 주말
weekly 매주의, 주 1회의

weigh
[wei] 웨이
■3308

동 무게를 달다, 무게가 나가다, 평가하다, 심사숙고하다

참고 weigh down 내리누르다, 압박하다

weight
[weit] 웨이트
■3309

명 무게, 중량, 압박, 부담, 중요성

참고 lay weight on ~을 중시하다
weight lifting(lifter) 역도(선수)

welcome
[wélkəm] 웰컴
■3310

동 환영하다, 기쁘게 맞이하다
형 환영받는, 자유로이 해도 되는
명 환영, 환영의 인사
감 어서 오십시오, 환영합니다!

참고 You're welcome. 어서 오세요, 천만예요.

west
[west] 웨스트
■3311

명 서쪽, 서부 **형** 서쪽의, 서양의
부 서쪽에서(으로)

참고 western 서쪽의, 서쪽에 있는, 서양의

well
[wel] 웰 ■3312

- 부 만족스럽게, 잘, 능숙하게, 꽤
- 형 만족스러운, 건강한, 좋은
- 감 이런, 이것 참, 글쎄

참고 as well (as) ~와 마찬가지로 잘, ~뿐만 아니라 ~도
well known 유명한

wet
[wet] 웹 ■3313

- 형 젖은, 축축한, 비 내리는

참고 the wet season 우기

what
[hwɑt] ㅎ왙 ■3314

- 대명사 무엇, 어떤 것(일), ~하는 것(일)
- 형 무슨, 어떤

참고 whatever (= whatsoever)
~하는 것은 무엇이든, 아무리 ~이라도

wheel
[hwi:l] ㅎ위-일 ■3315

- 명 수레바퀴, 바퀴, 바퀴달린 기구, 회전

참고 go(run) on wheels 순조롭게 진행되다
the wheel of life (불교) 윤회

when
[hwen] ㅎ웬 ■3316

- 부 언제, ~할 때 대명사 언제
- 접 ~할 때에, ~할 때는 언제나, ~하면

참고 whenever ~할 때는 언제든지

whether
[hwéðər] ㅎ웨th더r ■3317

- 접 ~인지 어떤지, ~이든지 아니든지 간에

참고 whether for good or for evil
좋건 나쁘건

where
[hwɛər] ㅎ웨어r ■3318

- 부 어디에, 어디로, 어떤 점에서
- 대명사 어디, 어떤 곳, 어떤 점
- 접 ~ 하는 곳으로(에서), ~하는데 반해

참고 whereas ~에 반하여, 그런데, ~인 까닭에
wherever 어디든지 ~하는 곳에, 어디서 ~하든지

which
[hwitʃ] ㅎ위취 ■3319

- 대명사 어느 쪽, 어느 것(사람)
- 형 어느, 어떤, 어느 쪽의

참고 whichever ~하는 어느 것이든지, 어느 것을 ~하든지

whisper
[hwíspər] ㅎ위스퍼r ■3320

- 동 속삭이다, 작은 소리로 말하다
- 명 속삭임, 귀엣말, 소문

참고 in a whisper 낮은 목소리로, 속삭이듯이

whistle
[hwísəl] ㅎ위쓸 ■3321

- 명 휘파람, 호각
- 동 휘파람불다, 휘파람으로 부르다

참고 whistle for 구하여도 소용없다
whistle-blowing 밀고, 고발

white
[hwait] ㅎ와이트 ■3322

- 형 백색의, 백인의
- 명 백색, 순백, 백인

참고 mark with a white stone 대서특필하다
white paper 백서, 정식보고서

who
[huː] 후- ■3323

- 대명사 누구, 어떤 사람, ~하는 사람

참고 whoever ~하는 누구든지, 누가 ~하더라도
whom 누구에게, 누구를
whose 누구의, 누구의 것

whole
[houl] 호울 ■3324

형 전체의, 모든, 완전한 **명** 전체, 전부

참고 as a whole 전체로서, 대체적으로
on(upon) the whole 대체로, 일반적으로
wholly 전적으로, 완전히

why
[hwai] ㅎ와이 ■3325

부 왜, 어째서, ~한 이유 **명** 이유, 까닭

참고 Why don't you ~?
(제안·권유 등) ~하는 게 어때요?

wide
[waid] 와이드 ■3326

형 폭이 넓은, 광대한

참고 wide-ranging 광범위한
wide spread 널리 보급된
widely 널리, 광범위하게

width
[widθ] 윋th쓰 ■3327

명 폭, 너비, 넓음

참고 five meters in width 너비가 5미터

wife
[waif] 와이프 ■3328

명 아내, 부인

참고 ex-wife 전처

wild
[waild] 와일드 ■3329

형 야생의, 자연그대로의, 길들지 않은

참고 wildlife 야생생물
wildly 난폭하게, 거칠게

will
[wil] 윌 ■3330

명 의지, 의지력, 유언(장)

참고 willing 기꺼이 ~하는
willingly 자진해서
willingness 기꺼이 함

W

3331
win
[win] 원

동 이기다, 획득하다, 얻다

참고 winner 승리자, 우승자
winning 승리, 성공, 획득

3332
wind
[waind] 와인드

동 꾸불거리다, 감기다, 휘감다

참고 wind up 다 감다, 긴장시키다, 끝을 맺다, (투수가) 와인드업하다

3333
wind
[wind] 윈드

명 바람, 강한 흐름

참고 windmill 풍차
wind power station 풍력발전소

3334
window
[wíndou] 윈도우

명 창, 창문, 창유리, 창틀, 진열창

참고 window dressing
겉치레, 눈속임, 회계의 분식

3335
wine
[wain] 와인

명 포도주, 과실주

참고 in wine 술에 취하여

3336
wing
[wiŋ] 윙

명 날개, 날기, 당파, 진영

참고 on the wing 날고 있는, 비행 중
left(right)-wing 좌(우)익, 좌(우)파

3337
winter
[wíntər] 윈터r

명 겨울, 한기

참고 winter sleep 동면
winter struggle (노조의) 동투

wire
[waiər] 와이어r ■3338

- 명 철사, 전선, 케이블, 전신
- 참고 wireless 무선의, 무선전신

wise
[waiz] 와이즈 ■3339

- 형 현명한, 사려 깊은, 정통한
- 참고 get wise ~을 알게 되다
  look wise 잘난 체하다

wish
[wiʃ] 위쉬 ■3340

- 동 바라다, 원하다 명 소원, 소망
- 참고 wish list 갖고 싶은 물건의 목록

withdraw
[wiðdrɔ́ː] 위th드 드로- ■3341

- 동 움츠리다, 회수하다, 철수하다
- 참고 withdrawal 물러남, 취소, 철회, 인출

witness
[wítnis] 위드니쓰 ■3342

- 명 목격자, 증인, 증거
- 동 목격하다, 증언하다, ~의 증거가되다
- 참고 in witness of ~의 증거로
  with a witness 틀림없이, 확실히

woman
[wúmən] 우먼 ■3343

- 명 여자, 여성
- 참고 women (복수형)
  womanly 여자다운, 여성에게 어울리는

wonder
[wʌ́ndər] 원더r ■3344

- 동 이상하게 생각하다, 놀라다, ~이 아닐까 생각하다
- 명 놀랄만한 것, 경이, 경탄
- 참고 wonderful 이상한, 놀랄만한, 굉장한

W

wood
[wud] 우드 ■3345

명 나무, 목재

참고 wooden 나무로 만든
wooden crafts 목 공예품

wool
[wul] 울 ■3346

명 양털, 털실, 모직물

참고 pull the wool over a person's eyes 누구의 눈을 속이다

word
[wəːrd] 워-rㄷ ■3347

명 말, 낱말, 한 마디 말, 약속

참고 beyond words 형언할 수 없을 만큼
word for word 한 마디 한 마디, 문자 그대로

work
[wəːrk] 워-rㅋ ■3348

동 일하다, 근무하다, 영향을 미치다
명 일, 업무, 직업, 작품

참고 worker 일하는 사람, 근로자
working 일, 노동

world
[wəːrld] 워-r얼ㄷ ■3349

명 세계, 지구, 세상, 현세, 세상 사람들

참고 worldly 이 세상의, 세속적인
worldwide 세계적인, 전 세계에 미치는

worry
[wə́ːri] 워-뤼 ■3350

동 걱정시키다, 괴롭히다, 고민하다
명 걱정, 근심

참고 worried 걱정스러운, 곤란한, 난처한
worrying 걱정되는, 성가신, 귀찮은

worse
[wəːrs] 워-r쓰 ■3351

형 (bad, ill의 비교급) 보다 나쁜, 악화된

참고 worst (bad, ill의 최상급) 최악의, 가장 나쁜

3352
worship
[wə́ːrʃip] 워-r쉽

- 명 예배, 숭배
- 동 예배하다, 숭배하다

참고 attend worship 예배에 참석하다

3353
worth
[wəːrθ] 워-r th쓰

- 형 ~의 가치가 있는, 재산이 ~인
- 명 가치, 얼마어치, 재산

참고 $1 million worth of shares
백만 달러어치의 주식

3354
wound
[wuːnd] 우-운드

- 명 상처, 부상
- 동 부상하게하다, 상처를 입히다

참고 wounded 상처 입은

3355
wrap
[ræp] 랲

- 동 싸다, 두르다, 포장하다

참고 wrap up (진의를) ~에 숨기고 표현하다, 요약하다
wrapping 쌈, 포장

3356
wrist
[rist] 뤼스트

- 명 손목, 손목관절

참고 slap on the wrist 가볍게 꾸짖다

3357
write
[rait] 롸이트

- 동 글씨를 쓰다, 편지를 쓰다, 저술하다

참고 write down 적다, 기록하다
written 문자로 된, 서류로 된

3358
writer
[ráitər] 롸이더r

- 명 저자, 작가

참고 writing 쓰기, 집필, 쓴 것

W Y

wrong
[rɔːŋ] 로-옹

- 형 나쁜, 틀린, 고장 난
- 부 부정하게, 잘못된 방법으로, 고장이 나서
- 참고 go wrong 고장 나다, 타락하다, 실패하다
  wrongly 부정하게

yard
[jɑːrd] 야-r드

- 명 마당, 구내, 운동장, (길이의 단위) 1야드(약 0.914m)
- 참고 by the yard 1야드에 (얼마로), 장황하게

yawn
[jɔːn] 요-온

- 동 하품하다 명 하품
- 참고 make a person yawn
  누구를 지루하게 만들다

year
[jiər] 이어r

- 명 해, 년, 연도, 나이
- 참고 every other(second) year 한 해 걸러
  for years 수년간, 몇 해 동안
  of the year 연간 최우수의, 특별히 뛰어난

yellow
[jélou] 옐로우

- 형 노란, 황색의, 황색인종의 명 노랑
- 참고 yellow dust 황사

yesterday
[jéstərdèi] 예스터r데이

- 부 어제, 요즈음에
- 명 어제, 최근, 지난날
- 참고 yesterday's bestsellers 과거의 베스트셀러

yield
[jiːld] 이-일드

- 동 산출하다, 초래하다, 주다, 양보하다
- 명 산출, 생산량, 수익, 이율
- 참고 three-year bond yield
  3년 만기 회사채 수익율

Y Z

young
[jʌŋ] 영

형 젊은, 어린, 새로운, 쌩쌩한, 미숙한

참고 youngster 젊은이, 청소년, 어린 동물

youth
[juːθ] 유-th쓰

명 젊음, 청년시절, 초창기, 청년

참고 youth unemployment rate 청년 실업율

zero
[zíərou] **지**어로우

명 제로, 영, 무

참고 zero-sum 제로섬(득실차가 0인)

zone
[zoun] 조운

명 지대, 지역, 구역

참고 a demilitarized zone 비무장 지대
zone defense 지역방어

주머니에 쏙! 머리에 쏙! **Bonus Words**

기념, 축하

생일	birthday	버-r th쓰데이
졸업	graduation	그래쥬에이션
승진	promotion	프뤄모우션
합격	passing	패씽
결혼	wedding	웨딩
결혼기념일	wedding anniversary	웨딩 애너붜-r써뤼
은혼식(결혼25주년)	silver wedding	씰붜r 웨딩
금혼식(결혼50주년)	golden wedding	고울든 웨딩
다이아몬드혼식(결혼60주년)	diamond wedding	따이어먼드 웨딩
발렌타인데이	Valentine's Day	봴런타인스 데이
설날	New Year's Day	뉴-이어r스 데이
어린이날	Children's Day	췰드뤈스데이
어머니날	Mother's Day	머 th더스 데이
아버지날	Father's Day	퐈-th더스 데이
스승의 날	Teacher's Day	티-춰r스 데이
독립기념일	Independence Day	인디펜던스 데이
할로윈데이	Halloween day	핼러위-인 데이
부활절	Easter	이-스터r
추수감사절	Thanksgiving Day	th쌩쓰기빙 데이
크리스마스	Christmas	크뤼스머쓰

파티

신년파티 New Year Party 뉴- 이어r 파뤼
생일파티 birthday party 버-r th쓰데이 파뤼
파자마파티 pajama party 퍼좌-머 파뤼
집들이 housewarming party 하우쓰워-r밍 파뤼
음식지참 파티 potluck party 파틀럭 파뤼
환영파티 welcome party 웰컴 파뤼
송별회 farewell party 풰어r웰 파뤼
다과파티 tea party 티- 파뤼
댄스파티 dance party 댄스 파뤼
칵테일파티 cocktail party 칵테일 파뤼
가면무도회 mask party 매스크 파뤼
디너파티 dinner party 디너r 파뤼
가든파티 garden party 가-r든 파뤼
깜짝파티 surprise party 써r프라이즈 파뤼
출산예비파티 baby shower party 뻬이비 쇼우어 파뤼
축하파티 celebration party 쎌러브뤠이션 파뤼
남자들만의 파티 stag party 스때그 파뤼
여자들만의 파티 hen party 헨 파뤼
축하연, 환영회 reception 뤼쎕션
크리스마스 파티 Christmas party 크뤼스머쓰 파뤼

초판 1쇄 인쇄 2008년 7월 30일
  11쇄 발행 2023년 9월 12일

펴낸이 | 양봉숙
지은이 | 권인택
편 집 | 김윤희
디자인 | 김선희
마케팅 | 이주철

펴낸곳 | 예스북
출판등록 | 2005년 3월 21일 제320-2005-25호
주소 | 서울시 마포구 노고산동 57-46 아이스페이스 1107호
전화 | (02) 337-3054
팩스 | 0504-190-1001
E-mail | yesbooks@naver.com
홈페이지 | www.e-yesbook.co.kr

ISBN 978-89-92197-33-5 10740

왕초보 포켓 영어단어장

왕초보 포켓 영어단어장